전환기의 형사정책

― 패러독스의 미학 ―

김 일 수

세창출판사

The Criminal Policy in a Transitional Period

– Aesthetics of Paradox –

by
Prof.em.Dr. Il-Su Kim

Sechang Publishing Co.
Seoul, Korea

玄石 南興祐 선생님께

서 문

「전환기의 형사정책－패러독스의 미학」이라는 제목의 이 책은 21세기를 전후한 최근 몇십 년간 형사정책과 형법정책의 변화와 추이를 조망한 것이다. 그 중에서도 중요한 두 갈래의 흐름, 즉 강벌주의와 온정주의의 이중성이 오늘날 형사정책의 전체적인 흐름에서 어떻게 교차하고 파동하며 끝내는 지평의 융합에 이르러 가는지를 설명하는 데 중점을 두었다.

서구의 계몽기 이래 근대주의가 추구해 왔던 이론적 완결성은 후기현대사회의 불확실성과 다원성에 부딪치면서 그 한계를 드러내기 시작했다. 오히려 완결성의 해체를 넘어서 서사적 이중성(double coding), 즉 강성과 연성, 개별성과 보편성 그리고 전통성과 전통파괴의 합일이 후기현대주의의 특성으로 자리잡아 가고 있다.

이러한 사회문화적 맥락 속에서 나는 최근의 형사정책적 노력들을 그 이중성과 다양성, 모순성과 역방향성에도 불구하고, 어떻게 하나의 흐름으로 읽어낼 수 있는가를 고심해 보았다. 애당초 완결성의 추구는 이 연구의 목표가 아니었지만, 이 같은 의도가 어느 정도로 실현되었는지는 현명한 독자들의 평가에 맡겨야 할 몫이라고 생각한다.

나는 불연속성이나 이중성에 입각한 사회적 갈등을 볼 때마다 한때 자주 찾았던 경기도 양수리에 있는 두물머리를 떠올리고는 한다. 남한강과 북한강 줄기가 독자적인 연원을 지나 이곳에 이르러 소리 없이 하나 되어 큰 강물을 이루어 흘러가는 모습은 나의 빈약한 상상력을 자극하기에 충분했다. 연원과 과정은 달라도 두물머리에서 하나의 흐름으로 합수하는 자연스러움은 종국적인 목적과 방향이 같기 때문일 터이다. 마치 경계를 뛰어넘어 의미의 엮음에서 하나 되는 변환의 순간은 사랑의 변주곡으로 화한 예술성이라는 상상에 사로잡히게 했다.

어디 두물머리만 그와 같은 상상력의 보고(寶庫)이겠는가? 나는 그 후 독일 바이에른(Bayern) 주(州) 파싸우(Passau)에서도 신기하게 똑같은 영감에 사로잡힌 적이 있었다. 파싸우를 끼고 흘러가는 도나우(Donau) 강 건너편 높은 언덕 위에 서서 이 도시를 내려다보면, 잔잔하고 너그러운 푸른 도나우 물길 위로 분노로 들끓는 듯한 거칠고 빠른 인(Inn) 강의 탁류가 밀려와 긴 반원을 그리며 합류하는 광경이란 실로 장관이다. 그리고 얼마 지나지 않아 도나우 강은 다시 아름답고 사랑스러운 푸른 물결로 인(Inn) 강을 품은 채 유장하게 흘러간다.

그래서 나는 후기현대사회 형사정책의 흐름을 이 같은 형상의 코드에 넣어 서술해 보려고 했다. 그것을 나는 불연속성이나 불협화음의 미학 아니면 패러독스의 미학이라고 표현하고 싶었다.

전환기 형사정책의 두 갈래 흐름, 즉 강벌(엄벌)주의와 온정(관용)주의의 이중성을 하나로 엮어가는 지혜를 나는 한강과 도나우의 사랑과 포용에서 터득했다. 강벌주의의 반복되는 흐름을 근원적으로 막을 방법은 없다. 하지만 인간에 대한 사랑과 연민에 뿌리를 둔 온정주의의 넓은 아량으로써 강벌주의를 얼싸안고 어깨동무하고 흘러가다 보면, 어느새 강벌주의도 온정주의의 품에 안겨 역설적이게도 인간의 얼굴을 지닌 따뜻한 형사정책의 흐름에 함께 휩싸여 가는 에너지로 변용된다는 점이다.

이와 같은 관점은 지난 수 년간 전면적인 형법개정작업에 몰

두해 있는 우리들에게 시사하는 바가 많으리라 생각한다. 특히 책 여러 곳에서 나는 형법개정을 염두에 두고 논의를 이끌어 갔기 때문이다. 모든 개혁 작업은 몇 가지 점에서는 더 많은, 더 근본적인 개혁을 필요로 하는 것이 상례이다. 모든 형사법적 개입은 때로는 원래 의도하지 못했던 결과를 낳기도 하고, 모든 제도들은 본래 의도하지 않았던 작용을 하기도 하기 때문이다.

이 책이 나오기까지 나는 많은 분들에게 사랑의 빚을 졌다. 현대 형사정책적 논의에 관심을 기울이게 해 준 한국형사정책연구원 가족들에게 감사하고, 자료준비와 원고정리를 맡아 수고해 준 김경찬 법학박사와 고비환 법학석사, 그리고 출판을 맡아 수고해 준 세창출판사 이방원 사장과 임길남 상무께도 감사의 뜻을 전한다. 늘 나로 하여금 평온하고 고요하게 공부할 수 있도록 내조해 준 아내와 또한 가족의 자리를 아름답게 지켜 준 자녀들에게도 사랑의 마음을 전하고 싶다.

나는 대학 3학년때 남흥우(南興祐) 선생님께 형사정책을 배웠고, 사법시험 제1차 과목 중 형사정책을 선택하곤 했다. 대학을 졸업한 뒤 한동안 남흥우 선생님의 연구실에서 공부하면서 선생님의 손때 묻은 원고와 책들의 향기에 흠뻑 빠진 적도 있었다. 선생님은 성격이 너그러우시고, 낙천적이셨을 뿐만 아니라, 문학과 예술에 대한 조예도 깊으셨다. 어느 때부터는 기독교신앙의 길에 들어서서 성경적 진리에 관한 이야기로 꽃을 피우기도 하셨다.

그 후 어느 때 나는 선생님을 뵙는 자리에서 선생님의 형사정책 교과서를 공저로 펴냈으면 하는 소견을 올렸고, 선생님은 쾌히 승낙해 주셨다. 그러나 그 무렵 나는 4년여의 소중한 시간을 학교 보직에 얽매여 중요한 시기를 놓친 채 오늘에 이른 것이다. 늘 죄스러운 부채감이 내게 있는 게 사실이다. 지난 6월 7일 남흥우 선생님은 100세수를 맞이하셨다. 축하와 존경의 마음을 담아 나는 이 책을 남홍우 선생님께 올려 드리고 싶다. 선생님의 만수무강을 간절히 기원하는 마음도 함께 엮어서 올리는 바이다.

2012년 8월

김일수(金日秀)

차 례

Ⅰ. 현대 형사정책의 조류

1. 형법개정의 방향과 형사정책의 경향 ······ 1
(1) 한국의 법 상황 ······ 1
(2) 재사회화의 경향 ······ 3
(3) 자유화의 경향 ······ 6
(4) 합리화의 경향 ······ 9
(5) 인간존중화의 경향 ······ 11

2. 현대 형사정책의 다양한 흐름 ······ 13
(1) 재사회화 이념에 대한 회의 ······ 13
(2) 엄벌주의에로의 전환 ······ 15
(3) 회복적 사법이념의 등장 ······ 17
(4) 치료적 사법의 등장 ······ 18
(5) 예방적 사법의 방향 ······ 19
(6) 범죄예방에서 위험관리로의 전환 ······ 21
(7) 폐지주의의 관점 ······ 24
(8) 소 결 ······ 25

II. 중형주의의 경향

1. 서구사회에서 엄벌주의의 등장과 그 배경 ······ 29
(1) 엄벌주의의 의미 ······ 29
(2) 엄벌주의의 이념적 배경 ······ 37
(3) 엄벌주의의 현황 ······ 42
(4) 고범죄위험사회와 새로운 대응전략 ······ 54

2. 한국사회에서 엄벌주의에 대한 분석 ······ 60
(1) 탈권위주의 시대의 통제문화 ······ 60
(2) 엄벌주의 입법에 관한 고찰 ······ 64
(3) 중형주의 경향의 형법정책 ······ 73
(4) 소 결 ······ 77

3. 엄벌주의의 형사정책적 한계 ······ 80
(1) 엄벌주의의 유형과 그 한계인식의 필요성 ······ 80
(2) 엄벌주의의 다원적 요소 ······ 82
(3) 위험형법론 ······ 87
(4) 적대형법론 ······ 93

III. 사회내처우를 통한 형벌 다양화 경향

1. 사회내처우론의 등장배경과 그 이론적 기초 ······ 101
(1) 왜 자유형의 대안인가? ······ 101
(2) 형법의 인간상 ······ 107
(3) 사회화 이념과 사회내처우 ······ 118

2. 사회내처우와 대체형벌의 종류와 양태 ······ 128
(1) 왜 사회내처우인가? ······ 128
(2) 다이버전과 회복적 사법 ······ 139
(3) 유예제도 ······ 166
(4) 재산형 제도 ······ 187
(5) 보호관찰제도 ······ 200
(6) 가석방제도 ······ 211
(7) 전자감독제도 ······ 221
(8) 그 밖의 대안들 ······ 237

3. 사회내처우에 대한 반작용과 합리적인 형사정책 ······ 244
(1) 사회내처우에 대한 문제제기 ······ 244
(2) 합리적인 형사정책의 방향은 어디인가? ······ 252

IV. **한국의 경제위기와 형사정책: 새로운 도전과 패러독스**

1. 한국의 경제위기 극복과 형사정책의 진취적 대응 ······ 258

2. 한국의 경제위기와 사회적 변화 ······ 261
(1) 한국의 경제위기 ······ 261
(2) 사회적 환경의 변화 ······ 263

3. 경제위기와 범죄양상의 변화 ······ 268
(1) 범죄율의 변화 ······ 268
(2) 범죄동기의 변화 ······ 270
(3) 새로운 형태의 범죄현상 증가:
노숙인 관련 범죄의 증가 ······ 273

4. 경제위기 시기의 범죄현상에 대한 형사사법적 대응 ………… 278
(1) 화이트칼라 범죄에 대한 처벌 강화 ………………………… 278
(2) 민생범죄에 대한 회복적 사법의 수용 ……………………… 281
(3) 노숙인 범죄에 대한 치료적 사법의 접근 ………………… 283

5. 위기극복과 형사사법의 발전적 변화 ……………………………… 285

Ⅴ. **결 론** …………………………………………………………………… 288

■ 참고문헌 …………………………………………………………………… 301
■ 찾아보기 …………………………………………………………………… 313

Ⅰ. 현대 형사정책의 조류

1. 형법개정의 방향과 형사정책의 경향

(1) 한국의 법 상황

한국 형법이 시행된 지도 50년이 훨씬 넘었다. 돌이켜보면 한국 형법은 전란의 와중에서 그 준비작업이 진행되었으므로 형법제정에 필요한 기본적인 준비가 불충분했던 것이 사실이다. 또한 한국 형법에 가장 많은 영향을 준 일본 형법개정가안도 1940년대 일본의 군국주의가 절정에 다다랐을 때 마련된 것이어서, 오늘날 형법개정의 추세에 비추어 보면 시대에 뒤떨어진 사상의 잔재를 엿볼 수 있다.

그러므로 한국 형법은 그 제정에서부터 얼마나 시대에 뒤떨어져 있었는가를 짐작할 수 있다. 그 출발에서 미숙했던 여러 가지 점에도 불구하고 50여 년 동안 한국 형법이 평화로운 공동사회의 질서유지기능을 잘 감당해 온 점은 실로 놀라운 일에 속한다. 그러나 이것은 결코 한국 형법이 그 질서유지기능에 어느 정도의 완벽성을 갖고 있었다는 점을 의미할 수는 없다.

그 동안 수많은 형사특별법률의 제정과 땜질식 형법개정으로 변화무쌍한 현실의 도전을 견디어 온 것은 사실이다. 그러나 특별법의 제정은 그때 그때의 형사정책적 문제에 관련된 일반인의 법의식의 충격을 일시적으로 안정시키는 진정제 효과는 있었으나, 특별법의 과다와 법정형의 과중화는 일반시민의 형법규범의식에 마비를 불러일으킬 소지를 내포하고 있다.

또한 형법제정 이후 50여 년간 한국 사회구조의 변동과 범죄현상의 변화를 고려한 면 외에도 일반인의 불안감, 언론의 과장, 그리고 이에 부응한 입법자의 법적 인기영합주의(legal populism)가 복합되면서 지난 2010년 4월 15일에는 유기징역 상한선을 15년에서 30년으로 상향조정하고, 가중하는 경우에는 50년까지 처벌이 가능하도록 하는 형법 제42조의 개정이 있었다. 형법 전체의 강벌주의적 방향 선회(punitive turn)라는 인상을 주기에 충분한 충격적인 일부개정이었다.

이러한 땜질식 형법개정이 빈번해진 현재의 상황에서 이제 형법의 전면적이고도 시대상황을 반영한 체계적인 형법개정은 형사정책적으로 필요불가결해 보인다. 문제는 형법개정을 올바르게 이끌어갈 형사정책의 바른 방향이다. 현 시점에서 우리는 먼저 제2차 세계대전 이후 각국의 문화적 성숙, 헌법질서의 재구성 그리고 형법개정의 성과들을 비교연구하고 한국의 형법문화의 현주소를 분석·검토하며, 우리의 형법규범의식의 현실도 확인해야 할 것이다.

이와 더불어 한국의 형법문화가 진정 지향해야 할 바람직한 미래상을 자유로운 토론과 폭넓은 대화의 장을 통해 설정하는 것이 또한 필요해 보인다. 이처럼 형법개정에 앞서 이미 우리네 삶의 일부로 주어진 현실적 요소(Realfaktor)와 우리네 삶의 보다 더 나은 지평에 해당하는 이상적 요소(Idealfaktor)를 함께 고려하고, 이에 입법자 자신의 형사정책적 가치판단과 목표설정을 변증론적으로 합일하여 우리들에게 오늘 여기에서 구체적·현실적으로 실현가능한 입법의 창조작업을 진행시켜 나가야 할 것이다.

(2) 재사회화의 경향

형법개정에서 가장 중요한 논점은 개개의 구성요건의 신설이나 삭제가 아니라 바로 형벌관이다. 오늘날까지도 일반의 법의식에 뿌리박혀 있는 전통 깊은 형벌사상은 응보론(Vergeltungstheorie)이라고 할 수 있다. 이것은 형벌의 의미를 어떤 사회적으로 유용한 목적의 추구에서 찾지 않고, 범죄인이 그의 범행으로 만들어 낸 해악에 그와 동일한 새로운 해악을 가함으로써 그 죄책을 상쇄시킨다는 이론이다.

이것은 고대 히브리사상 중에 나타난 소위 동해보복의 원칙(Talionsprinzip)이나 동양의 인과응보의 사상 중에서 잘 나타나고 있다. 물론 "눈에는 눈으로, 이에는 이로"라는 탈리오의 원칙은 고대문화의 특징이었던 집단보복이나 사적인 무분별한 복수를 지양하고, 동일한 해악의 부과를 공식적인 절차에 의해 행할 수 있는 중립적인 공적 기관의 출현을 불가피하게 했다는 점에서 형벌의 문화사적 발전에 한 괄목할 만한 계기를 마련해 주었다.

그러나 이 응보사상은 중세의 군주제나 절대주권에 이르기까지 절대적 정의사상과 결합하여 오히려 현실과 괴리된 가차없는 형벌권의 행사와 결속되어 왔다. 계몽주의에 의해 형벌은 이 땅 위에 절대적 정의를 실현하는 것이 아니라, 일정한 예방목적을 실현하기 위한 수단이라는 공리주의적 목적사상이 등장하게 되었다. 그러나 이 같은 계몽기의 공리주의적 목적사상은 다시금 칸트, 헤겔 같은 독일관념철학의 대두로 응보사상에 자리를 물려주고 말았다.

칸트는 "정의가 몰락하면 인간은 더 이상 이 땅 위에 살 가치가 없다"는 입장에서 "살인자만큼은 사형도 과하여져야 한다"든가, "섬 하나를 해체하고 나오는 경우에도, 감옥에 남아 있는 마지막 한 사람의 살인자만은 먼저 처단하고 나와야 한다"고 말한다. 형벌을 '법의 부정의 부정'(Negation der Negation des Rechts)으로 본 헤겔도 위하(威嚇)나 개선 따위의 예방목적을 위해 형벌을 과한다면, 그것은 "한 마리의 개를 향해 막대기를 집어 드는 것과 같으며, 그렇다면 인간은 그의 명예와 자유에 따라 대접받지 못하고 개처럼 취급되는 것"이라고 말하고 있다. 1871년의 독일 형법전은 바로 이 같은 응보사상의 충실한 반영에 불과했으며, 1960년대 초까지 독일에서 지배적인 형벌사상으로 통한 것도 바로 응보였다.[1]

그러나 응보원칙은 사실 내용없는 형식적인 원칙에 불과하다. 발생된 해악과 똑같은 해악을 가지고 응보함으로써 산술적 정의가 이루어진다고 믿지만, 왜 살인은 절도보다 더 죄책이 중한지, 또 살인에 반드시 사형으로 응보해야 하는지, 무기징역으로 응보해도 좋은지 또는 도대체 무엇이 응보되어야 할 대상인지, 즉 책임인지 결과인지, 행위자인지 행위자가 속한 가족인지, 이 응보원칙은 아무런 대답을 줄 수 없다. 응보관념의 산술적 평균 사상은 국가가 똑같은 평균치에서 자의적인 처벌을 과한다 하더라도, 그 자의를 내용적으로 통제할 수 없다.[2]

또한 응보관념은 단지 책임상쇄(Schuldausgleich)의 원칙에 터

1_ Naucke, Die Reichweite des Vergeltungsstrafrechts bei Kant, Schleswig-Holsteinische Anzeigen, 1964, S.210.

2_ 이에 관하여는 김일수, "국가형벌의 목적," 월간고시 133호 (1985. 2), 109면 이하 참조.

잡고 있을 뿐, 보충적인 법익보호로서의 형법의 임무실현이나 평화로운 사회의 공존질서유지라는 목적달성과는 절연된 것이므로, 심지어 이와 같은 목적관점에서 보아 불필요하고 부적당한 경우에조차 책임을 상쇄하는 처벌을 요구하게 된다. 그러나 일체의 사회적인 목적을 도외시한 처벌원칙이란 근본적으로 형이상학적이나 이데올로기적인 것이며, 그것은 이 같은 이데올로기를 절대 신봉하여야만 통용될 수 있다.

절대적 정의를 응보원칙을 통해 실현하려는 노력은 그것이 신의 명령이라는 종교적 신앙이나, 정언명령이라는 형이상학적 교조에서나 통할 수 있을 것이다. 그러나 유감스럽게도 오늘날의 국가와 사회질서는 이미 세속화・합리화된 지 오래다.[3]

세속화된 근대국가에서는 더 이상 절대적 언명을 어떤 초월적 힘이나 원칙에서 끌어내려고 하지 않는다. 모든 국가적 권력을 정당화시키는 근원을 국민의 주관적 힘에 근거시키고 있기 때문이다. 따라서 국민들의 공동생활에 필요불가결한 현실적・구체적 정의를 이 땅 위에서 실현시키려고 하는 오늘날의 법치국가 질서에서는 똑같은 해악을 가지고 책임을 상쇄시키려는 것보다 오히려 적극적인 선을 통해서 이미 저질러진 해악에 대한 책임을 해소시키려는 목적사고가 더 깊은 의미를 갖는다.

더 나아가 응보사상은 아주 실천적인 행형의 실제에서도 범죄인의 교육과 재사회화에 역행하는 형벌집행의 요구로 나아갈 수밖에 없다. 그러나 이것은 범죄예방을 위한 실천적인 형사정책의 입장에서 보면 유해하고, 심지어 수형자 개인에 대한 비인간적・비인격적 처사가 될 수밖에 없다. 오늘날의 인간존중적인 행형의 추

3_ 김일수, "서구제국의 형법개정작업에 관한 고찰," 법무부 형법개정자료(Ⅰ), 1985, 59면 이하.

세에서 동일한 해악부과의 과정인 응보원칙이 기여할 수 있는 것은 재범·누범의 촉진작용으로서 비인간적·반사회적 기능밖에 없을 것이다.

따라서 오늘날 형법개혁의 방향은 응보사상을 형법으로부터 완전히 추방하고, 위하력에 의한 일반인의 법의식의 안정을 추구하는 일반예방과 범죄인을 재사회화 과정을 통해 법공동체로 복귀시키려는 특별예방의 예방목적을 형벌의 의미와 목적으로 확인하고, 바로 이러한 기본방향에 따라 구체적인 형법규범의 재구성을 꾀하는 데로 나아가고 있다. 물론 예방목적 중 일반예방의 규범안정화의 기능을 과소평가해서는 안 되지만, 리스트(Franz von Liszt)의 마르부르크(Marburg) 강령에 나타난 재사회화라는 특별예방적 개혁목표는 리스트 사후 50년만에 1966년 독일 형법개정택일안의 지도적인 원칙으로 부활하였을 뿐만 아니라, 현대의 형사정책가들에 의해 일반예방목적에 대한 특별예방목적의 우위는 구체적인 형벌제도의 구상에서 여러 가지 모양으로 확증되고 있다.

이런 의미에서 형법개정의 앞으로의 방향도 재사회화 형법의 구현이라는 방향으로 진행되어야 옳다. 물론 재사회화 노력의 30여 년간의 성과분석에서 "재사회화의 위기" 등의 소리가 높아지고 있는 현실을 부인할 수는 없으나, 입법의 기조로서 재사회화 방향은 사회와 법과 문화의 진보적 발전을 확신하는 낙천적 입법정책가들의 공동의 보조로서 계속적인 진행을 도모할 것으로 예상된다.

(3) 자유화의 경향

자유법치국가적 형법의 기본원칙은 형법이 국민의 자유의 대헌장(Magna Carta)이라는 점이다. 형법입법과 개혁작업도 그것이 자유법치국가적 헌법질서하에서 행하여지는 한, 시민의 자유의 대헌장으로 형법이 기능할 수 있도록 배려하지 않으면 안 된다. 시민의 자유보장과 자유증대의 방향으로 형법개정이 진행되는 경향을 한 마디로 자유화의 경향이라고 말할 수 있다. 이 자유화의 경향은 몇 가지 원칙에 의해 구체적으로 실현되고 있다.

먼저 형법은 법익보호질서라는 점에서 형법입법자는 법익을 침해하는 행위가 아닌 것을 형법적 규율의 대상으로 삼아서는 안 된다. 법익이란 바로 헌법질서 내에서 시민의 평화로운 공존질서의 조건이나 목표가 될 수 있는 법공동체의 기능적인 가치일체성을 말한다. 그렇다면 우선 단순한 윤리가치는 법익이 될 수 없고, 이 같은 단순한 윤리가치의 침해는 법익침해가 될 수 없다. 물론 단순한 윤리가치에 불과하냐 아니면 법익이냐는 공동체의 지배적인 법의식을 고려하여 입법자가 결정해야 할 문제이다.

자유화의 관점에서 볼 때 혼전정사, 동성애, 근친상간, 인공중절, 인공수태 등의 행위는 도덕적으로 비난되어야 마땅한 행위이지만 형법적으로 비난할 수 있는 법익침해행위는 될 수 없다. 특히 풍속을 해하는 벌 중 자유의사에 기한 간통이나 혼인빙자간음, 그리고 음화 등의 반포가 특별히 미성년자들의 건강을 보호한다는 목적에 국한되지 않고 일반 성인들 간에서만 행하여진 경우에도 범죄로 규율해야 할 것인가는 그간의 성도덕관념의 변화 등을 고려할 때, 단순한 도덕위반은 될지언정 법익침해로 보기 힘들다는 논리가 설득력을 얻어가고 있다.

이처럼 법익침해에 해당되지 않는 행동양식들을 형법전의 규율에서 제외하고, 오히려 개인윤리와 전통윤리의 규율에 맡기는 것이 성숙한 개인들이 자기 책임에 따른 행위를 유도할 수 있고, 국가에 대한 시민의 자유영역을 보다 넓게 확보할 수 있을 것이다. 어디까지나 형법은 사회질서의 유지기능에 봉사하는 것이지 시민의 도덕적인 고양이나 성숙을 강제하는 도덕법전이 될 수는 없다. 형법의 도덕법전화는 바로 시민생활의 부자유를 의미하기 때문이다.

더 나아가 형법은 이 같은 법익보호의 보충적 수단이어야 한다는 점이다. 형법은 개인의 생활을 완전히 초토화시킬 수 있는 가혹하리만치 막강한 제재력을 갖고 있다. 어느 법질서도 사회윤리적 비난성에서 형법만큼 무서운 제재력을 갖지 못한다. 이처럼 무서운 제재력을 가진 형법일수록 그의 질서유지기능은 보충적, 제2차적인 것에 머물러 있지 않으면 안 된다. 예컨대 일정한 교통질서 위반도 그 법익침해나 위태화의 면에서만 보면, 형법적 규율의 대상에서 제외할 수 없는 점이 있다. 그러나 행정법적인 과태료 제재에 의해서도 그 질서유지가 가능하다면, 이 경우 형법은 행정법적 규율에 자리를 양보하고 뒤로 물러서야 된다.

채무자의 악의에 찬 채무불이행 행위가 곤궁상태에서 남의 물건을 훔친 절도범의 행위보다 법적인 의미에서 더 비난받아야 마땅한 경우가 있을지 모른다. 그러나 민사법상의 권리구제 방법에 의해 대부분의 채권질서가 유지되고 있는 실정이라면 형법은 이 같은 사법질서에 그 규제기능을 양보하고 물러서야 한다. 바로 형법의 이 같은 성격을 "단편적 성격"이라고도 말하지만, 형법의 보충성은 형법이 형사정책의 최후수단(ultima ratio)이고, 형사정책은 또한 사회정책의 최후수단이어야 한다는 점에서 나오는 당연한 귀결이다.

그러므로 걸인이나 부랑아의 일정한 행동양식이 사회적인 혐오감을 불러일으키는 일이 있더라도 이의 규율을 위해서는 먼저 생활배려 등의 수단에 의한 사회정책이 우선 할 일이요, 형법은 그것이 반사회적 유해행위에 이르지 않는 한 최후수단으로 남아 있어야 한다. 이런 의미에서 형법제정이나 개정작업에서 형법적 규율의 완벽성을 기하려는 생각은 금기되어야 한다. 범죄인을 양산해낼 수밖에 없는 범죄포화적 형법은 결국 부자유한 형법이 될 수밖에 없다. 형법이 시민의 기본적인 자유보장에 기여하려고 하는 한, 형법적 규율에 틈이 생기는 것을 감수할 수 있는 입법자의 용기가 매우 필요하다.

끝으로 형법의 자유화를 위해 또 하나 결할 수 없는 요구는 책임원칙(Schuldprinzip)의 고수이다. 책임원칙의 형사정책적 기능은 그것이 자유법치국가의 기본원리로서 개인의 자유를 위해 국가의 형벌권을 제약한다는 점에서 찾을 수 있다. 물론 책임원칙은 책임상쇄에서 형벌의 의의를 바라보는 응보사상과 결합된 전통을 갖고 있으나, 오늘날의 형법이론학의 발전은 이와 같은 결합을 해체시키고 책임원칙에 자유적 기능만을 부여하려고 하고 있다. 즉 이에 의한다면, 형벌의 크기는 물론 책임의 정도를 초과할 수는 없으나, 책임의 정도를 피고인 개인의 자유에 유리하게 하회할 수 있다. 따라서 아무리 현대적인 형벌이라 하더라도 형벌제한의 기능을 가진 이 책임원칙을 포기할 수는 없는 것이다.

(4) 합리화의 경향

합리화도 자유국가의 한 본질적 표시로서 구체적 · 실용적 사고방식을 의미한다. 그러나 형사정책과 관련하여 합리화란 초월적이고 단지 개인윤리적으로나 요구될 수 있는 가치를 형사정책의 영역에서 배제하고, 국가나 사회질서 내에서 사회윤리적으로 요구되는 가치중심의 합리적 형사정책을 지향함을 의미한다. 형법상의 법익질서 내에서 개인과 사회, 개인과 국가, 사회와 국가의 법익은 항상 충돌되기 마련인데, 이 같은 충돌 가운데서 어떻게 형사정책적으로 바람직한 해결의 기준을 설정하느냐가 문제이다.

실존하는 것은 오직 개인뿐이고, 국가나 사회제도는 잠정적인 것에 불과하다는 극단적 개인주의는 일정한 사회적 · 국가적 법익조차 개인의 자유와 안전에 환원시키는 입장이다. 이에 반해 전체주의는 개인의 존재가치를 부인하고 실존하는 것은 오직 단체로서의 사회나 국가뿐이고, 개인은 단지 그 부속품에 지나지 않는다는 입장에서 출발한다. 그러나 이들 입장은 다 같이 일면성만을 갖고 있어, 만약 어느 한 입장만을 절대시할 때는 형법질서의 이데올로기화, 불합리화의 위험이 나타난다.

이 같은 위험에서 벗어나 합리적 가치교량을 할 수 있는 아르키메데스의 점은 현실에서 실제 부딪치는 문제상황에 직면해서 그것을 가치합리적 · 목적합리적으로 교량하여 얻게 되는 객관적 · 상호주관적 공감밖에는 없다. 오늘날의 형법입법과 개정은 바로 이 같은 민주적 토론과 상호 의사소통의 토대 위에서 얻을 수 있는 상호주관적 공감획득의 방향에서 진행되고 있으며, 이것이야말로 합리화의 경향이라고 할 수 있다.

또한 가장 가벼운 제재수단에 의한 범죄예방 방법들의 강구도 이 같은 합리화의 경향이다. 가장 무거운 형벌만이 범죄발생억지의 효과가 있다고 지금까지 믿어온 것은 경험적인 증거에 입각하지 않은 근거없는 생각이었다. 1882년 독일제국 범죄통계에 의하면 전체 범죄의 75%가 자유형에 처하여졌으나, 최근에는 독일에서 약 84% 이상이 오히려 벌금형에 처하여지는데도 범죄율의 안정을 유지하고 있다. 이 점은 가벼운 형사제재가 중형주의에 비해 범죄억제효과가 크다는 실증적 자료로서 이해될 수 있다.

이제 형법은 종래까지 자유형 중심에서 벌금형 중심으로 그 사고의 전환이 필요한 시점에 이르러 있다고 본다. 물론 중대한 범죄에 대한 자유형의 법정화는 결할 수 없는 요소이긴 하지만, 형법상의 주된 처벌수단은 점차 벌금형화하여 가는 새로운 시기에 접하고 있다. 더 나아가 유예제도의 확장과 단기자유형의 억제도 형법의 합리화를 위한 이러한 새로운 발전경향에 속한다.

(5) 인간존중화의 경향

인간존중사상(Humanitätsgedanke)은 원래 고대 희랍사상에서 꽃피었지만, 이것이 형법과 관련을 맺게 된 것은 계몽주의시대에 이르러서였다. 계몽주의의 목표는 교회와 국가의 개혁을 통하여 교회와 절대왕권의 권위적 지배로부터 개인의 자유를 발전시키는 것이었다. 이 같은 사상은 형법에서 마술의 범죄화, 이교의 범죄화, 마녀의 화형, 혐의형, 고문, 체형 등의 폐지에 기여했을 뿐만 아니라, 응보사상으로부터 예방사상으로 관점변화를 촉진시켰다.

인간존중은 인간존엄의 가치표상으로서 인간은 누구나 다 같은 자주독립적 인격이며, 어느 누구에 의해서도 단순한 물건이나 짐승처럼 다루어질 수 없다는 의미를 내포하고 있다. 오늘날의 민주적 · 사회적 법치국가에서는 범죄인도 인격주체로서의 인간이기 때문에 칸트가 애당초 강조했던 것처럼 타인의 목적을 위한 단순한 수단으로(bloß als Mittel) 취급될 수 없다.

인간존엄을 보장하고 인간존중의 가치를 지향하는 형법은 결코 국가적 권력욕구를 충족시키기 위해 함부로 인간의 자유로운 생활세계를 형법적 통제로 얽어매서는 안 된다. 또한 한 사람의 범죄인이라 할지라도 국가형벌권의 단순한 대상물로 다루어서는 안 된다. 물론 이를 위해서는 평화로운 공존질서를 유지하는 데 필요불가결한 범위 안에서 개인의 자유와 안전영역에 대한 침해가 허용될 수 있다는 점이 전제되어야 한다. 그리고 비인간적·폄훼적인 형벌수단은 포기되어야 하고, 형벌집행도 재사회화 과정을 통한 범죄인의 사회화(Sozialisation)와 자기화(Personalisation)에 기여하는 수단이 되지 않으면 안 된다.

이러한 인간존중의 사상은 먼저 형법에서 사형의 폐지를 요구한다. 아직도 사형을 존치시키고 있는 국가가 적지 않음은 사실이지만, 사형제도를 형사제재의 수단으로 갖고 있다는 사실이야말로 그 사회의 형법문화의 미개성이나 야만상태의 단적 표현이 된다. 사형은 범죄인을 사회로부터 일거에 절연시켜 버리는 가장 과격한 연대성 파괴를 의미하지만, 형사정책적으로 그 위하력이나 범죄억제효과는 대단한 것이 아니라는 점은 많은 이론가들의 공통된 견해에 속한다. 그것은 절대적 정의실현에 입각한 응보사상에 의해서나 지지될 수 있는 것이지, 예방적 목적사상으로는 도저히 근거지어질 수 없다. 사형이야말로 범죄인에 대한 국가의 권위주의와 우월주의의 표현이다. 범죄인을 한 사람의 선량한 시민으로 교육하여 사회에 복귀시키려는 연대적 공동사회의 윤리로는 도저히 정당화시킬 재간이 없다.

또한 종신자유형제도, 특히 무기징역의 경우도 재사회화 형법의 입장에서 본다면 범죄인의 인격상실과 희망상실로 인간을 전적으로 비인간화시키는 제재수단으로 낙인찍을 수밖에 없다. 자유안에서 자유회복의 기대가 주어질 때에만 범죄인의 인격변화와 재사회화가 가능할 터인데, 종신토록 범죄인을 고립무원의 상태에 빠뜨려 둔다는 것은 한 인간의 인격적·정신적 몰락의 방법을 제도화한 것이나 마찬가지이다.

실제 경험적 조사에 의하면 20년 이상의 자유구속은 이미 재사회화의 가능성을 송두리째 빼앗아 버린다고 한다. 이러한 관점에서 독일 형법 제20차 개정법률은 1982년 5월 1일부터 발효된 §57a에서 종신자유형도 원칙상 15년이 경과하면 가석방할 수 있도록 조치를 취하고 있다.

그 밖에도 인간존중의 사상으로부터 출발할 때, 폄훼적인 내용을 가진 징역형과 금고형 또는 명예형은 배제되어야 한다. 행형제도도 보다 따뜻한 인간의 얼굴을 지닌 인간존중화의 길로 나가야 한다.

형법개정의 현대적 추세는 이와 같은 방향에서 재사회화・자유화・합리화・인격화의 길로 나아가고 있다. 바로 이것은 또한 오늘날의 경험적 증거에 입각한(evidence based) 실용적 형사정책의 발전방향이기도 하다.

형법개정은 결국 입법자의 손에 달려 있다. 입법자의 판단에 형사정책가들은 건설적인 조언과 의견을 제시하면서 또는 대안 있는 비판을 통하여, 이 입법과정에 동참할 수 있을 것이다. 그러나 우리가 간과할 수 없는 요점은 바로 위에서 지적한 이념에 형법이 처음부터 봉사해야 하는 것이지, 이 같은 이념이 형법에 봉사하는 것이 아니라는 사실이다. 이 이념도 그 자체 인간의 인격적 발전과 안전에 봉사하는 수단이란 점을 고려한다면 형법개정은 이러한 이념을 현실에 구현하는 실천적 과정에 불과한 것이다.

2. 현대 형사정책의 다양한 흐름

(1) 재사회화 이념에 대한 회의

1970년대 중반 무렵 그 절정에 다다랐던 재사회화 형법사상은 그 후 어떤 전환점에 이른 듯한 인상을 주고 있는 것이 사실이다. '처우·교정 이데올로기로부터의 전향',[4] '위기에 처한 재사회화',[5] '범죄인의 재사회화 대신 사회의 재사회화'[6] 등과 같은 표어들이 바로 처우·교정이념에 대한 비판의 소리였던 것이다.[7]

이 같은 경향의 배후에 작용하고 있는 원인은 바로 형벌과 결합된 형사적 치료예방효과의 불확실성과 혼란성이라고 할 수 있다. 우선 처우·교정이념은 단순한 기회범이나 충동범, 교통사범이나 경제범에게는 적용하기 힘들다는 점이다. 더 나아가 더 이상 교육할 가능성이 희박한 패덕한 상습범이나 개선불가능하여 특별예방적 영향이 전혀 통할 수 없는 범죄자들에게도 처우·교정이념의 실용성과 성과는 의문시된다.

그 밖에도 오늘날의 종교적 확신범이나 테러리스트들에게도 처우·교정의 시도는 거의 무망하다는 점이다. 왜냐하면 기존 사회 및 국가체제 자체를 부인하고 수단 여하를 불문하고 이것을 전복시키는 것만이 문제해결의 길이라고 확신하고 있는 테러리스트들에게 형벌은 개선, 교육 또는 응보라기보다 차라리 자기방어를 주장하는 국가사회질서의 투쟁적 방어수단이며, 내부의 적에 대한 정당방위 내지 체제 내에서 발생한 전쟁상태에서 일종의 전쟁포로의 취급과도 같은 사정을 뜻하기 때문이라는 것이다.

일반형사범에 대하여 재사회화 이념에 입각한 교정·처우로 나아갈 때에도 여전히 중요한 문제가 남아 있다. 바로 재사회화를

4_ Kaiser, Resozialisierung und Zeitgeist, in: Würtenberger-FS, 1977, S.360; Schöch, Kriminologie und Sanktionsgesetzgebung, in: ZStW 92, 1980, S.142.

5_ Eser, Resozialisierung in der Krise, in: Peters-FS, 1974, S.505ff.

6_ Eser, a.a.O., S.276.

7_ Eser, ebd.; Zipf, Kriminalpolitik, 2.Aufl., 1980, S.79.

위한 처우가 수형자의 인간으로서의 존엄과 그의 기본권에 대한 위험을 야기할 수 있다는 점이다. 만약 인간의 존엄성을 개개 인격에 대한 정적·수동적 존중가치(Respektwürde)로서만 이해하게 된다면, 틀림없이 성인 수형자에 대한 특별예방적 교육프로그램에 대해 회의를 품게 될 것이다. 칸트와 헤겔도 바로 이 같은 가능성에서 인간의 존엄성에 대한 침해위험을 보았던 것이다. 그러므로 오늘날 특별예방적 간섭을 전적으로 포기함으로써 수형자의 자율성을 제고해야 한다는 이른바 신범죄학(Die neue Kriminologie)의 요구도 이런 맥락에서 읽을 수 있다.

재사회화 모델을 의문시하게 된 또 다른 이유 중 하나는 지금까지 국내외에서 재사회화 정책의 성과가 전무하거나 미미한 정도라고 할 수밖에 없다는 사실을 들 수 있다. 목적과 절연된 응보형은 원래 그 성과여부를 묻지 않는 것이지만, 특별예방적 목표설정의 경우는 그것이 장기간 아무 성과없는 것이 될 때에는 바로 그 자체가 아무리 이론적으로 옳다 하더라도 당연히 비판의 대상이 될 수 있기 때문이다.

(2) 엄벌주의에로의 전환

이러저러한 이유에서 재사회화 형법이념으로부터 형사정책의 방향을 바꾸어 보려는 경향들이 최근 미국과 스칸디나비아 여러 나라에서 나타났다. 1980년대 이후 특별예방사조의 실효성에 의문을 던지면서 신고전주의적 응보사상 내지 엄벌주의적 경향이 등장했다.[8] 북구 여러 나라를 중심으로 재사회화 프로그램 대신 응

8_ Eser/Cornik(Hrsg.), Neuere Tendenzen der Kriminalpolitik, 1987, S.15ff.; F. Sack, Wie die Kriminalpolitik dem Staat aufhilft, KrimJ 2004,

보와 형벌위하를 강화하는 대범죄투쟁에 관한 논의가 세력을 확장해 나갔다.

미국에서도 형사입법, 형사사법, 형사법학과 사회학 분야에서 점증하는 범죄에 대한 형사정책으로 강벌주의(punitivism) 경향이 대두되었고 이것이 영국과 유럽대륙 국가들에게도 큰 영향을 끼쳤다. 범죄를 통한 지배(governing through crime) 또는 형법의 르네상스(Die Renaissance des Strafrechts)로 지칭되는 이 같은 조류를 강벌주의적 방향전환(punitive turn)이라고도 부른다.

범죄가 급증하고 사회적 안전망이 무너져 내려 사회적 불안이 깊어질 때마다 강벌주의는 되풀이하여 등장해 왔다. 마치 현대판 마녀사냥을 방불케하는 범죄인 사냥이 형법의 확장(Strafrechts-expansion)과 새디스틱한 처벌욕구(Straflust)라는 사회적 조류를 타고 자행되기도 했다.

이 같은 현상을 범죄학자들은 형벌의 증폭(Anstieg der Strafe) 또는 예방적 전환(präventive Wende), 사회학자들은 통제문화(Kontroll-kultur)의 지배라고 해석하기도 한다.[9] 북미에서는 삼진아웃법(three strikes and you're out), 메간법(Megan's Law), 영국에서는 사라법(Sarah's Law), 줄리아니 뉴욕시장 재임시절에는, 깨어진 유리창이론(broken window theory)에 따른 길거리 경찰방범망 강화조치 등이 있었다. 물론 이같은 조치들은 강벌주의 경향을 반영한 것이다.

---

8. Beiheft, S.30ff.

9_ 이에 관하여는 Kaiser, "Strafrecht und Kriminologie unter einem Dach" aus der Perspektive des Kriminologen, in: Sieber/Albrecht (Hrsg.), Strafrecht und Kriminologien unter einem Dach, 2006, S.70; W. Lehne/Ch. Schlepper, Die 'präventive Werde' in Deutschland, KrimJ 2007, 9. Beiheft, S.119f. 참조.

(3) 회복적 사법이념의 등장

국가주도의 재사회화 형법 대신 사회공동체 기반의 그리고 피해자중심의 회복적 사법이념의 등장과 그 실천프로그램의 활성화이다. 1970년대 이후 사회적 일탈행동에 대한 사회통제와 관련하여 사회과학과 법학 간에 학제적 공동작업이 활발해졌다. 그 결과 공식적·비공식적 사회통제에서 제도와 전략 그리고 제재수단 간에 상호교환과 택일의 가능성들이 이론적으로 규명되었고, 이것이 형법적 사회통제의 내부구조에도 변동을 가져왔다. 연구자들은 형사제재정책에서 보다 창조적이고 건설적인 대체수단을 통해 자유형을 대체하는 것이 적절해 보이는 아젠다들을 발굴해냈다. 예컨대 사회봉사, 벌금형의 실효성에 관한 연구, 보호관찰부 유예처분제도 등이 그것이었다.[10]

더 나아가 연구자들은 다이버전 전략과 가해자-피해자 화해·조정 제도 및 사회공동체 친화적 범죄예방정책 등을 이론적 차원을 넘어 실무적인 차원에서 실험했고, 이를 입법화하는 데까지 밀고 나갔다. 이 같은 이념적 변화에서 중요한 포인트는 징벌적 사법에서 회복적 사법으로의 패러다임 전환이라고 할 수 있다. 그리고 이 같은 전환의 배경에는 피해자의 관점과 공동체의 역할에 대한 인식변화가 있었다.

따라서 이러한 일련의 변화들은 앞서 본 강벌주의적 전환에 반해 피해자중심의 전환(victimological turn)의 조류인 셈이다. 범죄학자들은 이를 '형법의 르네상스'에 대비해 형사정책에서의 '피해자학의 르네상스'로 지칭하기도 한다.[11]

10_ Weigend, Strafrecht und Zeitgeist, in: Sieber/Albrecht (Hrsg.), Strafrecht und Kriminologie unter einen Dach, 2006, S.64.

회복적 사법이 범죄에 대한 공식적·국가적 사회통제라는 종래의 시각에서 벗어나 범죄를 사회적 갈등의 일종으로 보고, 이에 대한 비공식적·공동체적 사회통제의 시각으로 접근하는 것은 형사정책 영역에서 일종의 패러다임 전환이라고 말해도 지나침은 없을 것이다.

(4) 치료적 사법의 등장

범죄인에 대한 사회내처우로서 기존의 다이버전(diversion) 방법 외에 근본적으로 사법복지적 차원에서 범죄인에 대한 치료적 개입을 통해 범죄인의 개선과 재사회화를 도와야 한다는 관점이 최근 들어 점차 확대되고, 법제도를 통해 시행되고 있다. 치료감호와 같은 오래 된 보안처분 제도 외에 최근 이상 성충동범죄자, 가정폭력사범, 성구매자에 대한 특별한 치료적 개입수단들이 동원되고 있다. 외국에서 정신보건법원, 가정폭력법원과 같은 다양한 유형의 문제해결법원(problem solving court)을 중심으로 기존의 일반법원과 구별하여 독자적인 사법시스템으로 운영하고 있다.

치료적 사법(therapeutic jurisprudence)의 확대는 단순한 법적용과 기계적 처벌 위주의 전통적 형사사법의 한계를 반성적으로 인식하고, 이를 극복하기 위한 방편으로 출발하고 있다. 전통적인 형벌부과나 보안처분만으로는 중독사범에 내재해 있는 범죄발생요인을 근본적으로 치유하지 못하며, 이들의 재범·누범화의 고리를 끊을 수 없다는 인식 때문이다. 치료적 사법에서 법관의 임무는

11_ H. Jung, The renaissance of the victim in criminal policy, in: The criminological foundation of penal policy. Essays in honour of R. Hood, Oxford, 2003, p.443.

피고인에게 치료명령을 내리는 데 그치지 않고, 피고인이 치료프로그램을 이수하였는지 여부에 대해 보호관찰관으로 하여금 지속적으로 관찰·평가하게 하고, 그 평가에 기초하여 최종적인 사법판단을 내리는 "적극적인 치료 에이전트" 역할을 수행하는 것이다.

치료적 사법의 장점은 사법절차를 통한 적극적 개입으로써 범죄자의 궁극적인 난제를 해결하는 데 기여한다는 것이다. 결과적으로 재범방지의 효율성을 높인다는 것이다. 다만 적극적 개입의 정도가 어디까지냐가 문제이다. 2011.7.24. 시행된 「성폭력범죄자의 성충동 약물치료에 관한 법률」(약물치료법)은 16세 미만의 사람에 대해 성폭력범죄를 저지른 성도착증 환자로 성폭력범죄를 다시 저지를 위험성이 있다고 인정되는 사람에 대해 성충동 억제 약물치료를 실시하여 성폭력범죄자의 재범을 방지하고 사회복귀를 촉진시킨다는 목적에서 강제적인 약물치료조치를 제도화했다.

(5) 예방적 사법의 방향

현대 복지국가·문화국가의 이념은 시민의 삶의 질 향상에 초점을 맞추고 있다. 삶의 질을 향상시키려면 범죄로부터 안전한 삶의 터전 확보도 중요한 요소 중 하나이다. 그래서 예방경찰의 순찰활동 강화, CCTV망 확충, 환경설계를 통한 범죄예방조치(셉테드, CPTED: Crime Prevention Through Environmental Design) 등이 새로운 방안으로 부상했고, 그 중 일부는 이미 우리들의 생활세계의 일부로 귀화했는가 하면, 다른 일부는 아직도 시행준비 중인 경우도 있다. 물론 이 같은 예방조치들은 국가 또는 지방 행정기구들의 적극적인 개입으로 시행된 것도 있지만, 사적 영역에서 개인 또는 단체가 시설보안회사들과의 안전연계망을 구축함으로써 시행되는 경우도 있다. 물론 궁극적으로는 주민참여를 활성화하여 주민협동에 의한 삶의 안전망 구축이 이루어져야 한다.

특히 범죄발생에 영향을 미치는 환경요인들을 개선하여, 범죄로부터 안전사각지대를 최소화하는 것이 무엇보다 중요하다. CCTV는 이미 시민생활의 일부로 정착된 지 오래이다. 이처럼 CCTV의 설치는 범죄가 발생하였을 때 범인검거에는 큰 효과를 발휘하고 있지만, 사전 범죄예방 효과에 대해서는 아직 크게 그 검증효과가 나타나지 않고 있다.

더 나아가 범죄취약성을 지닌 주거・공원 시설과 같은 기존 지역사회 내의 특정지역 내지 시설물을 안전한 시민의 삶의 관점에서 꾸준히 개선해 나가는 노력이 중요해 보인다. 셉테드(CPTED) 이론은 1960년대와 1970년대 미국에서 도시화, 월남전, 인종차별 등으로 인한 계층간, 인종간, 지역간 갈등이 고조되면서 무질서와 불법이 성행하여 사회문제로 비화했을 때, 이를 해결하기 위한 범죄예방의 한 방안으로 등장한 것이다.

셉테드(CPTED) 프로그램은 환경 자체와 밀접하게 연관된 변수의 조작을 통해 특별히 한정된 환경 내부에서 특정범죄를 예방하고자 하는 것이다. 셉테드(CPTED)의 기본요소로는 ① 잠재적 범죄인의 접근을 어렵게 만드는 접근통제의 강화, ② 잠재적 범죄인에게는 발각과 체포의 두려움을 높여주고 적법한 사용자에게는 안전감을 높여주어 긍정적인 상호작용을 증대시켜주는 자연적 감시의 강화, ③ 지역사회에 대한 애착을 높이고 주민들 스스로 안전을 지켜나가고자 하는 영역성의 강화 등이 거론된다.[12]

12_ 강용길, "도시공원 내 범죄취약시설의 개선방안에 관한 연구," 한국의 셉테드 현황과 과제(한국형사정책연구원-한국셉테드학회 공동학술세미나 자료집), (2011.4.28.), 105면.

(6) 범죄예방에서 위험관리로의 전환

1980년대 중반 이후로 범죄학자들은 범죄에 대한 지배구조(governance of crime)가 범죄자들의 개선에 초점을 맞춘 범죄통제 방식에서 범죄예방 내지 범죄예측 기술을 이용한 행동관리 쪽으로 그 중심축이 옮겨갔음을 주목하기 시작했다. 범죄자들의 범행동기와 성장배경 등에 대한 관심보다는 어떻게 그들이 유발하는 위해를 사전에 최소화할 수 있느냐에 관심이 쏠렸다. 범죄자들과 그들의 범행이 사회병리나 개인의 심리학적 좌절의 결과물로서 치료하고 개선되어야 할 사항이 아니라 유해한 행동과 그 잠재성의 집합체로 인식되기 시작했던 것이다. 이러한 맥락에서 형사정책의 새로운 관심사는 사회통제의 일부인 범죄통제에서 범죄예방으로 전환되었다.

"예방이 치료보다 낫다"는 명제는 20세기 말까지 의료, 보건, 소방, 상업, 제조업, 건설업, 운송업, 레저산업 등에 이르기까지 사회생활 전반에 걸쳐 유행어가 되었다. 근대적 처벌정책(penal modernism)은 범죄인을 개선하는 데 과학적 지식을 활용함으로써 교정효과를 기대하는 낙관적 입장이었지만, 범죄인의 개별성을 이해하기 위해 그의 과거에 관심을 집중했다. 그러나 새로운 위험관리기술들은 통계적인 방법을 이용하여 선존재하는 조건과 범죄행위 사이의 상관관계를 밝히고, 범행에 앞서 범죄인에게 존재하는 조건들을 위험요소들(risk factors)로 취급한다. 이들 위험요소는 특히 잠재적 범죄자를 식별해 내어 그들이 범행을 저지르기 전에 그들의 태도를 바꾸는 데 사용될 수 있었다. 범행을 저지른 뒤에 진압조치를 취하는 것보다 사전에 이를 교정하는 것이 훨씬 효율적이고 경제적인 예방책이라는 명제가 더욱 위세를 굳힐 수밖에 없었다.

그리하여 20세기 말을 전후하여 위험 내지 위험관리는 범죄문제 해결에서도 우월성을 지닌 방안으로 인식되기에 이르렀다. 이 관점은 이미 과거사가 된 범행과 그 범죄인의 생물학적, 심리학적, 정신적 요소의 연관성 탐구 및 그 범죄인의 개선작업보다는 범죄피해를 감소시키고 범죄로 인한 사회적 비용을 줄이며 수형자의 재범위험을 감소시키는 서비스 제공에 위험관리기술을 널리 사용하자는 것이다.

나아가 범죄(crime)를 위험감행(risk taking)으로, 범죄통제(crime control) 내지 범죄예방(crime prevention)을 위험관리(risk management)로 인식을 전환하여 위험에 기반을 둔 형사정책(risk based criminal policy)을 추구한다. 위험감행은 과거 일탈행동 내지 범죄로 낙인찍힌 경우가 많았지만 오늘날 사회문화적 변화의 흐름에 따라 흥분을 자아내는 극한 체험, 놀이기구 사용, 고도의 위험이 따르는 극렬스포츠, 각성제 흡입 등은 일상생활의 일부가 되어 버리기도 했다. 따라서 일정한 위험감행 행위들은 위험최소관리(risk-minimizing governance) 차원에서 위험관리 영역으로부터 일상생활의 일부로 환원시키는 것이 합리적이라는 결론에 이른다.[13]

형법이론에서도 예방은 오늘날 전통형법의 흐름에 도전하는 중요한 주제의 하나가 되고 있다. 인류의 미래와 관련된 거대위험 외에도 조직범죄, 환경범죄, 마약범죄, 경제범죄 등의 영역에서 전통적인 법치국가 형법질서관으로서는 대결하기 어려운 광범위한 위험의 위협 앞에서 사회의 다른 통제수단들과 연계된 예방적 형벌이론의 중요성이 점차 높아지고 있다. 형법의 기능화 내지 형사사법의 결과지향적 효과성과 예방관점이 결합되면서 이제 예방은

13_ 이에 관한 상세한 논의는 P. O'Malley, Risk and Crime, 2010, p.2 이하 참조.

더 이상 형벌이론으로서가 아니라 형법이론으로서 입지를 넓혀가고 있다.

그리하여 오늘날 형법은 과거에 발생한 범죄에 대한 단순한 진압수단에서 위험상황을 진정시키기 위한 예방수단으로 변모해야 한다는 요구에 직면해 있다. 예방적 프로그램에 경도된 위험사회의 예방형법은 법익보호 기능을 넘어 위험통제의 관점에서 형법적 수단을 광범위하게 투입할 수 있다는 것이다. 과거에는 회피불가능한 불행이나 재앙으로 간주되던 것이 회피해야만 하는 불법으로 간주될 수 있고, 결과발생에 비중을 두었던 불법과 책임귀속의 전통적 기준이 단순한 거동이나 추상적 위험 또는 위구감(危懼感) 형태로 이완되는 결과에 이를 수 있게 된다.[14]

그러나 현대사회에서 새롭게 양산되는 새로운 위험을 형법만으로 예방할 수 있다는 발상은 한계에 이르지 않을 수 없을 것이다. 산업화 이후 훼손된 자연환경의 회복을 위해서는 환경형법을 통한 진압모델에서 예방모델로, 예방모델에서 다시 자정능력제고모델로 나아갔듯이, 범죄위험으로부터 사회의 안전을 도모하여 삶의 질을 제고하기 위해서는 형법을 통한 진압모델에서 예방모델로, 예방모델에서 다시 자정능력제고모델(Resilience Model)로, 폐쇄사회의 사회통제모델에서 개방사회의 사회통합모델로의 인식전환 내지 중점의 이전이 불가피해 보인다. 왜냐하면 진압만으로 평화로운 사회질서는 회복되거나 유지될 수 없으며, 예방만으로 모든 사회적 불안이나 위험요인들이 사전에 완벽하게 세거될 수 없다는 점은 우리가 현실생활경험을 통해 이미 익히 알고 있기 때문이다. 그렇다면 한 사회가 위험이나 재난으로부터 더 심각한 사회적 트

14_ 이에 관한 상세한 논의는 김지영·이재일, 증오범죄의 실태 및 대책에 관한 연구(한국형사정책연구원 연구총서 11-14), 2011, 211면 이하 참조.

라우마(trauma)의 고통을 겪지 않도록 현실화된 위험이나 재난의 아픈 경험을 극복하고 일상의 평온한 삶으로 복귀하는 자발적 회복능력을 촉진시키는 통합적인 정책이 필요하다.[15]

(7) 폐지주의의 관점

앞서 본 시설내처우에서 행해지는 재사회화에 대한 근본적인 의문은 이른바 '불간섭'(nonintervention), 즉 중대한 범죄가 아닌 경우에는 형법적 제재에 의한 개입을 전적으로 포기해 버리려는 방향선회로 나타나고 있다. 즉 여기에서는 좀더 세밀하게 범죄인의 인격에 접근하여 그에게 부담이 덜 되는 조치들, 예컨대 대체요법, 집단요법, 원상회복, 정신의학적 치료, 주택과 일자리의 주선, 금절치료(禁絶治療) 및 더욱 근본적인 불간섭에 해당하는 우회(diversion) 등이 절차상으로 행해지게 된다는 점이다.

이 같은 착상들은 형법의 폐지를 주장하는 폐지주의(abolitionism)에서 그 정점으로 나아가기도 한다. 폐지주의는 사회정책적 이상주의에 입각하여 재사회화 모델을 비판하는 데서 더 나아가 형법보다 더 좋은 그 무엇을 추구하는 관점이다. 이 같은 이상주의는 개선되어야 할 것은 범죄인이 아니라 도리어 범죄의 배양지인 사회 그 자체이므로, 이런 범죄적 환경을 가진 사회를 재사회화하고 무해화해야 한다고 주장한다. 이 주장의 출발점은 이른바 계급사회의 환경조건이 범죄의 객관적 조건을 만들어낸다는 데 있다.

재사회화 요구를 사회의 변혁에로 선회시키는 그와 같은 착안점은 이미 오래 전부터 있어 왔다. 뒤르켐(Durkheim)이 "범죄란 모

15_ Gauder, Perron, Pascher u. a. (Hrsg.), Resilience in der Offenen Gesellschaft, 2012, S.235f.

든 건전한 사회를 확고히 해주는 구성분 중의 하나"라는 명제[16]를 제창한 이래, 범죄행위의 편만성과 정상성이라는 기본명제는 '낙인이론'(labeling approach)과 결합하여 재사회화의 관심영역을 범죄인에게서가 아니라 사회에서 찾게 했다. 만약 범죄가 실제로 정상성과 편만성을 지닌 형태라면, 다시 말해서 범죄인은 다시 사회의 범죄통제과정에서 범죄인으로 지목 · 선택하여 낙인찍는 과정의 한 산물에 불과한 것이라면 개선 · 재사회화되어야 하는 것은 범죄인이 아니고 사회라는 결론은 불가피한 것인지도 모른다.

이렇게 본다면 '범죄인에게 주안점을 둔 처우이론'[17]과 그 실제는 이제 더 이상 논의해 볼 가치조차 없는 모델이 될지도 모른다. 그러나 극단적 폐지주의의 이상은 사회의 비정상성뿐만 아니라 범죄 그 자체의 비정상성이 극복되지 않은 현실에서는 도달하기 어려운 지평에 속한다. 한때 마르크스(Marx)가 꿈꾸었던 국가소멸론처럼, 인간의 이기적 본성이 이타적 본성으로 근본적으로 변화되기 전에는 형법의 자연소멸이나 인위적인 폐지의 꿈은 실현되기 어려울 것이다.

(8) 소 결

재사회화 이념은 사회의 질서 자체가 건전해야 그 의미를 가질 수 있다는 지적은 백 번 옳다. 처우이념으로부터의 전향은 그것이 '처우의 타율적 지배모델(Herrschaftsmodell)로부터의 전향'[18]을

16_ Durkheim, Regeln der soziologischen Methode, 1895, Zitiert nach Sack/König, Kriminalsoziologie, 1958, S.4.

17_ Hibers/Lange, Abkehr der Behandlungsideologie, KrimJ 1973, S.52.

18_ Haffke, Hat emanzipierende Sozialtherapie eine Chance?, in:

뜻하는 한, 이에 찬동하기를 주저할 필요는 없을 것이다. 하지만 재사회화 이념은 아직 한 번도 그 의미의 충만에 이른 적이 없었다는 사실을 유의할 필요가 있다. '자유롭고 정의로운 사회의 비전'은 우리들이 아직까지도 성취한 것은 아니지만, 그렇다고 포기할 성질의 것이 아니다.

현재의 여건하에서도 우리들은 수형자들에게 '자기책임으로 사회적인 삶을 스스로 실현해 나가는 데 대한 진정한 원조'[19]를 제공하도록 요청받고 있다는 사실이다. 그들은 약자이며, 약자에 대한 배려는 사회정의의 요청이기 때문이다. 현재의 모든 형사정책적 노력들을 실현가능성과 실효성이 없는 것으로 평가절하하고, 원호적인 사회치료(Helfende Sozialtherapie)와 사회화(Sozialisation) 및 자기화(Personalisation)의 기회제공조차 없는 행형이란 사실상 형벌제도의 후퇴와 비인간화를 의미할 뿐이다.

단지 비판의 소리가 있다고 해서 그리고 일시적인 관점의 변화 때문에 우리의 법문화와 사법문화가 오랜 세월을 두고 각고 끝에 성취하였고, 또한 그 제도의 시행착오 속에서 숱한 수형자들의 자유희생이라는 값비싼 대가를 지급하고 얻은 형사정책적 효과들을 선불리 포기해서는 안 될 것이다. 왜냐하면 장기적이고 지속적인 형사정책만이 시행착오를 겪으면서도 끊임없는 발전을 약속해 줄 수 있을 터이기 때문이다.

우리가 항시 인간을 고립된 개체로만 바라보지 말고, 개인과 사회의 상호관계·상호작용 안에서 파악한다면 처우·교정 이데

Liederssen/Sack(Hrsg.), Abweichendes Verhalten Ⅲ, Bd. 2, 1977, S.301.

19_ Würtenberger, Reform des Strafvollzugs im sozialen Rechtsstaat, in: Kriminalpolitik im sozialen Rechtsstaast, 1970, S.206.

올로기의 문제도 범죄인의 재사회화냐 사회의 재사회화냐 하는 양자택일적인 구호를 통해 해결하려 하지 말고, 사회와 범죄인 개인 상호간의 공동관련성 속에서 사회를 변화시키고 범죄인에게 규범합치적인 삶에로의 영향을 주는 종합적인 예방책을 통해 지속적으로 진화시켜 나가야 할 것이다. 물론 이러한 진화 속에서 수형자 개인의 인간으로서의 존엄과 가치의 보장한계를 일탈해서는 안 된다.

형사정책에서 형벌의 목적프로그램은 바로 이러한 착안점에 기초하고 있다. 그러므로 설령 판결에 의해 중죄인으로 확정된 자라 할지라도 개인의 인간으로서의 존엄은 존중되어야 하기 때문에, 응보형이상학(Vergeltungsmetaphysik)이나 신체적 엄혹형은 정당화되기 어렵다.[20] 법치국가의 형법질서 안에서 형벌은 결코 도덕적 응보의 수단으로 이용되어서는 안 되고, 오직 행위자의 법교육 또는 오성주체인 범죄자에 대한 영향을 통한 위하 또는 개선의 수단으로 이용될 수 있을 뿐이다.

일찍이 홉스(Hobbes)가 "형벌은 과거의 악이 아니라 미래의 선에 초점을 맞추어야 한다. 즉 형벌부과는 잘못을 저지른 행위자를 개선시킬 목적이나, 범죄자에 대한 형벌을 통해 타인들로 하여금 스스로를 개선하도록 경고할 목적하에서만 허용될 수 있다"[21]고 말했을 때 바로 이 점을 염두에 둔 것으로 보인다. 더 나아가 리스트(v. Liszt)가 "형벌은 응보로서 범죄의 개념필연적 효과인가, 아니면 법익보호의 형식으로서 국가사회의 목적의식적 창조물 내지 목표의식적 기능인가, 또는 형벌은 과거에 대한 속죄 가운데서 더

20_ Il-Su Kim, Die Bedeutung der Menschenwürde im Strafrecht, insbes. für Rechtfertigung und Begrenzung staatlichen Strafe, Diss. München, 1983, S.287ff.

21_ Hobbes, Vom Bürger, S.104.

이상 정당화를 필요로 하지 않는 충족이유를 발견하는가, 아니면 미래에 대한 예방효과 가운데서 더 이상의 근거를 필요로 하지 않는 정당화를 발견하는가 … 형벌은 목적사상에 의하여 척도와 목표를 얻게 되었고, 형벌의 전제(범죄)와 그 내용 및 범위가 발전되었고, 목적사상의 지배에 의하여 형벌폭력은 형벌권력으로 전화되었다"[22]고 말했을 때도 역시 이런 사상적 계보에 서 있는 것으로 보인다.

법치국가의 형벌은 이처럼 목적기능의 산물이다. 그러므로 형벌은 규범위반자를 다시 규범준수자로 재사회화 내지 재준법화하기 위한 목적으로써만 이용될 수 있을 뿐이다. 형벌이 국가형벌권의 독점적 지위와 도덕적으로 우월한 권위를 재확인시키기 위해서라든가 범법자에게 단순히 범죄인이라는 낙인을 찍어주어 사회윤리적으로 비난하고 차등화하기 위한 목적은 법치국가 형벌의 정당한 목적일 수 없다. 결코 범죄인은 형벌을 통해 윤리적으로 고양된 존재로 거듭나야 할 대상이 아니다. 합리적인 사고의 주체로서 단지 자신의 오성을 이용하여 목적합리적으로 법질서에 맞추어 선택·결정하고 행동할 수 있도록 돕는 데만 형벌수단이 투입되어야 한다.

22_ 리스트, "형법에 있어서 목적사상"(심재우 역), 고려대 법률행정논집 제15집 (1977), 134면, 140면.

Ⅱ. 중형주의의 경향

1. 서구사회에서 엄벌주의의 등장과 그 배경

(1) 엄벌주의의 의미

엄벌(Punitivität)이란 어떤 사람의 행위를 규범적인 관점에서 규범일탈로 규정하고 그에 상응한 제재를 철저히 과하는 제도를 말한다. 엄벌주의란 확인된 규범일탈에 상응한 제재로써 철저히 대응하는 보편화된 태도 또는 경향을 지칭한다. 형법이론적으로 엄벌 개념은 응보적 제재를 선호하고 화해적인 제재를 꺼리는 경향을 나타낸다. 따라서 엄벌이란 될 수 있는 대로 형사제재를 강하고 엄격하게 하여 중형을 과하는 처벌의 일정한 방식과 양태를 말한다. 고대로부터 전래된 복수법의 동기가 원상회복과 같은 합리화된 제재의 종류를 압도할 때 엄벌에 경도되는 결과를 가져온다.[1]

중형주의는 이처럼 단지 어떤 종류의 형벌을 과하는 것을 지칭하는 것이 아니라 더 엄하고 중한 형벌에 대한 사회와 언론・여론,

---

1_ H. Kury/H. Kania/J. Obergfell-Fuchs, Worüber sprechen wir, Wenn wir über Punitivität sprechen? KrimJ 8. Beiheft, 2004, S.52.

정치의 요구를 내포한다.[2] 물론 이 같은 중형주의의 요구 속에는 우리가 이미 확립했다고 생각하는 형법의 정형화(Formalisierung) 내지 죄형법정원칙이나 책임원칙 같은 기본원칙들로부터의 이탈 내지 이완이 묻어 있다는 점이다. 일종의 탈정형화(Entformalisierung)가 엄벌주의 조류 속을 도도히 흐르고 있음을 감지할 수 있다.

뿐만 아니라 형사제재의 적용범위를 사회적으로 유해한 법익위해의 결과가 아닌 반사회적 행위 그 자체 내지 비사회적 일탈행동에까지 확대하려는 경향이 이 엄벌주의 사고 속에 용해되어 있다는 점이다. 예컨대 보행도로에 가래침 뱉기나 씹던 껌을 버리는 행위, 애완동물의 배설물을 방치하는 행위, 인터넷에 허위정보를 유포하는 행위에 대해서도 형사제재의 수단을 투입하되, 필요한 경우에는 강력하게, 위하감을 줄 수 있을 정도로 투입해야 한다는 것이다. 심지어 자동차 승객의 안전벨트 미착용이나 운전 중 휴대전화 이용, 디지털영상방송매체(DMB) 시청, 최근에는 내비게이션 조작행위까지 형법적 통제하에 두어야 한다는 주장도 이 같은 중형주의 사고의 발로라고 말할 수 있다.[3]

엄벌주의의 뿌리는 두 가지 사고방향에 기초하고 있다:

첫째, 사회학적 뿌리이다. 뒤르켐(Durkheim)은 엄벌주의의 기초를 기계적인 연대에서 유기적인 연대로 넘어간 사회구조의 변화에서 찾고자 했다. 이 같은 변화가 민사적인 배상에 의한 불법의 통제를 형사제재에 넘겨주는 계기가 되었다고 한다. 따라서 형법

2_ M. Dinges/F. Sack, Unsichere Großstädte?, in : dies. (Hrsg.), Vom Mittelalter bis zur Postmoderne, 2000, S.10.

3_ J. Simon, Introduction, in : ders. (Hrsg.), Governing through Crime. Criminal Law and the Reshaping of American Government 1965-2000, p.2.

이란 분업적 사회의 집단의식의 격세유전적인 유산이라고 그는 말한다.

둘째, 사회심리학적 뿌리이다. 아도르노(Adorno)에 의하면 권위주의 관점이 인종편견에 관한 연구를 발전시켰다고 한다. 1930년대 미국에서 발발했던 인종문제와 20세기에 빈발했던 인종청소에서 분출된 인종편견이 오늘날 인종차별과 외국인 증오에 관한 연구에서도 남아 있다는 것이다.

해석적 범죄사회학의 창시자 중 한 명인 미드(Mead)도 1918년에 처벌 권하는 사회의 구조와 그 결과를 다음과 같은 요지로 남긴 바 있다:

> 일탈한 개인에 대한 적대적인 반작용은 본능에서 생겨나는 것이 아니라 사회생활의 조직에서 나온다. 경제적 · 법적 · 윤리적으로 심사숙고하는 사람은 자신의 적대자를 신체적으로 박살낼 충동을 느끼지 않는다. 다만 그의 사회적인 지위에 대한 고려에서 나오는 단순한 불안감이 어떤 공격의 도발에 대해 그의 권력을 투입하도록 만든다. 이처럼 엄벌적 반작용의 정도는 사회적으로 할당된 몫이다. 응보본능이 처벌의 유일한 정당화라면, 사회가 응보의 토대 위에서 처벌이론을 완성하거나 유지할 수 없음을 알았을 때에도 왜 처벌은 사라지지 않는지를 설명하기 곤란하다. 특히 우리가 위하적인 효력을 고려하여 만든 형벌체계가 범죄를 억제하지 못할 뿐만 아니라 도리어 범죄자군을 양산한다는 사실을 승인할 때 더욱 그러하다.[4]

4_ G.H. Mead, The Psychology of Punitive Justice, 1918, p.258 (R. Lautmann/D. Klimke, Punitivität als Schlüsselbegriff für eine kritische Kriminologie, KrimJ 8. Beiheft 2004, S.11에서 재인용).

엄벌주의에 대한 미드(Mead)의 분석은 특히 오늘날 중벌 요구의 정서 및 감정이 형사정책 속으로 회귀하였다는 평가에 접할수록 더욱 현재성을 지닌다.[5] 처벌정서에서 감정요소가 중요한 작용을 한다는 것은 최근 문화범죄학의 틀 속에서 복수욕의 사회학을 착상한 영(Young)의 연구에서도 밝혀졌기 때문이다.[6]

문명의 진보와 이성의 발달을 가져온 근대화과정 수 세기를 지나서 후기현대에 이른 오늘날 새로운 중벌주의 요구를 충동적인 감정에서 찾는 데에는 이론상 의문의 여지가 남는 게 사실이다. 엘리아스(Elias)의 문명론에 따르면 적대자들 사이에서 타협 없는 공격성의 충동은 근대를 거치면서 약화되었고 국가의 권력작용과 적법절차 속에 흡수되었다는 것이다. 그에 따라 피해자의 복수충동은 완화되었고, 형사제재도 사회계약의 방식으로 국가권력의 작용 속에 체계화되었다는 것이다. 근대화, 합리화와 문명화는 서구 근대사회에 이미 깊이 각인된 듯이 보이기 때문이다.

하지만 이 같은 근대화와 합리적 이성은 제2차 세계대전이 발발한 1939년을 기점으로 그 의미를 상실했다고 보는 견해도 있다. 군국주의 · 전체주의의 발호로 인한 세계대전과 대량의 인명살상, 홀로코스트, 집단학살, 강제수용소와 집단추방 등은 일종의 문명단절과 파괴를 의미하기 때문이다.[7] 그 후 사회과학에서는 이 같은 무시무시한 인간학대와 인간성 파괴를 설명하기 위한 끊임 없는 시도가 이루어졌다. 그러나 그와 같은 잔혹성은 지적으로 완전

5_ 형법정책에서 피해자의 법감정, 권리를 위한 투쟁정신의 강도에 관하여는 김일수, 범죄피해자론과 형법정책, 2010, 94면 참조.

6_ J. Young, Merton with energy, Katz with structure: The sociology of vindictiveness and the criminology of transgression, in : Theoretical Criminology 7, 2003, p.388.

7_ R. Lautmann/D. Klimke, ebd., S.13.

히 극복되지는 못했다. 다만 '계몽의 변증론'(Horkheimer/Adorno), '질서의 변증론에 대응한 도덕의 부름'(Bauman) 또는 '벌거벗은 생명의 거룩성 추방'(Agamben)의 저술에서 문제제기가 있을 뿐이다.

그로부터 10년이 지나지 않아 새로운 엄벌주의 사조가 돌아왔다. 하지만 이번에는 과학기술적인 장비를 갖추고 능률적인 조직까지 정비해 가지고 돌아왔다는 사실이다. 이러한 조류를 감지하면서 일찍이 비판범죄학의 크리스티(Christie)는 법과 질서의 체계들이 드디어 현대 관료국가의 목적합리적 논리에 종속되었고, 거기에서 전체주의적 냄새가 난다고 언급한 바 있다.[8] 타자의 범죄학(criminology of the other)을 제시했던 갈랜드(Garland)도 새로운 엄벌주의가 계몽주의와 합리주의의 길에서 벗어나 이미 극복된 바 있는 범죄인의 악마상을 다시 되살리는지에 관해 주목한 바 있다.[9]

결국 형사소추와 제재제도 및 형벌요구와 이론의 전개과정에서 인간화, 합리화, 자유화, 재사회화 노력의 이미 성취된 수준을 포기하고, 범죄에 대해 더 강력한 대응을 기도하는 모든 노력과 의도들은 엄벌주의적이라고 말해도 좋을 것이다. 역사적으로 보아서 일탈행동으로 나간 인간을 범죄자로, 응보의 대상물로 삼아왔던 고전적인 질서도구들이 계몽주의 이래로 끊임없는 비판에 시달려 온 것이 사실이다. 모세율법에 나온 탈리오의 법칙과 근대의 응보주의 사상이 인간을 비인간적으로 그리고 잔인하게 다룬다는 이유로

8_ N. Christie, Crime Control as Industry : Towards Gulags, Western Style, 1996, p.11.

9_ D. Garland, The Limit of the Sovereign State. Strategies of Crime Control in Contemporary Society, in : British Journal of Criminology 36, 1996, p.445.

타도의 대상이 되었고, 그런 경향이 1970년대 중반을 전후한 재사회화형법의 좌절정기에 이르러 그 기반을 상실할 위험에 처할 때까지 계속되었다. 하지만 오늘날 '적정한 필벌'(just desert)이라는 이름 아래 신고전적 응보사상과 함께 그에 걸맞은 제재형식들의 복귀는 바로 엄벌주의 풍조라는 물결을 타고서만 가능할 수 있었다.

야콥스(Jakobs)에 의해 최근 형법이론의 가장 뜨거운 논쟁거리로 떠오른 적대형법(Feindstrafrecht)도 실은 엄벌주의 사조와 정신적 궤를 같이한다고 말할 수 있다. 그는 테러리스트나 조직범죄자군들과 같은 특정행위자군에 대응하려면 전통적인 법치국가 형법과 그 형벌은 별 도움이 되지 못한다는 전제에서 출발한다. 법치국가형법에 의하면, 그 형법적 규범위반자들을 일탈한 동료시민의 하나로 상정하기 때문에, 그에 대한 형벌은 포섭(Inklusion)과 사회복귀가 주목적이 될 수 있다. 하지만 이들 특정범죄자군은 사회의 존립 자체에 문제를 일으키기 때문에, 동료시민으로서가 아니라 사회의 적으로 간주하여 사회로부터 배제(Exklusion)시켜야 한다는 것이 그의 주장이다. 그 효과적인 진압과 배제를 위해서는 이들 공동사회의 적에게 결코 법치국가형법과 형사절차법이 보장한 자유보장 장치가 걸맞지 않기 때문에 광범위한 예외상황이 허용되어야 한다는 것이다. 그들은 시민이 아니라 적으로, 사람이 아니라 난폭한 짐승과 같은 비인격으로 간주되기 때문이다.[10]

이 같은 적대형법관은 계몽주의적·인도주의적 형법의 발전방향을 종식시킬 위험을 안고 있으며, 그런 점에서 현대 형법이론

10_ G. Jakobs, Das Selbstverständnis der Strafrechtswissenschaft vor den Herausforderungen der Gegenwart, in: Eser/Hassemer/Burkhardt (Hrsg.), Die Deutsche Strafwissenschaft vor den Jahrtausendwende, 2000, S.47f.

중 가장 논쟁적이고 위험한 방향선회 중 하나라고 할 수 있다. 여기에서는 최후수단으로서의 형법, 단편적 성격과 보충적 성격을 지닌 형법, 겸손성과 한계지움의 형법질서관은 물러가고, 타도 대상으로서의 범죄자, 천인공노할 적으로서의 범죄자만 남기 때문이다.[11]

피의자·피고인에게 보장된 법치국가적 인권보장책은 제한되고, 죄형법정원칙은 필요에 따라 신축성 있게 통용될 것이며, 모든 법률에 필요한 정확한 조건프로그램 대신 열린 목적프로그램이 등장할 수밖에 없다. 형법은 도덕의 최소한이 아니라 국민계몽을 위한 도구나 국민교육을 강화하는 유용한 도구로 사용될 수도 있을 것이다. 자의적인 처벌욕구로부터 시민을 보호해야 할 관점과 법익보호의 관점 사이에 균형을 깨뜨리면서 결국 엄벌주의는 형법의 한계선을 무너뜨리는 결과로 나아갈 위험에 직면하게 된다.[12]

이 같은 엄벌주의의 새로운 등장에 대한 각국의 범죄학자, 형사정책가들의 반응은 다양하다. 독일에서는 특히 프랑크푸르트 학파에 의한 비판이 활발한 편이지만,[13] 입법과 정책의 실제에서 그 반향은 미미한 편이다. 그 까닭은 독일의 형사정책이 규범이론적으로 나가는 법률학에서 영향력 있는 강자의 지위에 있지 못하기 때문이다. 따라서 강벌주의에 대한 비판은 형법학 담론에서 지배적인 이론을 확인하는 결정구조에서 단지 주변으로 밀려나 있는

11_ 이에 관한 비판으로는 Il-Su Kim, Das Liebesstrafrecht hinterem Berge des Feindstrafrechts, 고려법학 제49호, 2007, 1면 이하; Il-Su Kim, Punitivistische Grundtendenzen der gegenwärtigen Kriminalpolitik, 고려법학 제56호, 2010, 513면 이하 참조.

12_ G. Smaus, Das Strafrecht und die gesellschaftliche Differenzierung, 1998, S.307.

13_ W. Hassmer, P.A. Albrecht, W. Naucke, K. Günther 등이 이에 속한다.

셈이다. 독일에서는 새로운 예방사상의 확장이 엄벌주의의 조류에 편승한 것으로 분석되고 있다. 특히 새로운 성형법(性刑法)에서 중형주의적 경향이 뚜렷하다.[14]

이에 비해 영미 범죄학에서는 강벌주의가 훨씬 더 비판 없이 활발하게 논의되고 있는 실정이다. 사이먼(Simon)에 의하면 중형주의는 정책목적의 만능수단으로 이용된다는 것이다. 범죄가 오히려 지배의 수단이 되기 때문이다. 이것을 범죄를 통한 지배(규율)(governing through crime)라고 부른다. 범죄를 통한 지배는 엄중한 형벌, 사적 영역의 제한과 결과발생 이전단계에서 조기개입과 같은 조치 등을 약속한다. 오래 전에 잃어버렸던 안전을 다시 되찾고, 정치에 대한 신뢰를 회복시켜야 하기 때문이라는 것이다. 물론 사이먼의 예측에 의한다면 범죄를 수단으로 한 지배는 민주주의의 자산을 마멸시키고 사회적 신뢰와 사회적 자본까지도 파괴할 것이라는 우려를 낳지만 말이다.[15]

갈랜드(Garland)는 「통제문화」(culture of control)라는 논저에서 복지국가 모델(약 1890년부터 1970년까지)에서 고범죄 위험사회(high crime society)(1970년대 이후 현재까지)의 형벌국가로의 시대적 변화를 확인해주고 있다. 그는 영미법권의 형사실무와 집행실무에서 형벌의 중형주의적 전환(punitive turn)을 말해주는 일단의 조치들을 확인할 수 있었다고 말한다. 예컨대 캐나다에서는 중벌적 차별대우(punitive segregation)가 확인되었다는 것이다.[16]

14_ M. Kubink, Strafen und ihre Alternativen im zeitlichen Wandel, 2002, S.650f.

15_ J. Simon, ibid, p.37.

16_ D. Garland, The Culture of Control Crime and Social Order in Contemporary Society, 2001, p.142.

특히 형법에서 중형주의는 현실적으로 정치의 상징적인 수단으로서 활용가치를 인정받기 때문에 그 기세가 꺾일 줄 모른다. 예컨대 감소된 국가재정수입과 의료보험과 국민연금 등의 운영적자 및 감소할 줄 모르는 실업률 사이에서 신고되지 않은 불법취업자들을 양성화하기 위해 형벌위하수단을 공식화하는 경우와 같다. 마키아벨리즘적 계산에 익숙한 정치가들은 새로운 정책영역에서 형법수단의 투입을 심지어 선거전략적으로 활용하려고 한다. 따라서 중형주의는 권력관계에서 권력행사의 영역을 넓혀주는 효과적인 기술로 분석되기도 한다.[17]

(2) 엄벌주의의 이념적 배경

오늘날 시민생활에서 자유에 관한 열망은 어느 정도 충족되었으나 안전에 관한 요구는 항상 위기와 불안에 휩싸여 있는 것이 사실이다. 더욱 불안하게 하는 것은 도처에서 일어나는 자연적 재앙이나 예측하기 힘든 질병의 위험 또는 사고의 위험만이 아니다. 고범죄 위험사회가 암시하듯 새로운 범죄위험, 급증하는 범죄위험도 자유롭고 평화로운 시민생활을 해치는 위험요인이다. 따라서 엄벌주의의 정도와 동력은 바로 안전의 보장과 가장 밀접한 관계를 맺는다. 왜냐하면 엄벌주의가 안전을 보장함으로써 인간의 실존조건과 모든 사람의 생활양태에 깊숙이 관여하기 때문이다.

그런데 우연이 아니게도 엄벌주의를 말하면 방어적인 태도를 떠오르게 한다. 엄벌주의 개념이 형사정책적인 투쟁개념으로 간주되기 때문이다. '범죄와의 전쟁'은 바로 엄벌주의의 창고 문을 열어

17_ S. Krasmann, Die Kriminalität der Gesellschaft. Zur Gouvernementalität der Gegenwart, 2003, S.253f.

놓고 시작하는 선전포고 외에 다름 아니라는 인상을 주고는 했다.

엄벌주의 개념은 몇 가지 이념적인 뿌리를 갖고 있다. 그것은 희생자 관점, 인기영합주의, 배제 관점 등이다.

첫째, 희생자 관점(Viktimismus)은 범죄피해자보호와 범죄피해 회복을 범죄문제의 우선과제로 삼는 입장이다. 종래 범죄는 단지 국가의 법규범에 대한 침해요, 그러므로 범죄의 제1차적 피해자는 국가로 간주했다. 그렇기 때문에 모든 범죄문제는 가해자인 범죄자와 피해자인 국가의 양자관계였다.

피해자 관점은 범죄에서 본질적인 문제는 법익을 침해당한 피해자와 그 피해회복에 있다고 본다. 따라서 범죄문제의 해결도 국가와 범죄자의 양자구조가 아니라 국가와 가해자 및 피해자의 3자 관계가 된다는 것이다.[18]

종래의 법치국가형법 실현에서 범죄자보호는 피해자의 아픔을 무시하고 피해자를 형사절차에서 중립화시키는 구조였다. 피해자학의 발전과 범죄피해자들의 비정부기구의 결성 그리고 사회적 압력단체로서의 힘기르기와 결속력은 오늘날 피해자군을 선거에 영향을 미칠 수 있는 정치적 영향력을 지닌 투표자군으로 발전시켰다. 더 나아가 여론주도형으로까지 성장하기도 했다. 그리하여 각종 범죄피해자 보호를 위한 입법들이 마련되었다.

그런데 이 같은 피해자보호 관점은 엄벌주의로 흐르는 경향이 있다. 더 나아가 잠재적 피해자로서의 사회가 안전성의 필요를 위한 다양한 장치들을 요구한다. 안전에 대한 높은 관심은 다시 피해자의 정당한 법감정의 요구를 충족시키기 위해 가해자의 처벌과 응징 욕구를 충족시켜야 한다는 방향으로 나아간다.[19]

18_ 김일수, 범죄피해자론과 형법정책, 98면 이하.

19_ R. Lautmann/D. Klimke, ebd., S.26.

둘째, 인기영합주의(populism)는 사회적으로 주목을 받을 만한 몇 가지 범죄사건으로 인해 언론과 여론의 관심이 증폭될 때 사회 내에 상존하는 범죄자군들을 적으로 선언하고, 그들을 가차없이 진압하기 위한 명분으로 가중입법을 제정하거나 '범죄와의 전쟁'을 선포하고 일망타진을 위한 작전을 전개하는 입장이다.

인기영합주의에 의한 강벌주의는 사회, 언론 및 정치 등의 영역에서 자주 등장한다. 무관용정책(zero-tolerance-policy), 깨어진 유리창 이론에 입각하여 증강된 경찰력의 투입, 삼진아웃법 제도, 특정범죄가중처벌법 등이 주로 정치영역에서 일어나는 형법의 르네상스(Renaissance des Strafrechts) 또는 엄벌주의적 전환이다.[20]

교도소의 증가와 구금형의 증대도 마찬가지 경우이다. 특히 경찰의 진압과 예방조치에서 권한확대와 작전범위의 전진배치 등이 이 같은 인기영합주의적 정책과 연계되어 나타나고 있음을 확인할 수 있다. 예컨대 함정수사, 일제단속, 전화감청, 비디오감시체제의 확충 등을 들 수 있다. 형사정책에서 복지국가모델로부터 처벌·통제국가모델로의 전환도 빼놓을 수 없는 이들 사례 중 하나이다.

사회안전을 갈망하는 일반시민들의 처벌강화요구도 인기영합주의의 동인이 된다. 대의민주정치 하에서 유권자들인 일반시민들은 인간의 얼굴을 가진 완화된 형사정책보다는 '법과 질서'를 앞세운 강화된 형사정책을 지지하고 선호하는 경향을 나타낸다. 특히 성범죄에 대한 일반시민들의 처벌강화 요구가 성범죄에 대한 엄벌주의 경향의 원인이 되고 있다.

그 밖에도 언론매체들의 강력범죄사건에 대한 선정적 보도가

20_ F. Sack, Wie die Kriminalpolitik dem Staat aufhilft, KrimJ 8. Beiheft 2004, S.35f.

법적 인기영합주의(legal populism)의 원인이 되고 있다. 특히 언론 매체들의 범죄피해자와 그 가족의 고통에 대한 집중적인 보도가 일반인들의 처벌욕구(Straflust)를 부추기고, 그것이 합리적인 형사 정책의 입지를 약화시키며, 진압적인 형사정책으로 회귀하도록 만드는 경향이 있다.

셋째, 배제 관점(Exkulsion)은 실직자와 노숙자와 같은 빈자들이 사회의 경계 너머 외곽으로 내몰리는 현상을 비판적으로 설명하기 위한 개념으로 발전한 것이다. 즉 국민들의 수입, 재산, 소비를 근거로 신자유주의 시장경제하에서 사회 내에 자기 자리를 확보한 계층과 거기에서 실패하여 유리된 계층 사이의 구분을 지칭하는 개념이 배제이다. 루만(Luhmann)의 사회학 이론에서 포섭(Inklusion)과 함께 중요한 개념표지이지만, 특히 형사정책의 관점에서 주목을 끄는 것이 배제 개념이다.

배제는 보통 추방을 의미하지는 않는다. 왜냐하면 그것은 사회 내에서 일어나는 일이기 때문이다.[21] 배제의 당사자는 게토로 내몰리고, 폐쇄된 시설에 수용되며, 사회의 중심으로부터 거리를 두도록 경계에 머물게 된다. 그러나 배제가 더 가혹한 단계로 강화되면 환영받지 못하는 외국의 이민자들은 추방되기도 하고, 전체주의 체제하에서는 치명적인 조치가 가해지기도 한다. 예컨대 나치시대의 유대인 강제수용소나 오늘날의 관타나모 수용소 같은 극한 상황들이 배제의 극단을 넘어간 단계라고 말할 수 있다.

형사정책적으로 흥미로운 점은 배제로부터 추방에 이르기까지 인기영합적 관점에서 강화된 형벌의 형태가 하나의 도구로 사용될 수 있는가 하는 점이다. 즉 확정판결을 받고 구금된 일정한

21_ M. Kronauer, Exklusion－Die Gefährdung des Sozialen im hoch entwickelten Kapitalismus, 2002, S.15f.

부류의 수형자들에게도 인기영합적 배제개념이 적용될 수 있는가 하는 점이다. 예컨대 악마군(folk devils)으로 지칭된 일정한 계층의 사람들, 많은 일반인들이 사회적으로 극히 위험한 인물로 보고 중구금시설 속에 폐쇄시키기를 바라는 그런 부류의 사람들이, 바로 인기영합적 배제개념에 의해 가석방 없는 종신징역과 같은 한계상황으로 내몰리는 일이 있을 수 있다는 가정 때문이다.[22]

어쨌거나 범죄와 형사정책의 정치적인 도구화, 형법의 르네상스, 사회의 점증하는 강벌주의 요구 등은 후기현대사회의 심대한 구조적·문화적 변화의 표현이요 반영인 것은 부인할 수 없는 노릇이다. 교정복지국가적 경향에서 정당한 필벌(just desert)의 명제 아래 처벌·감시국가적 경향으로의 이전[23]은 사회국가적 급부행정의 감축과 안전국가적 자원과 제도의 구축 사이에 걸쳐 있는 불편한 동거의 산물이기도 하다.[24]

그것은 또한 벡(Beck)류의 위험사회(Risikogesellschaft)론에서 형법의 영역에서도 안전정책을 우선시하는 사고의 반영이라고도 말할 수 있을 것이다. 사회의 존립기반을 위험 속으로 몰고 갈 이른바 '새로운 위험' 원인에 대해서는 형법적 대응전략도 안전정책의 관점과 궤를 같이하여, 형법적 수단의 전진배치(Vorverlegung)와 최후수단(ultima ratio)이 아닌 최우선수단(prima ratio)으로 작동하도록 해야 한다고 주장하기 때문이다.[25]

22_ E. Prömmel, Souveräne Ausnahme, nacktes Leben und modernes Strafrecht, KrimJ 39; Jg. 4. Vj., 2006, 242ff.

23_ 이를 사회학자 바우만(Bauman)은 '복지국가에서 감옥으로'라고 지칭한다.

24_ 이에 관하여는 F. Sack, ebd., S.43.

25_ 위험형법론의 도전에 관하여는 김일수, 범죄피해자론과 형법정책, 129면 이하 참조.

(3) 엄벌주의의 현황

현대 형사정책에서 엄벌주의 경향은 이미 지난 세기 70년대 잠복기를 지나 80년대 들어서면서 본격화하기 시작했다. 그것은 형법정책에도 동일한 영향을 미쳤다. 형사사법실무에서 재사회화 이념의 결손이 제기되고, 통계적으로 치솟는 범죄율과 특히 재범률은 적극적 특별예방사상을 점차 궁지로 몰아넣었고, 대신 응보형 사상의 부흥에 불을 지폈던 것이다.[26]

무엇보다도 80년대 중반부터 스칸디나비아 여러 나라들과 미국에서 신고전주의 사조가 등장하기 시작했다. 그리하여 형벌에서는 책임응보와 일반위하에 의한 소극적 일반예방이 다시 동력을 얻게 되었고, 미국에서는 "nothing works"란 표어 아래 이른바 폐지주의(abolitionism)가 급속한 사양길에 접어들게 되었던 것이다.

지난 90년대 들어 세계적으로 위험사회론이 점점 더 현실과 가까이 피부에 와 닿았다. 세계적인 금융위기, 생태학적 위기, 초국가적인 테러활동, 성범죄자들의 누범증가, 조직범죄의 증대 등은 모든 국가에서 그 나라의 안전을 위협하는 새로운 도전으로 인식되었다. 불안한 시민들은 정부, 입법 및 국가적 범죄통제기관에 범죄위협을 극복하고 증대된 위험으로부터의 안전을 강화하기 위해 입법자들에게 강벌주의적 조치로 나아가도록 요구했다. 이와 함께 위험형법론과 적대형법론의 논쟁도 다시 가연되는 계기를 맞이했다.[27]

엄벌주의의 부흥은 지난 90년대 후반부터 유럽연합 여러 나라

26_ 이에 관하여는 Pawlik, Person, Subjekt, Bürger, 2004, S.46ff.

27_ 이에 관하여는 Il-Su Kim, Punitivistische Grundtendenzen der gegenwärtgen Kriminalpolitik?, 고려법학 제56호, 2010, 516면 참조.

에서 감지되기 시작했다. 그러나 가장 극명한 사례는 뭐니뭐니해도 2001.9.11. 뉴욕 국제무역센터 건물에 대한 알카에다 전사들에 의한 테러공격 이후 미국의 형사사법실무에 나타난 일련의 비상조치들이었다.

부시(Bush) 대통령의 테러와의 전쟁 선포 직후 아프가니스탄에서 알카에다 전사로 추정되는 위험세력의 색출·체포 내지 미 정보당국에 의한 아프가니스탄 출신 미국 국적자들에 대한 도청에 법관의 체포영장 또는 수색영장을 제시하지 않아도 된다는 대통령령을 공포했다. 관타나모 테러혐의자 수용소는 심문에 고문을 사용하도록 허용된 충격적인 실례에 해당한다.

2001.10.26.자 미국 애국법(US Patriot Act)은 언론법과 정보통신법의 규정들을 변경하여 전자적 수단으로써 감시하거나 전화통화를 감청할 수 있는 권한을 수사기관에 부여했고, 외국인을 기간제한 없이 그리고 법관의 영장 없이 체포할 수 있는 권한도 새롭게 부여했다. 적대형법(Feindstrafrecht)의 모범교과서인 사례가 여기에 고스란히 들어 있는 셈이다.

지난 90년대 중반부터 현재까지 형법이론학에서는 적극적 일반예방과 법익보호사상이 형사정책적으로 중요한 의미를 띠고 있지만, 포스트모던적 법사고도 점차 영향력을 확대해가고 있는 것으로 보인다. 포스트모던적 법사고는 우선 공식화된 합리적 법이론이나 본질존재론적 법개념에 반기를 든다. 더 나아가 객관적이고 보편타당한 법이 도대체 존재할 수 있는지에 관해서도 의문을 제기한다. 법이란 애당초 다문화적 차원에 관련된 것이므로, 오늘날 법은 오히려 문화다원주의하에서 다양한 문화 사이의 매개자 역할에 중점을 두어야 한다는 것이다.[28]

이 같은 포스트모던적 법사고는 오늘날 각국의 형사정책 여기저기에서 눈에 띈다. 예컨대 형사입법에서는 테러, 아동포르노, 가정폭력, 성범죄를 포함한 성형법 등의 영역이다.[29]

독일의 범죄사회학자 르젭카(Rzepka)는 정치와 입법에서 나타난 엄벌주의 현상을 분석한 뒤, 흥미롭게도 그 원인을 12가지 명제로 엮어 제시한 바 있다.[30] 그 중에서 중요한 몇 가지 명제만 살펴보고자 한다:

첫째, 자유와 안전의 관계에서 '안전을 통한 자유' 관념으로의 헌법적 이념의 변화이다. 오늘날의 정치인과 법학자들은 자유법치국가의 이념을 나치의 악몽에서 벗어나지 못했던 본(Bonn)기본법 제정 당시와 달리 정의한다는 것이다. 주지하는 바와 같이 기본권은 전통적 자유법치국가의 이해에 따르면, 국가에 대한 개인의 자유권이다. 그것은 국가권력으로부터의 방어를 통해 개인적·사회적 자유를 확립하는 데 기여한다. 그러므로 개인의 자유영역은 원칙적으로 무제한이며, 국가의 권한은 대신 원칙적으로 제한되어 있다. 여기에서 개인의 자유는 비록 모든 사회적 결속으로부터 자유롭다는 의미에서 선(先)사회적이지는 않지만, 국가에 앞서서 존재한다는 의미에서 선국가적이다. 기본권적 자유는 결코 국가에 의해 형성된 것이 아니다. 개인의 자유와 자율은 자유법치국가의 본질적 구성요소이며, 안전과 능률은 원칙적으로 자유에 우선권을

28_ Minda, Postmodern legal movements－law and jurisprudence at century's end, 1995, p.243.

29_ 성의 자유화를 내세워 간통·혼인빙자간음 등을 비범죄화하자고 하는 한편, 부부간 강간죄, 아동성폭력, 성매매 등을 신범죄화하거나 처벌을 강화하는 쪽으로 나가자고 주장하는 일견 모순된 성형법관이 바로 후기현대적 법사고의 일단이라고 말할 수 있다.

30_ D. Rzepka, Punitivität in Politik und Gesetzgebung, KrimJ 8. Beiheft 2004, S.136ff.

넘겨주어야 한다.

이 같은 전통적인 기본권 이해는 그 사이 '안전을 통한 자유'(Freiheit durch Sicherheit)라는 요청에 의해 점차로 상대화되었다. '안전을 통한 자유'라는 명제는 골(Goll)과 불프(Wulf) 두 사람이 범죄인 수용에 관한 바덴-뷔르템베르크(Baden-Württemberg) 모델을 헌법적으로 정립하기 위해 처음 사용했다. 그 연구에서 이들은 자유주의 법정책에 비추어 본 주법(州法)이라는 표제 아래 "자유는 안전을 전제한다 … 자유국가의 임무는 시민의 자유를 확립하는 것이다. 자유권은 국가에 대한 방어권일 뿐만 아니라 동시에 국가에게 보호의무를 과한다."[31] 이 명제는 현재의 형사정책과 형사입법에 기초를 제공하는 국가론적 · 헌법적 핵심이다. 국가는 더 이상 그의 시민들에게 그의 권력, 그의 집행력 독점, 그의 강제권한 등등으로 인해 위험한 존재가 되지 못한다. 도리어 국가는 보호자의 역할 속에서 자신을 나타낸다.[32] 이제는 홉스(Hobbes)적인 의미에서 국가와 시민은 동일시된다. 그러므로 시민은 이제 국가에 대해 자신을 방어할 필요가 없고, 그에게 자신의 자유권, 인권과 이익의 보존을 맡길 수 있는 것이다.

시민의 안전과 국가의 안전에 관한 이러한 이해는 더 나아가 다음과 같은 결과에 이른다. 즉, 국가권력의 한계 허물기와 시민에 대한 개입권 승인이다. 이와 더불어 개인의 방어권과 국가의 보호의무 사이의 교량이 항시 발생한다. 시민측에서 보면 정치와 입법

31_ U. Goll/R. Wulf, Schutz vor besonders rückfallgefährdeten Straftätern: Das Baden-Würtembergische Modell, in: Zeitschrift für Rechtspolitik 34, 2001, S.287.

32_ H.A. Hesse, Der Schutzstaat, 1994, S.17ff.; H.M. Weber, Die Abschaffung der lebenslangen Freiheitsstrafe, 1999, S.326.

의 영역에 처분할 수 없고, 침해할 수 없고, 교량할 수 없거나 민주적인 다수결에 의해 빼앗을 수 없는 자유와 권리는 더 이상 존재하지 않는 것처럼 보인다. 이런 변화 속에서 수사상 긴급하고 불가피한 경우에 고문수단의 투입도 가능한가라는 논의가 진지하게 거론되고 있는 실정이다.[33] 물론 유럽인권협약(MRK) 제3조는 체포 구금된 사람에 대한 정신적 또는 신체적 학대를 절대적으로 예외없이 금지하고 있지만 말이다. 어쨌거나 이 같은 이념지형의 판도변화가 형사사법에서 엄벌주의 경향을 부채질한다는 사실만은 부인할 수 없을 것이다.

둘째, 형법에서 목적사상의 끝이 어디까지인지 그 한계설정이 어렵다는 점이다. 형법에 있어서 목적사상(Der Zweckgedanke im Strafrecht)은 주지하는 바와 같이 1882년 프란츠 폰 리스트(Franz von Liszt)의 마르부르크 강령에서 비롯된 것이다. 이 사상은 근대학파의 기초가 되었을 뿐만 아니라 오늘날의 재사회화 형법사상의 기초가 되기도 했다.[34] 당시 반인도주의적이고 경험적인 검증에 가까이 갈 수 없었던 형이상학적인 응보형법상으로부터 의식적으로 절연하기 위해 합목적적이고 특별예방적이며 경험적인 형벌 및 보안처분법은 실제 사회적·자유적 형법과 같은 의미로 이해되었다.

하지만 당시 폰 리스트가 이해했던 바에 따르면, 형법이란 무엇이며 또 무엇이어야 하는가? 그에 의하면 "이 시대, 이 백성들에

33_ 이른바 고층건물에 시한폭탄을 장치하고 수용되어 있는 정치범을 석방하도록 협박한 범인을 붙잡아 그 폭탄설치장소를 빨리 알아내기 위해 고문위협을 가하는 것이 허용될 수 있는가라는 논의 같은 것이다. 이에 관하여는 G. Beestermöller/H. Brunkhorst(Hrsg.), Rückkehr der Folter－Der Rechtsstaat im Zwielicht?, 2006 참조.

34_ Roxin, Franz von Lizst und die kriminalpolitische Konzeption des AE, in: ders., Strafrechtliche Grundlagenprobleme, 1973, S.32ff.

게 그들의 생존조건의 위해로 간주되는 모든 행위들이 형벌에 처해져야 하며, 목적사상만이 그 한계를 설정한다"는 것이다. 또한 형벌의 정도까지도 목적사상에서 추론된다는 것이다. 그런데 문제는 사회적인 변동으로부터 영향을 받지 않는 정당하거나 잘못된 목적은 거의 존재할 수 없다는 점이다. 나치시대의 형사사법이 분명한 선례로서 보여주듯 형법도 어떤 임의적으로 설정된 목적에 봉사할 수 있다는 사실이다.[35] 오늘날의 형법에서도 국민의 건강보호와 같은 기능(마약법의 보호법익), 자본시장의 기능(자본설비 등의 보호법익), 보험제도의 사회적 기능(보험남용 등의 보호법익), 사회보장 출연의 안전을 위한 공동체의 이익(보조금 사기) 등등도 입법목적의 한계가 불분명한 경우이다.

이처럼 방만한 목적에 형법수단이 동원될 때 집행적자가 예상되는 단지 상징적 성격의 형법법규가 양산될 수 있다.[36] 하지만 처벌 없는 형법규정은 없듯이 상징형법도 출현하면 현실적인 인간제물을 필요로 하게 되고, 결국은 진압적인 처벌로 치닫게 된다는 점이다. 다만 문제는 그러한 처벌에서 대상의 선택이 불가피하게 된다는 점, 그 선택의 과정에서 차별대우와 같은 불공정한 공권력 행사가 일어날 수 있다는 점이다.[37]

폰 리스트의 목적사상 중 또 하나 주목할 점은 개선능력 있는 범죄자군, 위하적응능력 있는 범죄자군 외에 개선불가능한 범죄자군의 분류와 그 마지막 개선불능자들에게는 잠정적 또는 장기적

35_ D. Rzepka, ebd., S.139.

36_ W. Hassemer, Symbolisches Strafrecht und Rechtsgüterschutz, in: Neue Zeitschrift für Strafrecht, 1989, S.553ff.; W. Lehne, Symbolische Politik mit dem Strafrecht, in: KrimJ 26, 1994, S.210ff.

37_ R. Kreissl, Schwarze und graue Schafe, in: Süddeutsche Zeitung v. 30. 3. (Nr. 74), 1999, S.17.

강제구금을 통한 무해화(Unschädlichmachung) 조치의 부과이다. 그는 이 같은 조치로 보안처분의 부과를 염두에 두었고, 오늘날 보호감호처분(Sicherungsverwahrung)이 이 같은 목적의 산물이라고 할 수 있다. 폰 리스트가 공공의 위험을 야기할 수 있는 모든 자들은 전체의 이익을 위해 필요한 만큼 무해화되어야 한다고 말했을 때, 이 개선불가능자로 낙인찍힌 범죄자군은 으레 강벌적 조치에 내던져질 수밖에 없다는 점이다.

셋째, 목적이 모든 수단을 정당화하는 경향이다. 주지하는 바와 같이 모든 국가적 강제수단은 헌법적으로 보장된 비례성의 원칙에 따라야 한다. 따라서 모든 강제조치는 목적을 실현하는 데 적합해야 하고, 또한 필요한 것이어야 한다. 그 결과 많은 가능한 수단 중 가장 가벼운 제재수단이 우선되어야 한다. 그 밖에도 그 수단은 적합해야 한다. 따라서 강제수단은 그 강도에 있어서 사물의 중요성에 비례해야 하며, 시민의 감수할 만한 희생 및 손실과도 비례해야 한다. 이 같은 비례성의 원칙은 국가적인 제재수단형태들 사이에 경중상하의 순서와 선택에도 적용된다.

이 같은 비례성의 원칙 정신에 따르면 가장 무거운 국가적 제재수단인 형사제재는 다른 법적 제재수단에 비해 최후수단(ultima ratio)이어야 하고, 형사제재수단들 중에서도 가벼운 제재수단이 우선해야 한다. 따라서 징역형보다는 벌금형이, 실형보다는 유예형이, 시설내처우보다는 사회내처우가 우선적으로 고려되어야 한다.

그러나 입법의 현실은 그렇지 못하다. 예컨대 민사상의 계약위반이나 공법상의 의무위반이 특별히 사회적으로 유해하거나 사회적으로 용인될 수 없는 행태가 아닌데도 종종 형법적 규율의 대상하에 놓이는 경우가 있다. 업무상 배임행위의 특수한 양태들, 직무유기행태가 여기에 해당한다. 또한 노동형법분야에서 노임체불 등 많은 고용계약상의 의무위반이 형사처벌의 대상으로 편입되고 있다.

오늘날 형법은 점점 더 최우선수단(prima ratio) 또는 유일한 수단(sola ratio)으로 투입되는 경우가 빈번해지고 있는 실정이다. 목적이 수단을 정당화시키는 경향이 점점 형사법의 현실이 되고 있다. 그것은 적정성과 필요성과 같은 표지를 검증할 경험적 자료가 빈약한 반면, 특별예방 내지 일반예방 목적들이 형사정책적 행위의 정당화로서 이미 그의 비현실성에 대한 경험적 검증을 차단시키는 역할을 하기 때문이다.[38]

넷째, 형벌과 경찰개입의 계기가 되는 위험과 사회적 위험의 문제이다. 이것은 법익위해의 결과야기의 단계 이전에 가벌적 행위의 처벌 또는 경찰개입의 시점을 앞당겨 잡는 문제를 두고 하는 말이다. 이른바 처벌시기의 전진배치(Vorverlagerung des Zeitpunktes)의 문제이다. 즉 법익침해나 미수단계가 아니라 예컨대 예비·음모, 범행약속, 모의와 같은 범죄참가의 시도 또는 법익의 추상적인 위험, 예컨대 국가의 안전 내지 공공의 안전과 같은 잠재적 또는 추상적 위험도 처벌의 충분한 근거로 취급되는 경향이 있다.

위험형법(Risikostrafrecht)과 같이 전통형법에 대한 이 같은 새로운 도전은 형법의 규율대상을 법익위해에서 위험한 행위 그 자체로 전진배치시켜 놓음으로써, 실제 사회적 약자층만이 아니라 경제형법이나 조세형법 분야에서 문제되는 사회적 강자층까지도 그 통제하에 둔다. 이 경우 경찰법도 형법의 측면지원수단으로 강화된다. 이미 오래 전부터 경찰법은 고전적인 형태의 위험방어에 국한되지 않고, 범죄행위의 예방과 안전보호의 기관으로 경찰력의

38_ Vgl, K.F. Schumann, Positive Generalprävention, 1989, S.34.

수행을 고려하고 있다.

오늘날 불확정하고 예측불가능한 위험은 국가적 간섭의 계기를 제공하며 그것이 법률을 통해 불확정한 행위양태, 즉 불확정한 규범텍스트를 발단시키고, 전통적인 의미에서의 범죄혐의자 등의 개념과 무관하게 국가기관들의 예측불가능한 개입조치로 끝을 내게 한다는 사실이다. "맞지 않는 것은 맞도록 해라"가 이 같은 불확정시대의 정신이다.[39] 특정한 가벌성의 전제조건들을 입증시키기 어려울 때에는 입법자 또는 해석적용자들에 의해 구성요건표지들을 대체없이 삭제하여, 침해범을 위험범으로 전환시키는 경우도 빈번해졌다. 범죄입증의 필요성 때문에 행하는 공공장소에 대한 장시간의 비디오감시가 정당화될 수 없다는 비판이 제기될 경우, 그냥 경찰법을 그 비난에서 빗겨가게 개정하면 된다는 식이다.

다섯째, 법의 비공식화를 통한 형법의 양산이다. 법의 비공식화 관점이 논의의 대상이 된 것은 벌써 꽤 오래 전부터의 일이다. 형사소송절차에서 공식성이 여러 가지 이유로 비판의 대상이 된 것과 궤를 같이하기 때문이다. 예컨대 다이버전 프로그램의 형사소송절차 속으로의 편입과 같은 것이다. 그 밖에도 형사소송절차에서 협상(Absprachen) 내지 유죄자백협상(plea bargaining), 가해자-피해자 화해조정(Täter-Opfer-Ausgleich) 같은 경우도 이에 해당한다. 2004년 2월 독일형사절차 개혁토론 초안을 비롯하여 그 후의 발전추세는 입법정책이 점차 합의에 의한 절차형성 및 종결가능성을 지향하는 것으로 나타났다. 이것을 두고 '명확한 절차양식' 또는 '새로운 소통문화'라고 일컫기도 한다.

그런데 새로운 소통문화가 지금까지 실현되었는가에 관해서

39_ D. Rzepka, ebd., S.141.

는 의문이다. 현실적인 실체법을 통한 비범죄화 대신 점점 더 판결 없는 형사절차에 의한 조기종결 가능성이 확산되고 있다. 비록 제재가 무조건 생략되는 것은 아니지만, 이런 경향에 따라 양산되는 형법은 행정적인 합리적 조치에 의존하는 경우가 많고, 그 제재의 종류와 범위도 행정작용에 의존하는 경우가 많다.

이 같은 비공식성의 손쉬운 증가에 의한 대가로 주목할 점은 무죄추정의 상대화, 불평등한 법적용, 불확정한 법률에 의한 구속성의 이완 등을 들 수 있다. 그 결과 입법자의 명확한 입법이 아니라 검찰과 법원에 의해 확정되는 규율에 백지위임되는 사건해결의 실례가 점점 증대하고 있는 실정이다. 이것은 결과적으로 엄벌주의적 자의가 개입할 소지를 넓혀줄 수 있다.

여섯째, 정치와 입법에서 엄벌주의를 위한 동인으로 형법과 형사소송에서 피해자 보호관점을 들 수 있다. 이 주제는 오늘날 안전국가에서 요구되는 국가의 보호의무와 밀접하게 연관되어 있다. 피해자보호의 관점은 그 사이 형법과 형사소송법 분야에서 대부분 법률개정으로 구체화된 편이다. 예컨대 부부간 강간죄의 경우처럼 새로운 구성요건을 손질하고 법효과를 기존의 죄형법규에서의 그것보다 더 강화한 경우와 같다. 그 밖에도 피해자에 대한 피해원상회복(Schadenswiedergut-machung), 가해자와 피해자의 화해(Täter-Opfer-Ausgleich)에서부터 증인의 비디오심문에 대한 허용, 피해자의 재판절차 참여 및 심문 내지 의견진술제도 등도 이에 속한다.

어쨌거나 피해자보호의 관점이 확대되면 될수록 그에 비례하여 범죄자의 지위와 권리가 위축될 수밖에 없다. 예컨대 피해자의 의견진술권 행사 때문에 통상의 예에서는 가벌성이 낮은 행태가 처벌을 받게 되는 경우, 특정범죄피해자의 이익을 고려하여 특정범죄자군에 장기적인 구금의 목적으로 가능한 한 자유박탈을 연장시키는 경우, 그 밖에도 무죄추정의 원칙의 전환에 의해 피고인의 방어가능성을 제한하는 경우 등도 피해자의 관점 때문에 결과적으로 범죄자에게는 엄벌의 효과가 미친 예이다.

이처럼 피해자의 역할이 크게 고려될 때 범죄자에게는 형법이 한계지움의 형법이 아니라 질서권력으로서의 형법 내지 지배권력으로서의 형법으로 변질될 위험이 있다. 재사회화라는 적극적 특별예방이념이 아닌 진압적이고 소극적인 특별예방이념이 전면에 부상하기 때문이다.

일곱째, 법의 경찰화 현상이다. 경찰의 직무권한과 임무는 경찰법에 규정되어 있지만, 법의 경찰화에 의한 법의 변형은 엄벌주의의 한 요인으로 고찰되는 대상이다. 우선 실체법 분야에서 가벌성의 전진배치를 들 수 있다. 예컨대 범죄조직 내지 테러조직의 결성이나 자금세탁(§112a StGB) 같은 규정들은 수사관청, 특히 경찰에게 새로이 광범위한 수사권을 부여하고 있다.

형사소송절차에서도 위험예방을 위한 수사권력의 전진배치가 크게 늘어나고 있다. 예컨대 함정수사, 비밀감찰, 주택감시, 통제감시 등은 범죄혐의자 또는 피의자들의 권리를 축소시킬 뿐만 아니라 범죄에 참가하지 않은 가족 또는 주변인들까지도 피해를 입게 만든다. 더 나아가 재범위험 때문에 구속할 수 있는 강제처분조치(§112s StPO)도 예방경찰적 성격이 강하다. 이러한 일련의 조치들을 형사소송절차의 경찰화(Verpolizeilichung des Strafverfahrens)라고 일컫는다.[40]

그 밖에도 비밀정보업무 분야에서도 법률에 의한 경찰화 현상이 증대되고 있다. 예컨대 편지, 소포, 통화비밀의 보장을 법적으

40_ R. Hefendehl, Die neue Ermittlungsgeneralklausel der §§161, 163 StPO: Segen oder Fluch?, in: Strafverteidiger 21 (2001), S.702ff.

로 제한하여 개봉하고 탐지할 수 있는 조치를 들 수 있다. 이 같은 조치는 군인법과 외국인법 분야에서도 위험방어를 위해 법률에 의해 인정되고 있다. 어쨌거나 이 같은 법률들에 의해 법의 경찰화 현상은 축적되고, 그 축적된 분량만큼 시민의 자유영역은 축소·제한될 수밖에 없다.

이와 같은 강벌주의 현상은 사회변동과 그 위기상황의 첨예화에 원인이 있다는 연구결과들이 주류를 이룬다.[41] 예컨대 사회통합의 해체와 개인주의화, 신자유주의 및 세계화 현상으로 인한 시민의 불안감 증대가 강벌주의에 대한 시민적 압박을 불러온다는 것이다.

오늘날 참여민주주의 사회에서는 불안한 시민들(verunsicherter Bürger)이 국가에 대해 안전을 책임지라고 아우성치는 데 그치지 않고 시민 스스로 범죄와 갈등해결에 이니셔티브(initiative)를 잡고 국가와 책임을 나누어 함께 지고 가려는 경향이 높기 때문이다. 그리고 이와 같은 시민적 참여는 국가적 통제작용처럼 결과발생 후 사후적인 진압작용에 만족하지 않고, 이미 위험의 소지 있는 행위가 개시될 때 선제적인 통제작용으로 나가도록 촉구한다.

이와 같은 시민행동은 투표권으로 결집되어 선거에 항상 민감한 정치인과 입법자들에게 압력을 가한다. 고정지지표를 잃지 않으려는 이들은 시민적 아우성이 비록 합리적인 여론이라고 말하기 어려울 때에도 입법강화조치로 나가곤 한다. 여기에 법적 인기영합주의 현상이 나타나는 것이고, 그것은 대개 강벌주의라는 인상 깊은 강공책으로 귀결되고는 한다.

41_ M. Becker/M. Redding, Punitivität und Rechtspopulismus, KrimJ 8. Beiheft, 2004, S.181; M. Althoft, Das Strafbedürfnis der Bevölkerung, KrimJ 8. Beiheft, 2004, S.203f.

(4) 고범죄위험사회와 새로운 대응전략

후기현대의 사회적 변화들은 새로운 수준의 범죄위험과 불안정을 야기했다. 그것은 미국과 영국 같은 선진국만이 아니라 서구의 모든 복지국가에서 나타나는 현상이라고 할 수 있다. 1960년대에 서구에서는 범죄율이 증가하기 시작하여 지난 세기 말까지 40년간 급격한 증가추세를 보여주었다.

후기현대사회가 고범죄위험사회로 변화한 데는 여러 가지 이유가 고려될 수 있다:

- 소비재의 대량유통(TV, 스테레오, 컴퓨터, 자동차, 일상용품의 대량 진열 등)으로 인한 재산범죄의 증가
- 사회적 통제의 이완(직장여성 증가로 인한 도시가구의 공동화, self-service 매점의 확산, 야간 도심지역의 인적 없음 등)으로 인한 범죄기회의 상황적 호(好)조건
- 베이비붐 시대 이후 증가된 청소년 유동인구와 상대적으로 감소된 가족과 직장의 긴밀한 감독

고범죄위험사회의 출현은 범죄의 일상화를 낳았고, 그 결과 더 정확히 말하자면 고범죄사회(high crime society)는 고범죄친근사회(high crime-adapted society)라고 해야 한다는 주장도 있다.[42] 여기에서 핵심적인 현상은 이제 더 이상 단순한 범죄가 아니라 오히려 범죄와의 사회적·문화적 적응이라고 보아야 할 터이기 때문이라는 것이다. 어쨌든 오늘날 범죄와 불안정은 다수 주민들의 일상생

42_ D. Garland, High Crime Societies and Culture of Control, KrimJ 9. Beiheft 2007, S.239.

활 속의 일부가 되었다. 정부와 사법정책당국은 때로는 처벌강화로, 때로는 예방적 조치를 내놓지만, 그에 대한 대응수단들은 결과적으로 항상 전보다 확대되고 강화되는 방향으로 나아갔다.

그러나 이와 같은 대응수단들은 낡은 처방에 지나지 않는 것이다. 1970년대 이후 정부와 형사사법정책기관들(경찰, 검찰, 법원, 교도소 등)은 이 같은 일상화의 위험을 벗어나기 위한 새로운 기획과 결정의 지평으로 나가기 위해 구조적인 난제를 풀지 않으면 안 되었다. 그 구조적인 난제는 몇 가지 요인들이 복합되어 있는 것이었다:

- 고범죄율은 일상적인 사회적 사실이 되었다는 점이다.
- 형사사법체계는 그 능률 면에서 분명히 한계를 드러냈고, 이 같은 한계는 공적으로도 승인되었다는 점이다(영국의 경우 100건의 범죄 중 3건만이 기소되기도 했음).
- 주권국가의 신화는 대단히 문제점이 많은 것으로 드러났다는 점이다. 범죄문제에 있어서도 범죄의 관점이 아닌 국가경제와 사회권력의 관점에서 접근한다는 점이다.

정부 당국자들의 이 같은 난제에 대한 대응은 아주 다양하다. 정치인, 행정관료, 장관 등이 각각 다른 위치에서 다른 맥락의 다른 문제점들을 다루고 있기 때문이다. 비록 그들이 도달할 지평은 똑같이 공통된 난제에 의해 그려지고 있지만, 이 같은 상황에서 그들의 대응전략은 상당히 애매한 양면성을 띤다.

그 사이 미국의 내무부와 법무부의 형사사법기관들은 영국의 친화적 대응전략을 발전시켰다. 그들 중 가장 중요한 전략들은 다음과 같은 것들이다:

- 시스템의 전문화, 합리화, 현대화와 사유화
- 성공에 대한 재정의, 서비스제공에 역점두기, 반응시기의 촉진
- 원인보다는 결과를 지향하기: 범죄의 공포에 참여하기, 피해자 지원, 비용조절, 형사사법정의 지원의 경영합리화
- 경고, 축소된 조사, 경죄를 눈감아주기 등의 방법으로써 일탈행동 줄이기
- 한계의 승인, 기대치 줄이기와 범죄통제에 대한 책임 이전: 예컨대 형사사법기관의 나홀로 책임에서 공동체와 다른 정부기관으로 책임분산(교육, 도시재개발계획, 사회복지, 교통통제 등등)이 고려되어야 한다. 개인, 이웃, 공장, 소매상 등등의 책임분산 정책은 이 같은 전략의 일부이다. 결과적으로 이것은 독점적 형사사법정의의 이념으로부터의 이동을 의미한다. 그 대신 국가가 범죄에 대한 정책제휴를 결성하는 데 좀더 영향력을 행사해야 한다는 것이다.[43]

물론 이 같은 전략은 최근 그 값어치가 떨어진 것이 사실이지만, 1970년대와 1980년대에는 탁월한 전략이었다. 따라서 뉴욕경찰의 '깨어진 유리창' 정책이나 '무관용 정책'은 그 이전의 관용적 접근법에 대한 반격이라고 이해해야 할 것이다.

후기현대사회의 도래로 범죄와 불안전에 대한 새로운 집단적 경험이 나타나고 있다는 사실은 부인하기 힘들 것이다. 새로운 경험들은 일상적인 삶의 현장에서 또는 매스미디어나 새로운 미디어 수단에 의해 공유된다. 그것은 다시 새로운 행동, 새로운 인습을

43_ D. Garland, ibid., S.241.

낳게 된다. 고범죄율은 정상적인 사회적 사실로 각인되고 일탈행동들은 신속히 일상생활의 행동에서 일상(routine)의 일부를 형성한다. 그 결과 사설경비업의 등장, 쇼핑몰의 청원경찰 등이 사회안전의 일부를 점한다. 이 같은 새로운 패턴은 부자나 빈자, 주류 및 아웃사이더 모두에게 하나의 문화로서 역할을 끼친다. 하나의 통제문화(culture of control)가 사회적인 스펙트럼의 양쪽 끝에서 작동한다. 즉 주류는 일탈행동자들을 배제하고 통제하지만, 그들 역시 그들 자신에게 새로운 통제를 부과한다는 것이다. 따라서 이 같은 통제문화는 어느새 사회적 통념과 상식이 되어 버린다.

그러므로 범죄통제에서 이제는 정부측 영향력과 문화적 영향력을 함께 눈여겨보지 않으면 안 된다. 범죄·일탈행동에 대한 정치적 대응은 엄벌적 대응과 예방적 대응으로 나뉠 수 있지만, 어쨌든 광범위한 문화적 적응에 의해서만 실현가능하다는 사실을 놓쳐서는 안 된다. 새로운 형벌정책, 새로운 예방정책, 새로운 통제문화는 결코 정치권력만의 산출물이 아니다. 그것은 바로 범죄의 새로운 집단적 경험과 일상의 규칙, 그리고 문화적 감수성에 뿌리박고 있는 것이다. 범죄통제의 현재성은 정치에 의해 각인되지만, 그러나 매일매일의 실제적 경험과 광범위한 문화적 태도에 뿌리를 두고 있다.[44]

국가가 사법정의 실현에 독점적 지위를 더 이상 행사할 수 없다는 사실에 직면하여 두 가지 반응이 나타난다. 하나는 국가의 한계를 인정하고 그에 대한 대비를 시도하는 입장이다. 반면 다른 하나는 이 한계를 부인하고 잔인한 엄벌주의로써 국가의 질서기능을 여전히 관철시키려고 하는 입장이다. 물론 이 두 입장은 더 이상

44_ D. Garland, ibid., S.243.

범죄인의 재사회화와 재통합에 전력을 쏟지 않고, 위험방지와 통제에 힘을 쏟는다. 이렇게 보면 이 두 입장은 각각의 양식에서는 차이가 나지만 형사복지모델과는 모두 거리가 있다는 점에서 공통적이다.

갈랜드(Garland)는 하나의 새로운 형사정책모델을 친화적 전략(adaptive strategy) 또는 예방적 파트너십의 전략(strategy of preventive partnership)이라고 부른다. 이 전략에서는 범죄의 사회적·심리적 원인이 문제되는 것이 아니고 범죄가 발생한 직접적인 상황이 중요하다. 상황은 범죄에 대한 어떤 기회도 제공하지 않도록 구성되어야 한다. 범죄는 수수께끼가 아니라 정상적인 사건발생일 뿐이다. 범죄자도 인격장애자로 간주되어서는 안 되고 합리적으로 손익을 계산할 수 있는 행위자로 간주해야 한다. 그는 기회가 주어졌다고 생각했을 때 범행을 저지르는 자이기 때문이다. 그러므로 시민과 사적 경제는 그의 환경에서 이들 기회를 최소화하기 위한 예방책을 강구해야 하고, 범죄감시단과 같은 자조그룹외에 특히 상업적 보안업소들이 융성해야 한다. 경찰과 검찰 그리고 사법영역에서도 문제를 오직 국가의 관심사로 보지 않고 민간차원에서 스스로 해결할 수 있는 이니셔티브들을 개발해야 한다.

그와 같은 이니셔티브의 첫 번째 조치가 지난 세기 60년대 범죄증가에 대한 대응으로서 일탈행동의 범위를 좁혀 정의하는 노력이라고 할 수 있다. 즉 경미범죄의 비범죄화 또는 적어도 제재의 과감한 포기 조치가 그것이었다. 그 결과 경미범죄의 소추와 처벌이 굉장히 줄어들었다. 이런 적응이 어느 정도까지 지속되었는가는 최근 뉴욕경찰에서 보여준 삶의 질 내지 무관용 정책에 대한 반응에서 확인될 수 있다. 이들 조치에 대한 굉장한 찬사와 굉장히 격앙된 반응이 오늘날까지도 지배하고 있다.[45]

더 나아가 오늘날의 높은 범죄율에 직면하여 사람들은 피해자를 위한 원조프로그램을 만들고 과장된 범죄공포증에 대한 캠페인도 벌인다. 책임분산전략과 관련해서는 시민안전보호에 대한 책임을 국가로부터 시민 자신에게 전가시키는 노력도 기울인다. 경찰도 시민들에게 자기보호의 가능성을 계몽하고, 여러 형태의 범죄예방 협력을 제공한다.

이와 다른 또 하나의 형사정책모델을 갈랜드는 심리분석학 개념인 "부인과 행동 개시" 개념을 가지고 설명한다. 왜냐하면 여기에서는 국가의 범죄통제불능이라는 가설이 부인되고 그의 권력을 무차별적으로 투입할 수 있다고 주장하기 때문이다. 그 목표와 결과의 관점에서 이 모델을 엄벌적인 시설내 수용모델(Modell der punitiven Segregation)이라고 부른다. 이 모델은 사회분석과 그것이 기초하고 있는 인간상에 있어서 신자유주의 모델과 근본적으로 동일하다. 합리적 선택 명제로부터 냉정하고 경제적으로 비용이 덜 드는 유리한 해결책을 발견할 수 있다고 섣불리 추론해서는 안 된다는 것이다. 도리어 형벌로써 범죄인을 통제하기 위한 비용을 증대시켜야 한다는 입장이기 때문이다.

이 모델에서는 위해와 무해화(incapacitation)에 중점이 놓여지고, 성범죄자에 대한 공적인 낙인찍기, 집단감금, 사형 등이 긍정적으로 검토된다. 이 모델은 갈랜드에 의해 도입된 '타자의 범죄학'(criminology of the others), 다시 말해 범죄자를 정신적 · 문화적 · 인종적으로 차별화된 다른 종류, 즉 외인, 저열한 짐승으로 보는 이론에 의해 논쟁영역으로 들어왔지만, 학계에서 큰 찬동을 얻지 못했다. 하지만 범죄피해자보호를 강조하는 것을 보고 스스로

45_ H. Hess, Broken Windows, Zur Diskussion um die Strategie der New York Police Department, ZStW 116(1), 2004, S.66ff.

잠재적 범죄피해자로 생각하는 국민들에게서 지지를 받기도 했다. 어떻게 보면 타자의 범죄학에서 발견되는 이 신자유주의적 모델은 야콥스(Jakobs)의 적대형법(Feindstrafrecht)의 착상과 근접해 있다고 말할 수 있을 것이다.[46]

어쨌거나 엄벌적 수용모델은 그것이 타자의 범죄학이건 적대형법이건 그 명칭이야 어찌되었든 후기현대사회의 고범죄위험사회에서 시민생활의 안전을 위해서는 엄벌주의의 지평으로 나가야 한다는 입장인 것만은 틀림없다. 강력한 경찰력에 의한 예방정책의 수행이냐 아니면 강력한 검찰력에 의한 진압정책의 수행이냐 하는 것은 강조점의 상대적 차이에 지나지 않는다. 학문적 담론 영역에서는 수세이면서도, 시민적 차원에서는 공세의 무기가 되는 엄벌주의는 과연 후기현대사회의 형사정책에서 사실상의 힘으로만 존재하는가, 아니면 그 나름대로의 정당성의 기틀을 가지고 있는 것인가? 그와 같은 논의에 앞서서 우리는 먼저 한국적 상황에 대한 분석으로 눈길을 돌릴 필요를 느낀다. 이미 한국의 형법정책, 특히 특별형법정책의 강벌주의 경향은 형법개정의 논의가 한창인 지금 여기에서 단지 이론적인 관심대상이 아니라 실천적인 의미의 무게를 안고 있기 때문이다.

2. 한국사회에서 엄벌주의에 대한 분석

(1) 탈권위주의 시대의 통제문화

지난 세기 군사정권 25년 동안 시민의 자유를 희생제물로 하

46_ 이에 관하여는 E. Prömmel, Souveräne Ausnahme, nacktes Leben und modernes Strafrecht, KrimJ 38. Jg., 4. Vj. 2006, S.242ff. 참조.

여 산업화의 기틀을 다졌다는 점은 이미 잘 알려진 사실에 속한다. 권위주의 통제하에서 범죄로 인한 사회적 부담도 줄어들었고, 우리나라에서 범죄통제가 어느 정도 안정적으로 이루어졌다는 것도 사실이다. 박정희 시대의 마지막인 1979년 우리나라 범죄율은 주민 10만명당 1,480명이었다. 전두환 시대의 마지막인 1987년 우리나라 범죄율은 주민 10만명당 2,274명이었다.

1987년 6.29선언으로 민주화조치가 이루어지기 시작했고, 직선제 개헌으로 1988.2.25. 노태우 씨가 제13대 대통령으로 취임한 후 1990.10.13. 그는 한국 형사법 사상 처음으로 '범죄와의 전쟁'을 선포했다. 그는 범죄와의 전쟁을 선포하면서 "이제 흉악범과 누범자에 대해서는 온정주의적 형사정책을 전환해야 한다"고 선언했다. 뿐만 아니라 외근순찰 경찰을 무장시켰고, 이례적인 속결재판과 함께 확정 사형수에게 조기 사형집행을 지시했다. 법무부와 검찰은 이에 따라 흉악범 처벌에 관한 특별법을 제정키로 하고 신체적 고통이 따르는 초중구금교도소를 신설할 예정이었다.[47] 더 나아가 법무부장관이 범죄와의 전쟁 선포가 있은 직후 대법원장을 방문하여 해당 흉악범죄에 대한 신속한 재판과 중형선고를 요청했고, 대법원장은 즉시 전국 하급법원에 그 요지를 하달하기까지 했다.[48] 이러한 계획의 일환으로 1990.12.31. 「특정강력범죄의 처벌에 관한 특례법」(법률 제4295호)이 제정되어 엄벌주의의 기류를 형성했다.[49]

47_ 물론 이런 계획은 그 실현에까지 이르지 못했다. 이 같은 강벌주의가 당시로서는 5공 출범 초기 삼청교육대를 연상시키는 일이 되었고, 여론의 지지를 얻지 못했기 때문이다.

48_ 김일수, 수사체계와 검찰문화의 새 지평, 2010, 109면 주40, 292면 주28 참조.

49_ 한국형사정책연구원, 형사특별법론, 2009, 497면 이하(신동운 집필 부

그럼에도 불구하고, 노태우 시대의 마지막인 1992년 우리나라 범죄율은 주민 10만명당 2,837명까지 증가했다. 중범죄 및 흉악범죄에 대한 전쟁선포와 함께 취해졌던 일련의 엄벌주의적 조치들은 유감스럽게도 범죄예방의 관점에서 볼 때 별 효과가 없다는 것이 입증된 셈이다. 대량구속과 함께 강화된 위하조치가 범죄율의 지속적인 감소에 기여하지는 못했을지라도, 강벌적 조치가 범죄로 인한 사회적 불안을 즉각 감소시킬 수 있다는 잘못된 인식을 전파하는 데는 매우 인상적인 작용을 한 것이 분명하다.

문민정부와 국민의 정부 그리고 참여정부를 거치는 지난 15년 동안, 범죄율은 더욱더 증가했다. 김영삼 시대의 마지막인 1997년 우리나라 범죄율은 인구 10만명당 3,457명으로 늘어났고, 김대중 시대의 마지막인 2002년 우리나라 범죄율은 인구 10만명당 4,153명으로 급증했다. 물론 이 시기에 사형에 대한 확정판결은 여러 번 있었지만 사형집행이 1건도 없었다는 사실은 주목할 만한 대목이다. 일종의 사법온정주의적 인상이 범죄율 증가에 어떤 영향을 미쳤는지는 면밀한 검토를 필요로 하기 때문이다. 그리고 노무현 시대의 마지막인 2007년은 인구 10만명당 3,988명의 범죄율을 나타내어 범죄율이 감소추세로 돌아섰음을 보여주었다. 하지만 2008년 우리나라 범죄율은 다시 증가하기 시작하여 인구 10만명당 4,420명으로 나타났다.[50]

물론 탈권위주의 시대의 형사사법에서 온정주의적 형사정책에 상응하는 것으로 평가할 만한 사례들도 몇 가지 손꼽을 수 있다:

첫째로 사실상 사형폐지국의 위상정립을 들 수 있다. 김대중 정부 이후 현재까지 우리나라에서는 1건의 사형도 집행되지 않았

분).

50_ 법무연수원, 2009범죄백서, 2009, 48면.

다. 지난 10여 년간 살인죄는 증가추세를 나타내고 있고, 사형선고와 사형판결확정은 여러 번에 걸쳐서 누적되었지만, 사형집행은 김대중, 노무현 시대를 거쳐, 보수적인 현 이명박 정부에 이르기까지 한 번도 시행되지 않았다. 그 사이 유영철, 오종근 등 연쇄살인범, 엽기적인 살인범 오원춘 이외에도 이중구, 정성현, 조두순, 김길태 등 사회적인 공분을 몰고 온 극악한 성범죄자들이 법정에 섰고 중형과 사형 선고의 예가 있었지만,[51] 실제 사형집행만은 자제되어 왔다. 2007년 말에 이르러 우리나라는 유엔인권위원회와 국제사면위원회(AI)로부터 사실상 사형폐지국으로 평가되었다. 여기까지 이른 데는 특히 김대중 전 대통령의 의지가 크게 작용하였다고 말할 수 있다. 그 자신이 사형수로서 사형의 공포를 직접 온몸으로 체험해 보았기 때문에, 그의 재임기간 중 사형집행을 거부했던 것으로 보인다.

둘째로, 1980.12.18.자 사회보호법의 발효와 함께 우리 형법 형사제재체계에 편입된 보호감호(Sicherungsverwahrung) 제도가 2005.8.4.자로 폐지된 점을 들 수 있다. 물론 이 일은 노무현 시대의 일련의 개혁작업 중 하나였음에 틀림없다. 상징적으로 전두환 시대의 권위주의적 유물인 반인권규정들을 청산하는 작업의 일환으로 이루어진 것이 사실이다. 삼청교육대에 끌려갔던 우범자들의 문제를 해결하기 위해 보안처분제도가 우리 형사제재제도 속으로 들어오게 되었고, 보호감호처분은 청송감호소에서 치루는 이중처벌이라는 이유로 바로 구시대 반인권적 제도의 대표적인 상징물로 간주되었기 때문이다. 하지만 보호감호처분을 비롯한 보안처분제도가 근대학파의 합리적 형사정책의 일환이었다는 사실은 여기에

51_ 김일수, 바람직한 양형조사제도, 세창출판사, 2010, 202면 이하 참조.

서 삼청교육대와 청송감호소와 같은 어두운 과거 때문에, 제대로 조명되지 못했던 것이 사실이다.[52]

위에서 본 바와 같은 실례를 제외한다면, 지난 문민시대의 도래 이후에도 여기저기에서 입법자의 엄벌주의적 전환이 지속되었음을 확인할 수 있다. 예컨대 상징적 입법조치, 결과발생 이전 단계로의 가벌성 확장조치(Vorfeldkriminalisierung), 심한 중형으로까지 형벌가중조치 등이 있었다. 그때그때마다 사회적 공분을 불러일으킨 범죄와 일반범죄율의 증가를 억제하기 위한 입법자 및 입법정책가들의 손쉬운 고육지책이 엄벌주의를 선호하는 경향으로 나타났던 것이다. 우리나라의 형사입법에 반영된 이 같은 실례들을 검토해 보기로 한다.

(2) 엄벌주의 입법에 관한 고찰

1970년대에는 일반형사범 중 재범자가 7.2% 수준이었고, 사회적 충격으로 받아들여질 만한 흉악범죄에 대한 언론보도가 1년에 몇 건 정도에 지나지 않았다. 그러나 2008년 검거된 일반형사범 중 49.3%가 재범자이고, 특히 방화범의 재범자 66.5%, 살인범의 재범률 64.6%, 강도범의 재범률 63.4%로서, 강력범죄의 재범화 경향이 온정적으로 접근하기 어려운 지경까지 이르렀다. 더욱이 최근의 아동성폭행범죄자들 대부분이 성범죄 전과자들로 밝혀지면서 이들 범죄자에 대한 사회적 불안감과 경계심이 점점 고조되고 있는 실정이다.

52_ 이에 관하여는 김일수, "사회보호법의 문제점과 개선방향," 형사정책연구 제4권 제3호 (2003), 5면 이하; 김일수, "보호감호처분의 재도입 및 보안처분제도의 형법편입," 고려법학 제58호 (2010), 355면 이하 참조.

이에 대한 입법자와 형사정책당국의 대응책은 우선 형벌위하 효과의 극대화를 위해 종전 형법총칙상 자유형의 상한이 15년이던 것을 30년으로, 형을 가중하는 경우에도 종전 25년이던 것을 50년으로 상향하는 조치였다. 더 나아가 유기징역의 상한선 상향에 맞추어 사형의 감경, 무기징역의 감경요건도 각각 상향조정하였다. 즉 유기징역의 상한에 맞추어 사형에 대한 감경은 현행 10년 이상 복역에서 20~50년 복역으로 상향되었다. 그리고 무기징역 · 무기금고에 대한 감형은 종전 7년 이상의 징역 · 금고에서 10년 이상 50년 이하로 상향조정하였다. 즉, 무기징역의 가석방요건은 종전 10년 복역에서 20년 복역으로 상향조정되었다. 끝으로 성폭력범죄의 상습범에 대하여는 그 형의 2분의 1까지 형을 가중하였다.[53]

그러나 한국형사사법체계에서 엄벌주의 내지 중형주의를 이끌어 온 형법정책적 수단은 두말할 것도 없이 형사특별법이었다. 그리고 이들 특별법 중에는 애당초 새로운 구성요건을 창설하여 처벌하는 엄벌주의적 성격을 띤 것도 있지만(예컨대 특정범죄 가중처벌 등에 관한 법률상 사고 후 뺑소니 운전자 처벌, 국가보안법, 이미 폐지된 사회보호법상 보호감호처분 등), 대부분은 일반형법상의 죄형법규에 규정된 법정형의 상한선을 높여, 가중처벌하는 경우이거나 아니면 기존의 소추조건을 완화하거나 변형된 구성요건을 포함하여 가중된 구성요건을 복합시켜 독립된 장르의 죄형법규 클러스터(cluster)를 형성한 경우(예컨대 성폭력특별법, 가중폭력특별법 등)도 있다.

우선 형사특별법의 양적 팽창과 제정 · 개정의 빈발성 자체가 엄벌주의 · 중형주의 형사정책의 현주소를 보여준다. 「특정범죄 가중처벌 등에 관한 법률」은 1966.2.23. 법률 제1744호로 제정된

53_ 권수진, "2010년 형법개정동향 – 중형주의로의 전환," 형사정책연구소식 통권 114호 (2010), 7면 이하 참조.

이래 가장 개정빈도수가 높은 대표적 법률이 되었다. 이미 20여 회를 상회하는 개정이 이루어졌는가 하면 한 해 동안 2번(1995년, 1997년, 2000년의 경우) 또는 4번(2005년의 경우) 개정이 이루어진 때도 있었다. 이 법률의 상징언어에 맞게 대부분 가중처벌규정이지만, 적용대상의 확대(같은 법 제4조)나 형법상 규율되지 않던 죄형법규의 신설규정(제5조의11의 위험운전치사상, 제7조의 관계공무원 무기사용, 제12조의 외국인을 위한 탈법행위, 제15조의 특수직무유기죄 등)도 있다.

또한 「특정경제범죄 가중처벌 등에 관한 법률」(1983.12.31, 법률 제3693호)도 대표적인 중형주의 형사특별법 중 하나로 손꼽을 수 있을 것이다. 제정 당시에는 범행의 이득액이 일정액수 이상의 고액일 때에 사형까지 과하도록 되어 있었으나, 이와 같은 극약처방은 그 후 폐기되었지만 아직도 경제범죄의 범주에 속하는 사기, 공갈, 횡령, 배임, 업무상 횡령·배임, 재산국외도피, 증·수재 및 알선수재 등의 경제사범은 그 액수에 따라 무기형에서 3년 이상 등 중형으로 다스리게 하고 있다.

그 밖에도 엄벌주의·중형주의 인상을 지닌 형사특별법은 방대하다:54

- 공무원범죄에 관한 몰수특례법(1995.1.5. 법률 제4934호)
- 국제상거래에 있어서 외국공무원에 대한 뇌물방지법(1998.12.28. 법률 제5588호)

54_ 이른바 5대 형사특별법(폭력행위 등 처벌에 관한 법률, 특정범죄 가중처벌 등에 관한 법률, 특정경제범죄 가중처벌 등에 관한 법률, 특정강력범죄의 처벌에 관한 특례법, 성폭력범죄의 처벌 및 피해자보호 등에 관한 법률)의 문제점에 관한 연구로는 한국형사정책연구원, 형사특별법론, 2009.8, 참조.

- 경범죄처벌법(1983.12.30. 전면개정 법률 제3680호)
- 가정폭력범죄의 처벌 등에 관한 특례법(1997.12.13. 법률 제5436호)
- 폭력행위 등 처벌에 관한 법률(1961.6.20. 법률 제625호)
- 특정범죄 가중처벌 등에 관한 법률(1966.2.23. 법률 제1744호)
- 특정강력범죄의 처벌에 관한 특례법(1990.12.31. 법률 제4295호)
- 성폭력 범죄의 처벌 등에 관한 특례법(2010.4.15. 법률 제10258호)
- 성매매알선 등 행위의 처벌에 관한 법률(2004.3.22. 법률 제7196호)
- 아동·청소년의 성보호에 관한 법률(2009.6.9. 법률 제9765호)
- 성폭력 범죄자의 성충동 약물치료에 관한 법률(2010.7.23. 법률 제10371호)
- 특정범죄자에 대한 위치추적 전자장치 부착 등에 관한 법률(2007.4.27. 법률 제8394호)
- 풍속영업의 규제에 관한 법률(1991.3.8. 법률 제4337호)
- 사행행위 등 규제 및 처벌 특례법(1991.3.8. 법률 4339호)
- 질서위반행위 규제법(2007.12.21. 법률 제8725호)
- 부정수표 단속법(1961.7.3. 법률 제645호)
- 밀항 단속법(1961.12.13. 법률 제831호)
- 비영리법인의 임원 처벌에 관한 법률(2011.4.12. 전면개정 법률 제10581호)
- 환경범죄의 단속에 관한 특별조치법(1999.12.31. 전면개정 법률 제6094호)
- 보건범죄 단속에 관한 특별조치법(1969.8.4. 법률 제2137호)

- 마약류 불법거래 방지에 관한 특례법(1995.12.6. 법률 제5011호)
- 국내재산도피 방지법(1950.4.21. 법률 제129호)
- 범죄수익은닉의 규제 및 처벌 등에 관한 법률(2001.9.27. 법률 제6517호)
- 선박 및 해상구조물에 대한 위해행위의 처벌 등에 관한 법률(2003.5.27. 법률 제6880호)

여기에서 특히 언급하고 싶은 몇 가지 형사특별법 중에는 「가정폭력범죄의 처벌 등에 관한 특례법」이 있다. 이 법률의 취지는 가정폭력범죄의 형사처벌절차에 관한 특례를 정하고 가정폭력범죄를 범한 사람에 대해 환경의 조정과 성행의 교정을 위한 보호처분을 함으로써 가정폭력범죄로 파괴된 가정의 평화와 안정을 회복하고 건강한 가정을 가꾸며 피해자와 가족구성원의 인권을 보호함을 목적으로 한다는 것이다(제1조).

물론 이 법률은 가중처벌규정을 담고 있는 것이 아니고, 일종의 가정복지이념의 차원에서 가정폭력범죄의 일부를 가정보호사건으로 취급하여 조사 · 심리의 절차를 규정하고 있고, 보호처분과 관련된 일정한 요건과 절차를 규정하고 있다. 그러나 이 법률이 갖고 있는 강벌주의적 요소는 다음과 같은 점에서 찾을 수 있을 것이다:

첫째, 종전의 법제도나 사회제도 그리고 의식에 비추어 볼 때, 가정 내의 사소한 다툼과 폭력도 더 이상 사생활의 영역이 아니라 법의 손길이 가 닿는 공적 영역으로 바뀌었다는 패러다임의 변화를 들 수 있다는 점이다. 가정보호사건의 임시조치(제29조)와 보호처분의 종류 중에는 범죄자의 접근금지, 직권행사제한, 사회봉사 · 수강명령, 보호관찰, 보호시설에의 감호위탁, 의료기관에의 치료위탁, 상담소 등에의 상담위탁 등이 있고, 이 같은 처분의 불이행에 대해서는 2년 이하 또는 2천만원 이하의 벌금 또는 구류에 처할 수 있는 벌칙조항(제63조)이 있기 때문이다.

둘째, 가정의 평화와 안정회복, 건강한 가정보호 등 가정복지 이념의 실현에 형사제재적인 수단들이 광범위하게 동원된다는 점이다. 가정폭력의 광범위한 정의규정(제2조)에 따르면, 이 법률이 어린이와 여성과 관련된 가정 내 폭력범죄에 국한되는 것이 아니라 정상적인 가정생활의 평화와 안정, 질서를 현저하게 교란하는 그 밖의 위법 내지 반사회적 일탈행동들까지 규율의 대상으로 삼고 있기 때문이다.

이 같은 법상황은 일반국민들의 의식 속에 강벌적 인상을 심기에 충분해 보인다. 크고 작은 가정폭력의 문제는 종래처럼 이제 관헌의 손길이 강제로 열고 넘어 들어갈 수 없는 성스러운 사적 비밀 내지 사생활의 영역이 아니라, 경찰의 보호조치가 즉각적으로 투입되어야 할 법적으로 규율되는 영역이 되었다는 점 때문이다.[55] 최근의 동법 개정법률에서는 경찰의 긴급임시조치권(긴급개입권)을 규정함으로써, 사생활보호의 문턱은 적어도 가정폭력의 장에서는 그 입지가 더욱 낮아졌다.

가정폭력방지법 외에 또 하나 언급해야 할 법률이 「성폭력범죄의 처벌 등에 관한 특례법」(2010.4.15. 법률 제10258호)을 빼놓을 수 없을 것이다. 종래 우리 형법은 성과 관련된 죄형법규를 개인적 법익과 사회적 법익에 따라 양분해 규정하고 있었다. 개인의 성적 자유를 침해하는 범죄에는 강간(제297조), 강제추행(제298조), 준강간·준강제추행(제299조), 강간 등에 의한 치사상(제301조), 미성년

55_ Il-Su Kim, Punitivistische Grundtendenzen der gegenwärtigen Krimnalpolitik?, 고려법학 제56호, 2010, 521면 이하.

자 등에 대한 간음(제302조), 업무상 위력 등에 대한 간음(제303조), 혼인빙자간음(제304조), 13세 미만 미성년자에 대한 간음・추행(제305조) 등을 두었다. 성풍속에 관한 죄에는 간통(제241조), 음행매개(제242조), 음화 등의 반포 등(제243조), 음화 등의 제조 등(제244조), 공연음란(제245조) 등을 두었다.

이와 같은 성형법 규정들은 나름대로 규제기능을 수행하는 데 부족함이 없어 보이지만, 강간 및 여타 성폭력 사범이 강력범죄 중 살인이나 강도에 비해 그 증가율이 높아지고 있기 때문에, 성폭력특별법이 새로 제정되기에 이르렀다.[56] 성폭력범죄의 처벌 등에 관한 특례법(이하 성폭력특례법)은 성적 자기결정권을 침해하는 성범죄에 대한 가중처벌뿐만 아니라 성풍속범죄의 규율대상 확대를 꾀하고 있다. 즉 같은 법 제2조 제1호의 음행매개(형법 제242조), 음화 등의 반포 등(형법 제243조)・음화 등의 제조 등(형법 제244조)・공연음란(형법 제245조) 및 공중밀집장소에서의 추행(제11조), 통신매체이용음란(제12조), 카메라 등 이용촬영(제13조) 등이 그것이다. 더 나아가 성폭력범죄자의 신상정보 등록 및 등록정보의 공개 등을 의무화하고 있다(같은 법 제32~42조).

이렇게 하여 현재 우리나라의 성형법은 조심스럽게 퍼즐을 짜맞추듯 해야 어렴풋이 그 규범의 목소리를 알아들을 수 있는 모자이크 입법이다. 이 파편화된 모자이크 입법에서 나타나는 공통된 현상은 폭발적인 법률 개체 수의 증가에도 불구하고, 법률의 규범력 호소와 그 내면화를 위한 규범안정성은 약화된다는 사실이다. 거기에는 필연적으로 법률의 집행결손, 사회의식과 행태에 의한 법규범의 효력침식 등의 부작용이 누적되게 마련이다. 그 결과 법

56_ 법무연수원, 2006범죄백서, 2006, 49쪽 이하 참조.

규범 전반에 대한 사회적 신뢰를 저하시킬 위험도 없지 않다.

모자이크 입법에 대한 이 같은 비판으로부터 벗어나기 위해 최근 여성인권법연대, 여성의 전화, 한국성폭력상담소 등 여성단체들은 의원입법형식으로 형법개정안을 제출하기도 했고,[57] 현재 진행 중인 형법개정안을 두고 적극적인 의견도 개진한 바 있다.[58]

이들 진영에서 지금까지 요구해 온 주요쟁점들은 ① 성적 자기결정권 침해범죄로 성폭력 개념정의, ② 강간죄의 객체를 부녀가 아닌 사람으로 확대(남성, 성전환자 포함), ③ 강간죄의 행위유형을 성기삽입뿐만 아니라 구강・항문 등 신체의 일부 또는 도구를 이용한 유사성교행위까지 포함하는 것으로 확대, ④ 비동의 간음죄 신설, ⑤ 협의의 폭행, 협박에 의한 강간 처벌(최협의설 폐기), ⑥ 부부강간의 인정, ⑦ 공소시효의 정지 및 연장, ⑧ 친고죄의 폐지, ⑨ 친족 성폭력에 있어 친족범위의 확대, ⑩ 피해자의 신변안전조치 확대, ⑪ 비디오 진술녹화제도의 확대, ⑫ 신뢰관계자 동석의 확대, ⑬ 무고, 명예훼손 역고소 피해자 보호, ⑭ 피해자의 성이력 증거능력 제한 입법, ⑮ 성폭력범죄에 대한 배상명령제도 적용 등이다.[59]

하지만 이로써 혼란만 가중될 뿐이다. 왜냐하면 성폭력특별법 자체가 아직도 작동하고 있는 혼란의 진앙지 역할을 하고 있기 때문이다. 우선 성폭력특별법이 태생적으로 갖고 있는 개념상 혼란부터 짚어보고자 한다:

첫째, 성폭력범죄의 개념 속에 비폭력적 성범죄인 성풍속범죄

57_ 2007.4.18. 임종인 의원이 발의한 성폭력 관련법 전면개정의 형법개정안.

58_ 이미경・이경환, "성폭력 관련법 현안과제와 대안"(2008.11. 법무부 토론회 주제발표).

59_ 위의 발표문 7쪽 이하.

까지 끌어들임으로써(제2조 제1호) 성폭력범죄에서 폭력성의 비중을 개념외곽으로 밀어내고, 오히려 성풍속을 개념핵심으로 끌어들였다는 인상을 준다는 점이다.

둘째, 강간과 강제추행 사이의 개념적 경계가 불분명해졌다는 사실이다. 성폭력특례법 제7조(13세 미만의 미성년자에 대한 강간・강제추행 등)의 제1항은 13세 미만의 여자에 대한 강간, 같은 조 제2항은 13세 미만의 사람에 대하여 폭행・협박으로 구강・항문 등 신체의 내부에 성기를 삽입하는 행위와 성기에 손가락 등 신체의 일부나 도구를 삽입하는 행위, 같은 조 제3항은 13세 미만의 사람에 대한 강제추행을 각각 죄질이 다른 행위양태로 규정하고 있다. 여기에서 같은 조 제2항의 행위양태가 강간인지 강제추행인지가 불분명한 상태이다.

이에 터잡아 여성단체들은 강간죄 행위유형을 성기삽입 외에 구강・항문 등을 이용한 유사성교행위까지 확대하고자 한다. 하지만 이것은 강제추행의 양태 중 불법의 질이 중한 경우를 지칭한데 불과하다고 보아야 할 것이다. 만약 이 같이 중한 강제추행의 양태를 강간으로 포섭하면, 강간과 강제추행의 개념상 경계선은 무너지고 만다. 이 같은 경계선의 모호화는 상황에 따라 추행형태범죄의 강간범죄화로 이어질 수 있고, 그것은 결과적으로 형벌강화에 이를 수 있다.

셋째, 경범죄적 성격을 지닌 성풍속범죄, 예컨대 공중밀집장소에서의 추행(제13조), 통신매체이용음란(제14조), 카메라 등 이용촬영(제14조의2)까지 성폭력범죄의 규율대상에 편입시킴으로써, 전체적으로 이들 범죄의 사회윤리적 비난성을 그 정도가 높은 다른 성폭력범죄와 동급으로 취급하게 만들었다는 점이다. 이것은 바로 이들 경범죄적 성풍속범죄도 성폭력범죄와 같은 불법비난성과 책임비난성을 지닌 범죄라는 인상을 심어줌으로써, 비난성의 인플레이션을 야기한 셈이다. 결과적으로는 성풍속범죄의 사회윤리적 비난성을 평가절상시킨 셈이다. 이것도 이 특별법이 지닌 엄벌주의 경향의 일단이라고 평가할 수 있다.[60]

(3) 중형주의 경향의 형법정책

우리나라에서 중형주의적 형법정책은 위에서 이미 살펴본 가정폭력과 성폭력 범죄를 넘어서 최근 사이버범죄 쪽으로 전이하고 있다. 사이버공간에서 일어나고 있는 악성댓글・악성루머에 의한 신종 모욕행위, 사기도박이나 기부금품 모집, 허위과장광고 등에 의한 물품판매, 신종수법에 의한 다단계판매 등의 신종 재산범죄 행위, 그리고 사이버공간에서 자살교사와 방조행위, 사이버공간에서의 총기・마약・성매매 알선행위 등 신종 범죄수법들이 우후죽순처럼 창궐하고 있다.

우선 사이버모욕죄에 관한 입법움직임이다. 사이버 언어폭력의 문제는 어제 오늘의 일이 아니다. 지난 2004년 3월 고 노무현 대통령에 대한 탄핵안 가결을 전후하여 탄핵 찬반공방은 여의도 정치공간을 훨씬 멀리 벗어나 사회적 비용지출이 이만저만한 것이 아니었다. 촛불시위로 상징되는 항의집회가 광화문 광장을 덮었고, 광분한 어떤 이들은 광화문 촛불집회에 참가하여 "집을 나간 195마리의 미친 개를 찾습니다"라는 피켓을 치켜 세우고 탄핵투표에 참가한 195명의 국회의원 이름이 적힌 유인물까지 살포했다. 사이버공간에서의 사정은 일부 네티즌들의 과격한 욕설과 언어폭

60_ 김일수, "성폭력범죄 – 체계적 자리매김과 형사정책적 과제," 보호관찰 제8권 (2008), 20면.

력으로 가히 무법천지를 방불케하는 상황이 연출되었다. 이들 난폭자들은 익명의 가면을 쓴 채 탄핵에 찬성한 의원들의 실명을 거론해가며 온갖 욕설과 인신공격을 쏟아 붓는가 하면, 4.15총선에서 심판하자 또는 낙선시키자는 선거 악선동까지 서슴지 않았다.

그 후에도 일부 인기연예인을 상대로 한 악플로 인해 인기여배우 최진실 씨가 자살했는가 하면, 소위 타진요의 악선전에 의해 인기가수 타블로가 입은 정신적 피해는 거의 인격살인의 지경까지 이르렀다고 한다. 지난 2008년 5월부터 시작해서 100여 일 동안 서울시청 앞 광장과 광화문 네거리의 밤을 지배했던 수많은 시위군중들이 엮어낸 촛불시위는 최장기 집회이면서, 72시간 릴레이와 같은 마라톤 시위, 철야시위, 횡단보도놀이시위, 놀이문화화한 시위양태, 연령과 성별을 뛰어넘은 집단참여 등의 집회로 종전의 촛불시위와 다른 새로운 양상들을 나타냈다. 이 같은 집단광기에 가까운 촛불집회에 불을 지핀 것은 MBC TV 'PD수첩'의 미국산 쇠고기 광우병 위험 과장보도, 인터넷 안티카페와 미친소닷넷 등 인터넷 단체들의 온라인상 토론과 준비 그리고 동원 등이 큰 동력이 되었다. 괴담수준의 소문이 인터넷 공간과 영상매체 문화공간에서는 일상화된 상식처럼 국민정서 속으로 파고 들어가 예기치 못한 사회적 광란의 불씨가 될 수 있다는 사실을 보여주었다. 그 밖에도 지난 2008년 금융위기 때에는 인터넷의 경제지식 전문가를 자처한 일명 미네르바 파동으로 경제당국의 정책에 대한 사회적 불신이 최고조에 달해, 곤혹을 치른 적도 있었다.[61]

한국에서 인터넷 명예훼손에 관하여는 「정보통신망 이용촉진 및 정보보호에 관한 법률」(일명 망법)이 있다. 하지만 이 법률의 보

61_ 김일수, 공정사회로 가는 길, 2010, 49면, 289면, 292면 이하.

호범위는 명예훼손과 모욕에 국한된다. 따라서 인터넷상 다양한 모욕형태, 예컨대 욕설, 비방, 증오, 거짓말, 조롱 또는 멸시 등등은 지금까지 인터넷의 익명성이라는 보호가치를 명분으로 내세워 법적 통제로부터 자유로운 영역에 놓여 있었다.

이와 같은 느슨한 통제장치는 그 동안 정보강국을 지향한 정부의 산업정책 때문이었다. 우선 통제보다는 장려를 통해 정보화 보급률을 획기적으로 끌어올려야 한다는 것이 정부의 일관된 정책이었던 때문이다. 하지만 이미 정보선진사회에 진입한 우리나라가 오히려 네티즌들의 기초적인 예의와 질서의식에서는 후진성과 정글 속의 생존법칙을 방불케 할 정도로 공격성과 일탈성이 심각한 수준에까지 이른 것이다. 이러한 사정 때문에 여당의 몇몇 국회의원들이 사이버모욕죄 규정을 신설한다는 취지로 망법의 개정안을 의회에 제출했다.

사이버모욕죄의 새로운 구성요건의 제출로 인터넷상에서 명예보호라는 주제가 큰 논쟁의 소용돌이를 몰고 왔다. 자유진영은 그와 같은 신범죄화가 불필요하다는 입장이다. 형법은 형사정책의 최후수단이므로, 인터넷에서 의사표현의 자유는 최대한 보호되어야 한다는 점 및 네티즌들에게 윤리규범의 내면화를 통해 깨끗한 인터넷세상을 열어가는 사회정책·문화정책이 처벌과 통제를 수반하는 형법정책보다 우선하여야 한다는 점 그리고 경미한 모욕·명예훼손행위를 형벌로써 다스리기보다는 인터넷사업운영자들의 자율규제에 우선권을 주어야 한다는 점 등이 그 이유이다. 그밖에도 민법 및 언론법적 규제방안도 온라인상의 명예훼손에 대한 명예구제와 보호에 충분하고 또한 적정하다는 점을 그 이유로 들기도 한다.[62] 왜냐하면 형법은 단편적·보충적 성격을 지닌 법이기 때문이다.

이에 반해, 보수적인 진영은 사이버모욕과의 투쟁을 위해 신범죄화(Neukriminalisierung)가 불가피하다는 입장이다. 인터넷 자유의 남용 위험과 상상을 초월하는 남용 잠재력은 이용자의 익명성과 이용의 집단성·단타성 때문에 타인의 인격침해의 위험을 오프라인(off-line)에서보다 훨씬 증폭시킨다는 점을 그 이유로 든다. 더 나아가 인터넷에서 모욕의 명예법익 위해강도(Verletzungsintensität)는 높아서 실제 피해를 입은 측에서는 자살기도로써 그 사이버폭력 내지 테러로부터 벗어나고자 하는 유혹에 사로잡히는 경우가 많다는 점도 그 이유로 든다. 그 밖에도 민법 및 언론법상 구제방도는 결코 피해자의 높아진 안전필요성을 충족시켜 줄 수 없다는 점도 이유로 든다. 민사소송으로 잃어버린 명예에 대한 피해원상회복을 한다고 하더라도 실제 피해자가 입은 정신적·육체적·인격적 손해에 비한다면 결코 충분한 배상이 이루어졌다고 말하기 어렵다는 것이다. 뿐만 아니라 민사소송에서는 장기간에 걸친 지루한 소송공방전에 들어갈 높은 비용부담 위험성 때문에 실제 피해자들이 손쉽게 피해구제를 받기에는 현실적인 한계가 있다는 점도 이유의 하나로 들 수 있다.[63]

물론 입법화까지는 아직도 많은 장애물이 놓여 있는 것이 사실이다. 정부의 뜻대로 사이버모욕죄에 대해 강벌주의 경향으로 쉽게 다가갈 수 없는 현실적인 한계가 있다. 문제의 해결점은 자유주의 진영과 보수주의 진영 사이의 논거들 사이의 어느 중간지점에서 찾을 수 있을 것으로 기대된다. 국민의 명예보호와 네티즌의 표

62_ J.A. Park, Ehrenschutz im Internet am Beispiel der Hasrede, 2006, S.54.

63_ S.H. Ju, Strafrechtlicher Ehrenschutz im Internet, Diss. München, 2005, S.81.

현의 자유는 다같이 자유민주주의 헌법질서의 기본관심사이고, 그 어느 한쪽이 절대적인 우위를 점한다고 단정할 수 없기 때문이다.

양 이익이 갈등하는 경우에 교량을 하고 그 적정한 한계선을 긋는 것은 양 이익의 실천적인 정합(praktische Konkordanz)의 꼭지점을 어디에서 찾느냐에 달려 있다. 이해관계인들과 잠재적 이해관계자들인 일반시민의 입장에서 구체적인 상황에 맞는 해결점이 무엇인지를 이상적인 담론상황을 전제로 하여 대화와 수렴의 과정을 통해 찾아갈 수밖에 없다. 그것이 바로 현대사회의 난제들을 풀어가는 입법정책의 방도인 것이다.

다만 법이념은 늘 새롭게 생성되는 것이며, 이미 생성된 것은 새로운 것에 자리를 양보하고 물러나지 않으면 안 된다. 권리침해에 대한 개인의 주관적 민감성과 법감정으로부터 각자는 그 고통을 제공한 원인유발자로부터 자신의 도덕적 고통을 극복할 방도를 촉구하게 된다.

오늘날 그와 같은 방도의 가장 유용한 방법은 두말할 것도 없이 법적 방도이며, 그와 같은 법적 방도에 국가가 예방적으로 앞서나가 두터운 보호막을 치도록 시민들은 국가를 향해 아우성치고 있다. 그 도덕적 고통을 꾹 참고 견디라는 것은 시민사회의 일원으로서 살아갈 권리를 배제시키는 일종의 퇴물화 정책이나 다름없기 때문이다.[64]

(4) 소 결

우리나라의 형사입법 및 형사사법실무와 관련하여 위에서 살

64_ 김일수, 범죄피해자론과 형법정책, 2010, 86면 이하 참조.

펴본 몇몇 실례들을 분석한 결과, 지금 여기에서 우리의 형사정책이 어떤 사회경제적, 문화적, 정치적 이해관계의 도전에 직면해 있는지를 확인할 수 있었다. 또한 과학기술의 발달에 편승하여 일어나는 새로운 위험에 대처하기 위해 강벌주의적 정책수단을 동원하여 어떻게 반응하였고, 또 어떻게 반응하려 하는지를 살펴볼 수 있었다.

오늘날 형법은 18세기적인 전통적 자유법치국가이념의 범주에만 머물러 있을 수가 없다. '현실관련성을 지닌 규범적 정신과학'으로서 형법학 및 사회통제의 일부인 범죄통제를 예측하고 해결하고자 하는 형사정책도 18세기적인 이데올로기의 조롱에 갇혀 있는 날개접힌 새 모양일 수 없는 노릇이다. 당시와 비교할 수 없을 정도로 시민사회의 변화가 급격히 일어났고, 복잡한 이해관계의 갈등과 새로운 위험원은 시민들로 하여금 고전적인 방어적 자유보다는 안전을 통한 실질적 자유의 이념을 실현해 줄 것을 입법자들에게 요구하고 있다.

그런 의미에서 오늘날의 형법과 형사정책은 현실과의 밀접한 연관성 속에서 신축성 있고 역동적인 규범체계로 변모해 가고 있는 추세이다. 또한 처분불가능의 절대적 성역은 형법의 가치영역에서 점점 좁아져 들어가고 있다. 그런 의미에서 형법적 가치들의 세속화(Säkularisation)는 이미 우리들이 이데올로기적으로 방어진지를 구축하고 있는 형법적 학문이론의 틀을 넘어 들어와 점점 왕성하게 활보하고 있는 것이 사실이다.

그렇다면 이 같은 변화의 조류 속에서 형법정책 내지 형사정책의 방향은 어떻게 작동해야 합리적일까? 사회적으로 별로 중대하지 않은 일상적인 생활사실과 관련된 범죄와 일탈행동들에 대해서는 최후수단으로서의 형법과 온건하고 부드러운 형사정책이 여전히 유효하고 합리적이라고 생각한다. 반면 사회적 충격을 불러일으켰거나 사회적 안정을 심대하게 뒤흔들 위험상황에 직면해서는 최우선적인 형법과 강하고 담대한 형사정책이 불가피해 보인다.

강한 인상을 지닌 형법정책의 일례로는 최근 들어 시행된 특정범죄에 대한 공소시효의 폐지이다. 2011.11.부터 시행된 일명 「도가니법」(성폭력범죄의 처벌 등에 관한 특례법 개정안)이 장애인과 13세 미만 아동을 대상으로 한 성폭력범죄에 대해 공소시효를 폐지한 것이 그 첫 번째 예이고, 2012.6.13.부터 2012.7.23.까지 입법예고된 살인죄 공소시효 폐지를 위한 형사소송법 제253조의 2 신설로 인한 형사소송법 일부개정법률안이 그 두 번째 예이다.[65]

도가니법을 통한 일부 성폭력범죄에 대한 공소시효 폐지는 소설과 영화로 국민적 공분을 불러일으킨 장애인 수용시설에서의 성폭력범죄의 반인륜성에 대한 강한 법적 대응전술이다. 형사소송법 개정을 통한 살인죄 공소시효 폐지 시도는 1991년 대구 개구리 소년 살인사건이나 1986~1992년 화성연쇄살인사건 등의 공소시효가 완성됨으로써 살인범에게 공소시효 만료로 면죄부를 줘서는 안 된다는 비판의 목소리가 커진 데 따른 것이다.

법적 안정성을 위한 법정책적 도구인 공소시효제도가 후기현대사회의 난제에 부딪히면서, 그 공소시효 폐지조치를 통해 아직 풀리지 않은 미제사건의 주인공들과 잠재적 범죄인들에게는 강벌적 효과를, 잠재적 피해자인 일반시민들에게는 고위험범죄의 공포로부터 일종의 진정효과를 꾀할 수 있게 되었다는 것은 흥미로운

65_ 형사소송법 일부개정법률안 제253조의 2(공소시효의 적용배제): 사람을 살해한 범죄(종범은 제외한다)로 사형에 해당하는 범죄에 대하여는 형사소송법 제249조부터 제253조까지에 규정된 공소시효를 적용하지 아니한다.

후기현대적 변용이 아닐 수 없다.[66]

이 같은 강·온 정책의 이중성은 후기현대(Postmoderne)의 특징이라고 할 수 있다. 왜냐하면 오늘날의 형법정책과 형사정책에서 언론과 여론에 의한 법적 아우성(legal noise)은 정당의 정책에 수시로 반영되게 마련이고, 그에 비례하여 형법정책과 형사정책도 어느 정도 이러한 상황에 적응하지 않을 수 없기 때문이다. 이것이 앞서 본 갈랜드(Garland)의 통제문화(culture of control)의 표징이기도 하다.

문제는 그와 같은 법적 대응들을 산만한 모자이크 입법의 형태로 엉클어지게 쌓아 놓을 것인가 아니면 현대사회의 복잡한 생활세계(Lebenswelt)의 신호체계로 질서있게 정돈해 놓을 것인가 하는 점이다. 결국 논의의 중심테마는 이성적이고 합리적인 형사정책이 무엇인가라는 주제로 넘어갈 수밖에 없는 상황이다.

3. 엄벌주의의 형사정책적 한계

(1) 엄벌주의의 유형과 그 한계인식의 필요성

엄벌주의(punitivism)는 이미 고범죄위험사회의 형사정책에서 빼놓을 수 없는 처방 가운데 하나가 되었다. 전통적인 법치국가 형법의 관점에서 보면, 형법은 최후수단성·단편성·겸손성을 지닐 뿐만 아니라 형사정책의 뛰어넘을 수 없는 한계이기도 하다.

그러나 20세기와 21세기에 걸친 지난 30여 년간의 형사정책

66_ 미국의 대다수 주(州)와 영국, 독일에서는 일급살인이나 모살(謀殺)에 대해 일찍부터 공소시효를 인정하지 않고 있고, 일본도 2010년부터 최고형량이 사형에 해당하는 살인, 방화 범죄에 대해 공소시효를 폐지하였다.

은 자유화・합리화・인간존중 및 재사회화의 경향을 유지할 수 없을 만큼 사회적으로 다양한 '새로운' 위험군과 조우하게 되었다. 세계경제위기, 생태학적 위기, 초국가적인 테러조직의 위험, 아동성범죄나 마약범죄, 무기밀매 및 조직범죄와 해적행위의 빈발과 대형화 앞에 세계시민들과 내국민들의 위기의식은 고조되었고, 그에 대한 효과적인 예방책을 입법자들과 정부의 형사정책 입안자들에게 목소리 높여 요구하기에 이르렀다.

이러한 저항 속에서 종래의 완화된 형벌 경향으로부터 엄벌주의적 전환이 여러 나라 입법과 범죄투쟁의 손쉬운 방편이 되었다. 이른바 무관용원칙, 통제문화, 타자의 범죄학, 위험형법 내지 적대형법의 관점들이 엄벌주의를 북돋우는 새로운 이론의 틀로 자리잡기 시작했던 것이다.

그러나 이 같은 엄벌주의의 부흥에 불길을 당긴 것은 뭐니뭐니해도 2001.9.11. 미국 뉴욕 국제무역센터빌딩에 대한 알카에다 전사들의 테러공격이었다. 이와 더불어 학문의 세계에서 단지 공론화 단계에 머물러 있던 엄벌주의 담론들이 위험예방의 현실적 대안으로 떠오르게 된 것이다.

계몽주의와 근대형법의 등장과 함께 추방되었던 형사소송절차에서의 국가수사권력에 의한 고문시행마저 그 합법화 논의와 함께 형사법적 담론의 장으로 뛰어 들어오는 계기가 되었음은 두말할 것도 없다. 형법의 전진배치, 형사소송법상 강제처분의 전진배치, 결과불법에서 행위불법으로의 중점 이전 및 추상적 위험범의 확대 등은 다같이 고위험범죄자들을 사회로부터 철저히 소외시켜 고립무원의 처지에 놓이게 하거나 함께 사회 안에서 더불어 살아갈 수 없는 운명을 지닌 이단자들처럼 타자화하거나 적대시하는 타자의 범죄학, 위험형법 내지 적대형법적 사고와도 그 궤를 같이

하는 것이다.

고전적인 방어적 자유보다는 적극적인 안전과 보호를, 추상적인 개인의 인간존엄성 존중보다 평화로운 공동체 속에서 구체적인 개인의 인간존엄성 실현에 역점을 두어야 한다는 헌법상의 관점 변화가 형법상 엄벌주의의 팽배를 가져왔다. 이 같은 엄벌주의 사고의 팽창은 일반시민들의 고범죄로 인한 불안감을 부추기고 과민하게 만드는 언론매체들의 선정적 보도 태도와 보수적인 NGO단체들 그리고 피해자단체들이 외치는 완벽한 안전대책 마련 요구와 이들 여론에 임기응변적으로 반응하는 정책입안자들의 근시안과 입법자들의 법적 인기영합주의 등이 결합하여 생겨난 사회적 현상이다.

그 뿌리는 현대의 사회경제적인 발전(세계화, 신자유주의)과 정치권력의 여론주시경향(선거전략, 고정표의 계산, 법적 인기영합주의 등) 및 사회문화적인 배경(통제문화, 배제, 게토화, 집단적 인간적대)와 후기현대사회의 기본적인 구조변경(정보화 사회, 미디어 사회, 통제사회) 그리고 피해자 단체의 불만표출(복수 내지 응보로서 정의의 추구) 등에 있다.

특히 엄벌주의 조류가 강하게 휩쓸고 지나간 지난 10여 년의 감각적, 비이성적 형사정책의 길에서 돌아서서 형법의 정당성과 합리적인 한계를 찾는 새로운 합리주의적 경향이 최근 들어 다시 조짐을 보이기 시작했다. 인간사랑과 인간의 얼굴을 지닌 형사정책과 '한계지움의 형법학' 논의도 그런 조짐의 일부이다.

(2) 엄벌주의의 다원적 요소

엄벌주의는 다원적 요소를 내포하고 있다. 엄벌주의는 여러 다원적 요소들의 카르텔로서의 성격이 짙다. 이 다원적 요소에는 여론형성층인 주민, 미디어, 정치, 입법, 학문분야, 그리고 경찰·검찰·법원·교도소 같은 통제기구들이 들어 있다. 엄벌주의로 나가야 한다는 높은 목소리는 범죄양상의 변화에 따른 것도 있다. 예컨대 테러리즘, 조직범죄, 경제범죄, 인터넷범죄 및 그 밖에도 복합범죄의 여러 양태들 가운데서도 발견된다.67

물론 이 같은 다원적 요소에 따른 엄벌주의 요구는 각 나라의 사정에 따라 다르다. 어느 나라에서는 테러나 조직범죄가, 다른 나라에서는 성범죄나 인터넷범죄가 원인을 제공할 수 있다. 우리나라에서는 테러나 조직범죄에 대한 범죄공포가 적은 대신 성범죄와 인터넷범죄에 대한 두려움이 확산되고 있어 이에 대한 엄벌주의 요구가 거세어지고 있는 실정이다. 그리하여 성폭력범죄의 높은 재범률을 막기 위해 2008.9.1.부터 위치추적시스템(GPS Tracking System) 내지 전자발찌 부착명령 제도가 도입된 이래, 현재는 성범죄를 넘어 재범률이 높은 다른 강력범죄에도 이 제도를 확대적용하는 추세로 나가고 있다. 실제 전자발찌제도 시행 후 1년 만에 성범죄의 누범률은 종전의 5.2%에서 0.21%로 현저히 감소하였다.68

범죄위협으로부터 벗어난 안전한 길거리, 안전한 주거생활 영역의 보호를 요구하는 목소리는 정치권력에서뿐만 아니라 국민들의 일상생활영역에서도 점점 높아져 가고 있다. 적어도 이 점에 있어서 주민들과 정치인들의 견해와 이해관계가 일치하고 있다. 즉 범죄는 더욱 무겁게 처벌되어야 하며, 범죄자는 사회 밖으로 내쫓겨야 하고 사회로부터 배제되어야 한다는 것이다.69 위험과 새로

67_ Vgl. Sieber, Grenzen des Strafrechts, ZStW 119, 2007, S.17ff.

68_ Il-Su Kim, Punitivistische Grundtendenzen der gegenwärtigen Kriminalpolitik, 고려법학 제56호, 2010, 531면.

운 위험원은 그것이 사회에 피해를 입히기 전 단계에서 저지되어야 한다는 것이다.

이러한 과정으로부터 자유민주적 법치국가의 정치적 이념도 제2차 대전 직후와 21세기에 들어선 현재 사이에 큰 변화가 일어났다는 사실을 엿볼 수 있다. 즉 제2차 세계대전 직후인 그 당시에는 새로운 국가질서 형성 초창기였고, 그래서 전체주의·군국주의적 통치이념으로부터 벗어나 새로운 출발을 내디디기 위해 개인의 자유와 자율에 최우선의 가치를 두었다. 그러나 그 사이 각 개인과 사회의 안전보장에 대한 요구가 현실적으로 절박한 과제가 되었다. 오늘날 자유이념과 안전이념은 상호 택일적 관계가 아니며, '더 많은 안전을 통하여 더 많은 자유'(mehr Freiheit durch mehr Sicherheit)가 확보될 수 있다는 사실은 진부한 상식이 되어 버렸다. 이러한 맥락에서 확인할 수 있는 사실은 자유에서 안전으로의 중심축이 이전되었다는 점이다.[70]

위에서 언급한 모든 점들은 자유법치국가적 형법의 전통적 관념에도 변화가 일어나게 되었음을 암시해 준다. 즉 형법의 한계이탈과 형법의 폭발적 증가 내지 르네상스를 초래했다는 사실이다.[71] 왜냐하면 시민들에게 국가란 이제 더 이상 공권력남용 가능성을 가진 위험한 존재로 인식되기보다는 오히려 수호자 역할을 하는 신뢰할 만한 존재로 인식되고 있기 때문이다.[72]

최근 외국의 반테러 법률 입법과정에서 시민들이 국가의 감시

69_ J. Wehrheim, Ökonomische Rationalität und Moral: Inklusions-und Exklusionsmodi in überwachten Städten, KrimJ 2004, 8. Bh., S.137f.

70_ Rzepka, KrimJ 2004, 8. Bh., S.137; 김일수, 공정사회로 가는 길, 2010, 20면 이하.

71_ Sack, KrimJ 2004, 8. Bh., S.35.

72_ Rzepka, KrimJ 2004, 8. Bh., S.137.

카메라에 광범위하게 찍혀 통제대상이 되고 잠재적인 위험인물의 혐의하에 놓인다고 하더라도, 안전의 이익을 위해 보다 강력한 통제가 시행되어야 한다고 보는 점에서 더 분명해졌다. 이 같은 변화는 "예방국가에서 안전보장 사고"의 일관된 결실로 귀결되며, 이로서 예방적인 법적 안전보장장치에 유리하도록 자유법치국가 형법의 도구를 신축성 있게 손질해야 할 필요성까지도 긍정받기에 이르렀다.[73]

예방적인 정책으로의 회귀는 입법권과 사법권에 대한 행정부의 재량의 폭을 넓히는 결과도 낳는다. 이 경우 법적 통제의 약화는 행정과 경찰 그리고 비밀정보기관에 의한 간섭의 증대를 초래할 위험도 있다. 우선 범죄혐의점의 전 단계에서 예방적 조치를 우선적으로 투입하는 경우이다. 예컨대 정보기술에 의해 은밀한 공격조치와 감시조치를 취할 수 있고, 대화, 전화, 컴퓨터자료, 시민들의 체류지와 금융계좌 등을 수사할 수 있고 그와 같은 사실들에 대해 수없이 많은 전산자료들을 통째로 압수해 갈 수 있다.

더 나아가 경찰의 개입시 전통적인 예방조치보다 훨씬 추상적 위험 쪽으로 전진배치된 예방조치가 투입되는 경우이다. 예컨대 위장수배, 추적수배, 대(大)잠복수사, 소(小)잠복수사, 비밀요원 투입, 함정수사 등을 들 수 있다. 그 밖에도 형법의 비공식화 조치가 취해지는 경우이다. 예컨대 다이버전(우회제도, diversion), 형사소송에서 협상 내지 유죄자백협상(plea bargaining), 가해자-피해자 화해, 증인의 비디오신문 등을 들 수 있다.

끝으로 제재의 강화가 취해지는 경우이다. 예컨대 형벌범위의 확장, 실체적 구성요건의 확대, 성범죄자에 대한 보호관찰 · 가석

73_ Vgl. Schöch, Kriminalpolitik in Zeiten komplexer Bedrohungsformen, in: Neue Kriminologische Schriftenreihe, Bd. 110, 2006, S. 2.

방의 기회 차단, 선고형의 문턱 낮추기, 보호감호의 문턱 낮추기, 치료의 도구화, 시설 안에서 업무를 하는 각종 치료사의 자기 고객에 대한 정보 공개의무 따위이다.

그러나 이와 같은 엄벌주의적 형사정책의 발전경향에도 불구하고 발전을 위한 새로운 경향도 감지되고 있는 실정이다. 9·11 테러 공격사건에서 많은 세계시민들은 종말론적 상황을 목도하거나 직접 체험하는 충격을 입었지만, 일상적인 정상상태는 다시 복원되고 제자리로 돌아올 수 있었다. 세월이 지나면서 충격은 안정에 자리를 넘겨주고 뒤로 물러가 버렸다. 일종의 정상화가 다시 제자리를 찾은 셈이다.

이에 상응하여 형사정책의 경향도 유행처럼 변한다. 일부는 아직도 강경책으로써 범죄문제에 대처해야 한다는 입장인 반면, 다른 일부는 형법질서의 인플레이션화한 거품을 걷어내고 완화시키기 위한 노력을 꾸준히 계속해 나가고 있다. 바로 사회내처우가 다이버전의 확산을 통해 회복적 사법이나 치료적 사법운동을 전개해 가고 있는 형사사법의 또 다른 하나의 축을 염두에 두고 하는 말이다.[74]

74_ 이에 관한 방대한 자료들은 중형주의 특집(KrimJ Beiheft 8, 2004) 및 B. Heinrich, Die Grenzen des Strafrechts bei der Generalprävention, ZStW 121, 2009, S.94ff.; B. Weißer, Über den Umgang des Strafrechts mit terroristischen Bedrohungslagen, ZStW 121, 2009, S.131ff.; H. Kury/M. Brandenstein/T. Yoshida, Kriminalpräventive Wirksamkeit härtere Sanktion－Zur neuen Punitivität im Ausland, ZStW 121, 2009, S.190ff.; U. Sieber, Die Zukunft des Europäischen Strafrechts, ZStW 121, 2009, S.1ff.; P.A. Albrecht, "Krieg gegen den Terro"－Konsequenzen für ein rechtsstaatliches Strafrecht, ZStW 117, 2005, S.852ff.; B. Zabel, Die ördnungspolitische Funktion des Strafrechts, ZStW 120, 2008, S.68ff.; F. Neubacher, An den Grenzen des Strafrechts, ZStW 118, 2006, S.856ff.

최근 들어 세계 여러 나라에서 논의되고 있는 학문적 관심방향과 입법의 여러 실례를 상세히 논하는 것은 본 연구주제의 범위를 뛰어넘는 방대한 작업이 될 것으로 본다. 그래서 여기에서는 의도적으로 위험형법과 적대형법의 형사정책적 착상이 복잡한 현대형 범죄의 난제들을 해결해 나갈 수 있는 이성적인 방안인지 아니면 제3의 길이 있는지에 국한시켜 논의를 전개해 나가고자 한다.

(3) 위험형법론

후기현대사회의 탈산업화・정보화의 결과는 독일의 사회학자 벡(Beck)이 정의한 대로 위험사회(Risikogesellschaft)로 변모해 가는 역기능을 낳았다. 근대화・산업화가 스스로 자기 기반을 뒤흔드는 위험까지 양산하였고, 원자력 위험, 화학적 위험, 생태학적 위험, 유전공학적 위험과 같은 새로운 위험이 인류의 생존 자체를 위협하는 단계에 이르렀다. 작은 실수가 큰 위험을 초래하는 경우가 허다하다. 이를 방지하려면 작은 실수부터 금지시켜야 한다. 따라서 위험사회에서 위험예방은 작은 악의 싹부터 잘라내는 철저한 사전예방이 아니면 안 된다는 것이다.[75]

생활관계의 변화는 형법의 변화를 가져오기 마련이다. 이미 19세기의 자유국가로부터 20세기의 사회국가로 이전하면서 형법의 기본관점도 사후 진압적 통제모델로부터 예방적 조절모델로 변화했다. 즉 응보보다는 예방사상이, 특별예방이나 소극적 일반예

75_ 이에 관하여는 Prittwitz, Strafrecht und Risiko, Untersuchungen zur Krise von Strafrecht und Kriminalpolitik in der Risikogesellschaft, 1993; Kuhlen, GA 1994, S.347ff; Hilgendorf, NStZ 1993, S.10ff.; Seelmann, Risikostrafrecht, 1992.

방보다는 적극적 일반예방사상이 형사입법의 정당성을 위한 논거로 등장하였다. 후기현대적 위험사회는 새로운 위험 내지 거대위험에 대처하기 위해 형법적 보호를 확장하고 그 보호영역을 넓히는 경향이 있다.

이 같은 예방사고는 전통적인 법치국가형법을 사회국가의 신축성 있는 조정기구로 재해석하도록 유도한다. 심지어 형법의 목표는 이제 더 이상 범죄투쟁에만 머물지 않는다. 투자・환경・건강・외교정책에 대한 원활한 지원을 위해 형법수단이 투입되기도 한다. 또한 구체적인 법익침해에 대한 단편적인 억지로부터 벗어나 거시적으로 문제상황에 대처하기 위해 새로운 위험행위 자체를 규율대상으로 삼고자 한다.[76]

전통적인 법치국가형법관에 따르면 형법은 일면 강제력을 수반하는 통제수단이지만 타면 시민적 자유를 보호하는 장치였다. 법치국가형법은 입법자의 자유통행로가 아니라 사회적 문제해결의 최후수단일 뿐이다. 이러한 고전적 법치국가 형법관을 고집하는 한 위험사회의 새로운 위험에 대응하는 형법적 수단도 법치국가의 한계를 벗어날 수 없다는 결론에 이른다.

이에 반해 전통적인 법치국가형법은 새로운 범죄유형, 특히 미래의 안전과 관련된 범죄유형에 대처하는 데 적합하지 않다고 생각하는 사람들은 위험사회의 새로운 위험에 대처하기 위해 이른바 위험형법의 등장을 주창한다. 미래의 안전과 관련된 보호영역에서는 명백하게 윤곽이 드러난 보호법익을 확정하기 어렵기 때문에, 정당한 범죄화의 소극적 기준으로서 그 자리를 굳힌 법익사상을 더 이상 고집하지 말고 대신 문화적으로 각인된 행위규범을 기

76_ Stratenwerth/Kuhlen, Strafrecht AT, 5.Aufl., §2 Rn.8.

준삼아야 한다는 제안이다. 그리하여 위험형법은 이제 '새로운 법익'이 아니라 '새로운 행위'를 형법적 통제의 대상으로 삼아야 한다는 것이다. 21세기의 문제를 18세기의 정신적 도구를 가지고 해결할 수는 없다는 인식 때문이다.[77]

그리하여 위험형법에서는

① 전통적인 법치국가형법의 보충적 법익보호사상을 실효성 있게 완화할 수 있고(보편적 법익개념의 확대, 피해자 없는 범죄의 영역확대),
② 형법의 투입으로 정치적 이익을 얻을 수 있는 곳에서는 즉각 보충성의 원칙을 밀어내고 형법을 투입해야 하며(특별형법의 비대화 인정),
③ 결과범 이전단계의 광범위한 처벌화(추상적 위험범의 영역 확대, 기수 이전 단계의 미수 · 예비의 처벌범위 확대),
④ 환경형법 · 여성보호형법(성폭력 예방법) 분야에서 사람들의 주의를 환기시킬 수단으로 형벌의 활용(형법의 최우선수단화, 국민계몽의 도구화)

등 예방입법 · 상징입법의 경향을 긍정적으로 받아들인다.[78]

법치국가의 고전적 형법관을 고집하는 견해는 현대사회의 다양한 문제들에 대한 형법적 임무에 대해 맹목적이고 지나친 소극주의요, 그 반대의 편에 서 있는 위험형법사고는 전통적인 자유주

77_ Stratenwerth, Zukunftssicherung mit den Mitteln des Strafrechts, ZStW 105, 1993, S.679.

78_ 김일수/서보학, 새로 쓴 형법총론 제11판, 88면.

의의 투쟁의 산물인 인권보장을 경시할 위험이 있다.[79] 현대형법이 처한 이러한 곤궁상태에서 탈피하기 위해 최근 하쎄머(Hassemer) 교수는 현대형법을 핵심형법으로 축소시키고, 형법과 질서위반법, 사법(私法)과 공법(公法) 사이에 간섭법(Interventionsrecht)을 위치시킨 뒤 현대사회의 난제들 중 핵심형법으로 해결할 수 없는 것은 신축성 있는 위험형법을 통해서가 아니라 오히려 형법보다 작은 보장, 작은 절차규율, 작은 제재력을 갖는 간섭법으로 해결할 것을 제안한다.[80]

히르쉬(Hirsch) 교수도 형법은 국가행위의 최후수단이지 근본적인 사회정책의 대체수단이 아님을 전제하고 형법은 단지 보충적 부수적 임무만 갖고 있으며, 현대사회의 형법이라고 해서 현대과학기술분야에서 갈릴레이식 재판에 악용되어서는 안 된다는 점을 강조한다. 그러나 히르쉬 교수는 오늘날의 형법적 도구는 18세기의 유물이라기보다 오히려 200년간 점진적 발전을 거듭해 온 정신적 산물이므로 위험사회의 새로운 위험갈등요인들에 대한 형법적 대응을 전통적 법치국가의 틀 안에서 입법과 이론학(理論學, Dogmatik)의 조화를 통해 해결할 것을 촉구한다. 그리하여 법인의 범죄능력을 인정함으로써 환경범죄, 경제범죄의 규율에서는 형법의 보다 적극적 개입을 인정해야 한다는 입장이다.[81]

결국 위험사회의 형법이라고 해서 전통적인 법치국가형법의 제한을 완전히 벗어난 위험형법이 될 수 없다는 것이 오늘날 지배

79_ Roxin, Strafrecht AT Ⅰ, 4.Aufl., §2 Rn.120ff.

80_ Hassemer, ZRP 1992, S.378ff.; ders., Produktverantwortung im modernen Strafrecht, 2.Aufl., 1994, S.76.

81_ Hirsch, ZStW 107, 1995, S.289; ders., Strafrecht als Mittel zur Bekämpfung neuer Kriminalitätsformen?, in: Neue Strafrechtsentwicklungen, 1994, S.29.

적인 견해이다. 그러나 위험사회의 난제들을 극복하기 위한 실효성 있는 대책을 형법은 결코 외면해서는 안 된다. 문제는 현대적 위험에 대해 형법은 무엇을 어떻게 해야 할 것인가하는 점이다.

이와 같은 현대형법의 과제를 풀자면 다음과 같은 형법정책이 필요하다:

첫째, 형법이 직면하고 있는 현대적 생활사실에 대한 분석으로부터 출발해야 할 것이다. 즉 핵심형법분야, 경제형법분야, 원자력형법분야, 환경형법분야, 유전공학형법분야, 의료생명기술형법분야, 제조물형법분야, 컴퓨터형법분야 등 특수한 생활사실 속에서 나타나고 있는 위험요인과 그 대책을 분석하여 각 주제에 알맞은 문제해결방식을 모색하는, 이른바 문제변증론적 사고가 필요하다.

둘째, 형법의 개입을 즉각적으로 요구하는 분야, 형법적 개입보다 행정조치 또는 자율적 윤리위원회의 규율만으로도 충분히 통제할 수 있는 분야 등을 세분하여야 한다.

셋째, 같은 분야의 생활사실에 대한 형법적 규제도 범죄의 질에 따라 그 경중을 달리하여 형법적 대응과 경범죄적 대응 중 어느 것이 실효성 있고 충분한 수단인지를 검토해야 한다.

그리하여 형법은 보통의 생활 사태에 대해서는 부드러운 최후수단의 법으로, 특별한 위험상황에 직면해서는 강한 우선수단의 법으로 신축성 있게 접근해야 한다.

이처럼 일견 모순되는 듯한 현대형법의 성격은 델타모델(Deltamodel)로 이해하면 쉽게 설명될 수 있다. 삼각주(Delta)는 끊임없이 흘러내려오는 강의 하구에서 생성된다. 그것은 하수(河水)가 들어갈 수 없는 경계선을 지닌 섬과도 같다. 현대의 위험사회에서 법치국가형법은 원칙적으로 전통적인 자유보장책 안에서 흘러가는 강물 같지만 파도와 부딪치는 하류(下流)에서는 이미 그 흐름

의 영향에서 벗어난 새로운 델타영역과 마주치고 만다.[82]

현대형법의 델타는 환경형법 · 마약형법 · 경제형법 · 원자력형법 · 여성보호형법 · 의료생명기술형법 · 컴퓨터형법 분야에서 뚜렷해진다. 여기에서는 형법이 위험을 예방할 수 있는 실효성 있는 안전확보의 수단으로 극대화하는 경향이 있다. 위험사회의 위기에 대처하는 일반시민들이 형법에 거는 기대가 높아졌고 입법자들과 정치인들도 이러한 안전요구를 선불리 외면할 수 없기 때문이다. 그것은 하나의 모험에 속하지만 민주국가는 모험의 주체인 국민을 신뢰해야 하기 때문이다.[83]

근대 법치국가형법을 강의 물길을 타고 흘러내려온 강물에 비유할 수 있다면, 델타는 후기현대사회의 새로운 위험, 새로운 범죄현상들과 동일시할 수 있을 것이다. 이 델타의 가장자리로 끊임없이 새로운 위험은 모래알처럼 흘러들어와 쌓인다. 비록 강물과 델타 사이의 경계선은 흘러내려온 민물과 새로운 파도의 부딪침 사이에서 역동적이고 신축성 있게 형성될 수밖에 없지만 그럼에도 불구하고 양자 사이에 경계선은 분명히 있다.

그러므로 잠정적일지라도 어느 정도 안정된 경계선이 형성되어 식별이 가능해진 일부 제한된 범위 안에서만 우리는 전통적 법치국가 형법질서의 변증론적 발전을 파악할 수 있을 것이다. 왜냐하면 델타의 주변은 항시 퇴적과 침융을 계속 반복하고 있기 때문이다. 그리하여 후기현대사회의 델타형법은 새로운 위험의 예방과 생활세계의 안전을 위해 하나의 새로운 현대로서(als eine andere

82_ 김일수, "과학기술의 발달과 형법," 한일 비교법 제13호 (1994), 147면; Minda, Postmodern Legal Movement, 1995, P.257.

83_ 김일수, "전환기의 법학 및 형법학의 과제," 법 · 인간 · 인권, 1996, 536면 참조.

Moderne) 이 위험형법의 길을 조심스럽게 걸어가도 좋을 것이다.[84]

물론 델타존의 경계선을 확정하는 문제는 이 델타모델에서 풀어야 할 어려운 과제임에 틀림없다. 왜냐하면 델타는 분명히 현상으로 존재하지만, 그 주변경계는 심각하게 퇴적과 침융을 계속함으로써 유동적이고 신축성을 띨 수밖에 없기 때문이다. 그럼에도 불구하고 후기현대적 델타존은 언제나 근대형법이 장구한 세월을 거쳐 도도히 흘러온 조류의 한복판을 가로지르면서 서 있는 것이 분명하다. 비록 이 델타가 결코 강 흐름의 지배하에 포위되어 있는 것은 아니지만, 항시 델타를 둘러싸고 도는 강 흐름을 분산시키고 그 속도를 조절하며 그 방향을 선회시키기도 하며, 그리하여 새로운 생활세계의 목적지인 바다로 흘러가게 하는 것만은 사실이다. 그렇다면 그 한에서 위험형법의 착상은 전통깊은 법치국가형법과 마주서서 변증론적 합일(dialektische Synthese)을 도모하고 있다고 말해도 좋을 것이다.

(4) 적대형법론

적대형법에 있어서는 위에서 살펴본 위험형법처럼 전통적인 법치국가형법과 조화를 이룰 수 있는 그림이 쉽게 상상되지 않는다는 점이 문제이다. 법치국가형법의 지평을 일순간 휘몰고 지나가는 토네이도일지, 아니면 법치국가형법의 바다 위에 서 있는 하나의 바위섬에 비유할 수 있을지 선불리 결론을 내리기 어려운 것이 사실이다.

우선 적대형법(Feindstrafrecht)에 등장하는 적 관념(Feindbild)부

84_ Il-Su Kim, Punitivistische Grundtendenzen der gegenwärtigen Kriminalpolitik, 고려법학 제56호, 538면.

터 살펴본다면, 여기에서 적은 시민개념의 경계선 안으로 결코 들어올 수 없는 이단자 내지 국외자이다. 법치국가형법은 전통적으로 시민형법(Bürgerstrafrecht)을 뜻한다면, 적대형법은 바로 일정 부류의 범죄자군을 시민과 분리시켜 시민형법의 적용대상 밖에 둔 단순한 적으로 상정하고자 한다. 여기에서 적은 시민이 아닐 뿐만 아니라 더 나아가 결코 인격을 지닌 사람으로 취급될 수 없는 존재이다. 그리하여 적은 비인간(Unperson)이고, 이 비인간과의 투쟁에서는 그를 사회 안으로 끌어들여 포용하기 위한 형법적 통제가 문제되는 것이 아니라, 극단적인 생사의 전쟁이 문제되는 것이다. 적은 야수와 같이 묵과할 수 없는 위험원이며, 그 위험원으로부터 사회적 안전을 확보하려면, 범죄통제와는 성격이 다른 한바탕 전쟁과 소탕작전을 벌여야만 한다.[85]

이와 같은 적대관념에 따라 야콥스(Jakobs)는 적대형법의 이론을 발전시켰다. 이 적대관념의 용도는 법치국가형법의 현대적 변용에서 자주 등장하는 비법치국가적 통제작용들을 분석적으로 설명하는 관점에서 사용되었는가 하면, 그러한 현상들을 비판하는 데 사용되기도 한다. 야콥스는 1980년대 중반 소위 서술적·분석적(deskriptiv-analytisch) 용도와 고발적·비판적(denunziatorisch-kritisch) 용도로 이 적대형법 개념을 착안했으나, 점차 이것을 일정한 현대형 난제군에 속하는 범죄와의 투쟁에 동원하기 위해 2000년대 들어와 정당화적·긍정적(legitimatorisch-affirmativ) 용도로 사용하기 시작했다.[86]

이처럼 적대형법은 한 전쟁상태를 전제한다. 이 같은 전쟁상태는 적으로부터 모든 사람들이 위협과 공포에 떨게 되는 총체적

85_ Jakobs, Staatliche Strafe: Bedeutung und Zweck, 2004, S.41.

86_ 이 세 가지 용도에 관하여는 Roxin, AT Ⅰ, §2 Rn.127.

위기상황, 한계상황과 같다. 이 같은 위기를 느끼는 사회는 점증하는 적들의 문제를 단지 미봉책이나 경찰력을 동원한 정도의 수단으로써는 결코 해결할 수 없음을 안다. 따라서 적대형법은 적과의 만남이 전쟁일 뿐이라고 전제한다.

야콥스에 의하면, 적과의 전쟁은 단지 두 가지 양식에 따라서 제한될 수 있다고 한다: 첫째, 국가는 적을 아무런 절차 없이 때려잡아도 좋다고 선언해서는 안 된다. 둘째, 적에 대해서도 모든 수단을 한꺼번에 다 쏟아붓지 않는 현명성을 유념해야 한다. 그 범위 안에서 적대형법은 장래의 공격위험이나 위험원을 선제적으로 방어하는 데까지 형법수단을 확대해도 좋다고 본다. 따라서 가벌성의 전진배치, 형벌의 비례적인 감소 대신 형벌의 강화, 위험원 선제공격을 위한 투쟁입법의 동원, 전통적인 형사소송절차법상의 인권보장 규정들의 무시 등 모든 가능한 수단들을 동원해도 좋다는 것이다.[87]

야콥스의 견해에 의하면, 정상적인 규범국가가 그의 법질서에서 선언해 놓은 적들과 맞닥뜨린 긴급상황의 순간에는 예외적으로 긴급조치국가(Maßnahmenstaat)로 전환해야 한다는 것이다. 예컨대 세계적인 테러리즘에 직면하였거나 테러리스트의 활동개시 상황에서는 적법절차에 따르도록 된 형사소송법은 전쟁상황의 비상조치법상 형식으로 전환되어야 한다는 것이다.[88] 또한 최근의 논문에서 야콥스는 심지어 독일 항공안전법 §14③이 잘못 조종된 항공

87_ Jakobs, Das Selbständnis der Strafrechtswissenschaft vor den Herausforderungen der Gegenwart(Kommentar), in: Eser u.a. (Hrsg.), Die deutsche Strafrechtswissenschaft vor den Jahrtausendwende, 2000, S.53.

88_ Jakobs, Bürgerstrafrecht und Feindstrafrecht, in: HRRS 2004, S.93.

기에 의한 더 큰 불행을 피하기 위해(9 · 11 테러 당시 뉴욕 국제무역센터빌딩의 비행기 충돌을 상정), 무고한 승객의 죽음을 감수해야 할 사정을 상정한 것이라면, 테러리스트를 고문하거나 살해하는 것도 만약 그것이 보다 더 많은 무고한 사람들의 생명을 구조하기 위한 유일한 수단일 때는 역시 허용되어야 한다고 주장한다.[89]

그의 이 같은 논리의 이면에는 이미 오늘날 형법질서 속에 밀려 들어와 있는 적대형법적 요소들을 법치국가형법과 두루뭉수리가 되도록 그대로 방치하는 것은 명확하게 윤곽이 잡힌 적대형법 개념보다 훨씬 더 위험하다는 생각이 깔려 있다. 왜냐하면 적대형법은 자유의 장애물을 제거하고 적에 대한 반작용을 명료히 하기 위해 시민형법의 필요한 보충수단이기 때문이라는 것이다.[90] 끝으로 예방적인 적대형법도 사법기관의 손에 남아 있어야지, 결코 경찰이나 비밀정보기관의 손에 도구로 넘겨져서는 안 된다는 점도 강조한다.[91]

적대형법이 형법현실 분석의 비판도구로서 작동하는 한 별로 해로울 것이 없는 것은 분명해 보인다. 하지만 그것이 규범적인 정당성을 부여하는 범주로 작동한다면 법치국가형법 질서의 가치전도를 야기하는 것으로서 거부되어야 마땅하다.[92] 왜냐하면 만약 어떤 위험인물로 상정된 범죄인들에게서 그의 인격적 지위를 송두리째 부인하고 그의 시민권을 박탈하는 조치를 이들 일정 범죄자군의 범주에 적용하게 된다면, 많은 헌법상 원리들과의 충돌을 피

89_ Jakobs, Terroristen als Person im Recht?, ZStW 117, 2005, S.839ff.

90_ Jakobs, Bürgerstrafrecht und Feindstrafrecht, a.a.O., S.89.

91_ Jakobs, ZStW 117, 2005, S.886.

92_ Albrecht, ZStW 117, 2005, S.855; Aponte, in: Uwe (Hrsg.), Bitte bewahren Sie Ruhe, 2006, S.140; Hörnle, GA 2006, S.82ff.; Saliger, JZ 2006, S.757; Frisch, ZStW 117, 2005, S.885ff.

할 수 없을 터이고 더 나아가 국제사회에 통용되는 인권협약 규정들과의 충돌도 면하기 어려울 것이기 때문이다.

인간의 존엄성 보장 원칙은 모든 사람이 각자 인격주체로서 실존하며 그가 테러리스트이건, 국가반역자이건, 연쇄살인범이건 차별하지 않을 것을 승인하고 또한 요청하기 때문이다. 그렇기 때문에 야콥스의 적대형법론에 대해서는 '나치사고의 부활',[93] '현재 또는 미래의 불법정권의 정당성 부여'[94]라는 비난이 가해지고 있다. 더 나아가 그 심각한 남용위험성과 특정범죄자 내지 특정범죄자군을 악마로 둔갑시키는 행위자형법(Täterstrafrecht)이라는 비판도 제기되고 있다.[95]

오늘날 시민사회의 세례를 받고 탄생한 법치국가형법의 관점에서 볼 때, 적대형법의 적대관념은 나치형법이나 스탈린형법의 계급모델처럼 권위주의적이고 이데올로기적인 형법질서관에서 역사적인 사실로서 발견할 수 있다. 시대착오적인 사회주의 이데올로기 형법의 잔재가 남아 있는 북한형법이나 중국형법의 일부 내용에도 그 잔재를 엿볼 수 있다.

따라서 적대형법은 전통적인 자유법치국가형법과는 맥락이 같을 수 없다. 특정범죄자들의 시민으로서의 지위를 송두리째 빼앗고, 추방과 박멸의 대상으로 취급하는 적대형법의 요청은 결코 형법의 개념범주와 짝하기 어려워 보인다. 법치국가형법은 국가형벌권을 제한하고, 그 제한을 통해 비로소 그것을 정당화할 수 있는 제한원리들(책임원칙, 비례성의 원칙, 죄형법정원칙 등)을 결코 전면 유

93_ Ambos, SchZStr 124 (2006), S.156.

94_ Eser, in: Eser u.a. (Hrsg.), Die deutsche Strafrechtswissenschaft vor der Jahrtausendwende, a.a.O., S.444.

95_ Roxin, AT Ⅰ, §2 Rn.129.

보하거나 폐기할 수 없기 때문에, 오히려 법치국가형법 질서관은 적대형법관을 대적하거나 적대하지 않을 수 없다.

형벌의 실현은 구성요건과 법효과 내지 규범침해와 규범확인이라는 단순논리적인 연관관계에 따라 실현될 성질의 것이 아니다. 항시 모든 법질서의 최상위에 있는 근본규범인 인간의 존엄성의 불가침성을 주목하지 않으면 안 된다. 그러므로 범죄인을 단지 규범확립을 위한 단순한 수단으로 취급하지 말고, 언제나 인격으로 존중하는 것이 무엇보다 중요하다. 어떤 범죄자도 고립된 개체로 간주하지 말고 사회적 관계 속에 있는 인격으로 간주한다면, 어떤 범죄자나 범죄인군도 완전히 법공동체로부터 배제되어야 할 존재는 아니라는 결론에 이르지 않을 수 없을 것이다.[96] 그럼에도 불구하고 일정한 적대군을 다른 범죄자군으로부터 분리시켜 취급하고자 한다면 그와 같은 적대형법관은 형용의 모순이거나 더 이상 '법'이기를 포기하는 결과가 되고 말 것이다.

적대형법을 돈세탁, 부패범죄, 마약밀매, 탈세, 불법이민, 성범죄 등등에 대한 효과적인 투쟁수단으로 투입하기를 원한다면, 그것은 형법을 필요 이상으로 확장시키는 결과가 될 것이고, 그러한 결과는 법치국가 형법체계에 대한 또 다른 위기가 될 것임에 틀림없다. 왜냐하면 이로써 형법과 전쟁법(계엄법)의 한계, 사법적인 통제모델과 경찰법적인 위험예방모델 사이의 한계가 모호해지고, 극히 예외적으로만 적용되어야 할 비상입법상황이 원칙적인 규율의 무대로 뛰어오르는 결과가 될 터이기 때문이다. 그와 같은 상황은 근대형법의 정신적인 전통인 자유, 합리성, 인간존중성의 정신과 결별한 채, 일종의 일탈과 변종의 씨앗을 형법사상의 잘 가꾸어

96_ Il-Su Kim, Punitivistische Grundtendenzen der gegenwärtigen Kriminalpolitik, 고려법학 제56호, 2010, 542면.

진 정원에 흩어놓는 것과 다름없다고 할 것이다.

유감스럽게도 오늘날 고위험범죄사회에서 우리는 자주 감정에 치우친 엄벌주의 행진을 목도하게 된다는 사실이다. 다량의 인명피해를 야기한 센세이셔널한 위험의 폭발에 대한 비합리적인 감정적 대응의 결과로 그리고 언론과 피해자단체가 연출하는 범죄위험의 극적 효과와 이른바 범죄를 통한 통치(governing through crime)의 결과로 국가차원의 권력장치는 너무 손쉽게 지나친 예방적 제재수단을 통해 국민들의 불안감과 동요를 잠재우려는 유혹에 빠진다. 이 같은 극연출의 각본 속에는 일정한 범죄자군을 새로운 적대세력으로 만들고, 그들에 의한 범죄양태에 맞서 전면전쟁을 선포하는 전략도 포함된다.[97]

이처럼 국가의 권력정치 속에서 적대형법은 유권자들의 신뢰와 선택을 얻어내기 위해 자의적으로 악용될 소지가 없지 않다. 그러므로 자유사회에서 적대형법이 도대체 형법의 일종일 수 있을까 하는 의문마저 든다. 거기에서 범죄에 대응하는 법공동체의 동정심과 공동책임의 여지는 추호도 보이지 않고, 단지 적의 청산과 타도만이 구가되고 있을 뿐이기 때문이다. 바로 적대형법 착상의 근저에 국가형벌권의 변질 위험의 씨앗이 숨겨져 있지 않은지 눈여겨 보아야 할 대목이다.

형법과 형사정책이 이와 같은 변질 위험에 빠진다면, 그것은 곧 모든 법과 정의의 성격이 부패함을 의미한다. 이 상황에서 국가형벌권은 사회통제의 일부로서 범죄통제의 필요불가결한 수단이 아니라 그 자체 변질된 테러수단일 수 있다.[98]

97_ Vgl. Cremer-Schäfer, Normklärung ohne Strafe, in: Petero (Hrsg.), Muss Strafe sein?, 1993, S.94f.

98_ Vgl. Dombois, Mensch und Strafe, 1957, S.163.

따라서 국가는 언제나 법치국가로 남아야 한다. 마찬가지 이유로 형법도 정의의 법으로 남아야 한다. 국가의 위기나 형법의 위기에도 국가와 법은 자신의 본래 자리를 이탈하도록 권력작용의 편의적 조작 기능에 내맡겨서는 안 된다. 스스로를 방어해야 하며, 법의식을 지닌 국민은 저항해야 한다. "형법은 시민형법이어야 한다. 결코 적대형법으로 전락해서는 안 된다. 국민 각 사람은 결코 예방차원을 넘어서 안전을 위협하는 위험원으로 취급되어서는 안 된다."[99]

99_ Ostendorf, ZRP 2001, S.152.

Ⅲ. 사회내처우를 통한 형벌 다양화 경향

1. 사회내처우론의 등장배경과 그 이론적 기초

(1) 왜 자유형의 대안인가?

1992년 법무부의 전반적인 형법개정노력이 임시변통적인 국회의 발췌입법으로 미완의 장이 된 지, 20년 가까운 세월이 흘렀다. 그 사이 문민정부, 국민의 정부, 참여정부를 거치면서 우리 사회의 민주화와 인권의식은 많은 성장을 거듭했다. 뿐만 아니라 그동안 우리는 과학기술의 발달과 정보화 수준에서도 이미 20세기에서 21세기로 세기의 현격한 변화를 체험하고 있는 중이다.

사회구조의 변화는 사회구성원들의 삶의 세계에서 생각과 삶의 양태에도 변화를 가져오기 마련이다. 또한 생활세계의 변화는 공존관계의 외적 질서를 규율하고 있는 법률의 변화를 불가피하게 초래한다. 다양한 법생활의 변화 속에서 형벌질서와 형사정책도 예외일 수 없다. 이 같은 맥락 속에서 법무부는 최근 수 년간 대대적인 형사법 개정작업에 박차를 가해오고 있다.

형법개정에서 가장 중요한 요체는 '책임의 본질'과 '형벌의 임무'를 어떻게 파악하고, 그것을 형법개정작업 속에서 어떻게 구현해 내느냐에 달려 있다. 먼저 인간의 행위를 어떻게 규명할 것인가, 불법의 본질은 무엇인가, 행위자에 대한 비난가능성의 근거는 어디에서 찾을 것인가라는 문제는 형벌의 전제로서 먼저 책임의 본질규명에 속하는 문제이다. 이 주제는 인간의 윤리적인 자기결정(sittliche Selbstbestimmung des Menschen), 자유로운 윤리적 인격성(freie sittliche Persönlichkeit) 내지 의사자유(Willensfreiheit)의 문제를 포함하여 별도의 심도깊은 논의가 필요한 연구과제라고 해야 할 것이다.

형벌의 임무와 기능도 책임의 본질규명과 절연된 독자적인 주제일 수 없다. 왜냐하면 형벌은 책임을 전제로 하기 때문이다. 그런 의미에서 형법은 본질적으로 책임형법(Schuldstrafrecht)이다. 책임형법의 기본원리가 되는 책임원칙(Schuldprinzip)에 대해서는 약간의 오해가 있는 것이 사실이다. 즉 책임의 분량이 그에 상응한 형벌을 반드시 필요로 한다는 주장이 바로 그것이다.

그러나 이것은 책임원칙의 논리필연적 요청이라기보다 책임사상과 불가분의 관계에서 파생한 응보형론의 주장일 뿐이다. 실제 책임원칙은 시민을 형벌로써 위협하는 억압적이고 권위주의적인 성격을 갖는 것이 아니라, 반대로 국가의 과도한 형벌권 행사로부터 개인의 자유와 안전을 보장하고 보호하는 성격을 갖는다.[1] 책임원칙은 책임의 분량을 무시하고 사회방위나 사회안전을 처벌받을 개인의 자유보다 우선시하는 전체주의나 권위주의적 형법사고를 차단해주기 때문이다.

책임의 한도 내에서 형벌은 일반예방과 특별예방이라는 형사정책적 목적을 실현하기 위해 때로는 수형자의 자유를 박탈하고,

---

1_ Roxin, 형법학입문(강구진 · 장영민 공역), 1984, 21면 이하 참조.

명예에 치명적인 손상을 입히기도 한다. 폐쇄된 수용시설에서 가정생활·사회생활과 격리된 채 자신의 의사와는 상관없이 매우 고통스러운 삶의 방식으로 죄값을 치러내야만 하는 것이다. 아마도 자유형의 집행에서 재소자들은 모든 직업과 지위를 빼앗기고, 아침부터 저녁까지 교도소 내에서 통제된 삶의 일과를 따라야 하며, 취미생활과 일상적인 만남과 대화의 즐거움까지 내려놓아야 한다. 또한 전과자라는 가장 강력한 낙인 때문에 장래의 삶의 불안정에 휩싸이게 마련이다. 이 같은 점에서 자유형의 집행은 법질서가 국가에 합법적으로 맡긴, 개인의 자유에 대한 가장 강력하고 혹독한 침해에 속한다고 말해도 지나침은 없을 것이다.

그렇기 때문에 법치국가의 형사정책은 사회정책의 최후수단이어야 하고, 형법은 형사정책의 최후수단이어야 한다. 뿐만 아니라 자유형의 집행은 일단 사형의 집행을 제외한다면 형벌의 최후수단에 머물러야 한다. 이러한 맥락에서 '사회내처우를 통한 형벌의 다양화 방안'이란 주제는 바로 자유형의 최후수단성·보충성이라는 관점의 다른 표현인 '자유형의 대안'을 지칭하는 것 외에 다른 것이 아니다.

왜 자유형의 대안이 문제되는가? 형법의 인도주의적 발전도상에서 볼 때 자유형은 그 이전의 형벌에 비해 크게 진보한 제도라는 데 이의를 제기할 사람은 없을 것이다. 자유형의 등장으로 그 이전시대에 풍미했던 잔혹한 신체형은 물론 사형까지를 대체할 수 있게 된 때문이다. 그러나 오늘날의 인권의식과 자유주의적·합리주의적 이념은 자유형과 자유형의 집행을 위한 폐쇄된 교도시설이 갖는 역기능을 직시하고 그 폐단을 지적해 오고 있다. 더 나아가 자유형의 주형화와 교도시설의 확장 등을 시대착오적인 형사정책이라고까지 폄훼하는 경향도 없지 않다.

자유형이 내포하고 있는 몇 가지 위험성은 다음과 같은 것들이다:[2]

첫째, 범죄인을 사회로부터 추방하여 격리시킨 상황에서 그에게 사회에 적응할 수 있는 삶을 살도록 교정하는 것은 추상적 담론으로는 가능할지 모르나 실제적으로는 불가능에 가깝다는 점이다. 폐쇄된 공간 속에서 교도관들에 의해 획일적으로 규율된 삶을 강요받는 상황에서 재사회화와 사회복귀능력을 배양한다는 것은 현실적으로 기대하기 어려운 과제이다.

둘째, 자유형은 범죄인의 반사회성을 교정하기는커녕 악화시킬 수 있다는 점이다. 범죄인들을 가족생활과 직업생활로부터 단절시키고 일정한 형기를 마친 뒤 가족적인 유대관계나 생계수단의 불안정 속에서 자유의 몸이 된다 하더라도, 그들은 사회적인 이방인으로 전락하기 쉽고, 많은 경우 수감생활 이전보다 더 위험한 범죄자가 되어 교도소로 다시 돌아가기 십상이다.

셋째, 교정시설 내에서 범죄의 감염작용에 무방비로 노출되기 쉽다는 점이다. 자유형 집행시설에서 수형자들은 범죄경력이 찬란한 전과자들의 무용담에 길들여지기 쉬울 뿐만 아니라 이들과 맺은 관계가 석방 이후의 삶의 방향을 결정할 수 있다. 자유형의 집행이 개선가능성이 높은 수형자들을 오히려 개선 곤란한 범죄인으로 전락시킬 수 있다는 점이다.

넷째, 자유형의 집행이 범죄자 개개인의 인격과 인간의 존엄성을 유지할 수 있을 정도의 수준까지 이르러야 한다면, 자유형은 국고에 큰 부담을 안겨주는 낭비적인 제도일 수 있다는 점이다. 이 점은 교도시설 내에서 수형자의 재사회화를 위한 실질적인 교육프

2_ Roxin, Aktuelle Probleme der Kriminalpolitik, 고려대학교 법학연구원 초청강연문(2000. 9. 22), 3면 이하 참조.

로그램 수행을 위한 재원을 고갈시킬 수 있고, 결과적으로 재사회화 목적을 형해화시킬 위험에까지 이를 수 있다.

물론 위와 같은 위험성에도 불구하고, 중대범죄나 재범 위험이 있는 범죄자들에게 자유형은 현실적으로 불가피한 제도임에 틀림없다. 그럼에도 불구하고 인간의 얼굴을 지닌 형사정책이라면 수많은 경미범죄와 중간범죄에 대해서는 자유형의 감소나 그 대체를 위한 수단들을 널리 강구하지 않을 수 없다. 이 같은 정책과 연계된 것이 바로 사회내처우 제도이다.

사회내처우(community based treatment)란 수형자를 교정시설에 구금 수용하는 것이 아니라, 일정기간 그리고 일정한 통제·감독하에서 사회일반인과 같이 사회 내에서 자율적인 생활을 하도록 하는 제도이다. 사회내처우는 처우나 생활의 기초가 교정시설이 아닌 사회 내에서 이루어진다는 점에서, 처우와 생활의 기초가 교정시설 내에 있는 시설내처우 또는 처우와 생활의 기초를 교정시설에 두면서도 외부통근 및 시설 외의 작업 등 처우를 받는 사회적 처우(개방처우)와 구별된다.

사회내처우는 석방 전 지도센터 등과 같이 교정단계에서도 실시되나 일반적으로는 보호단계에서 실시되는 경우가 많다. 그 대표적인 예가 보호관찰이다. 그 밖에도 형의 가석방, 형의 유예, 벌금, 전자감시장치부착, 가택구금이나 출입제한, 사회봉사명령, 수강명령, 원상회복 및 형사절차 정지 등의 제도도 이에 속한다.

두말할 것도 없이 사회내처우는 시설내처우로 인한 사회적 고립과 범죄감염 등의 폐해를 줄이고, 전과 낙인효과를 감소시키는 작용도 한다. 더 나아가 다이버전(diversion) 제도로 활용되면 수용시설의 과밀화, 범죄자처우를 위한 국고의 절감, 단기자유형의 폐해 회피에도 기여할 수 있다.[3]

'사회내처우를 통한 형벌의 다양화 방안'이라는 주제는 앞서 언급한 책임의 본질규명보다 형벌의 임무와 기능, 특히 형벌집행을 통한 형법실현단계와 직접적인 관계에 놓인다. 사회내처우는 형의 집행단계에서 범죄자의 재사회화 목적을 극대화하기 위해 형사제재수단을 투입하는 것을 기본적인 특성으로 삼는다. 하지만 범죄를 감소시키고 범죄자의 재범을 막는 데 필요한 가장 좋은 방도가 무엇인지에 관해서는 일치된 견해가 없다. 이에 관한 형사정책적 관점들도 파도처럼 밀고 밀리는 경향을 반복한다. 혹자는 행위자의 사회복귀를 위한 온정주의적 노력을 강조하는가 하면, 다른 일부는 엄중한 제재와 위하로써 범죄에 대응해야 한다고 맞선다. 심지어 형의 가중과 중구금교도소를 더 많이 지어야 한다는 목소리도 없지 않다.

강벌주의(punitivism)의 파고는 지난 10여 년간 미국의 형사정책에서 주류를 이루었고, 부시(Bush) 정권의 퇴장과 오바마(Obama) 정권의 등장으로 그 기조가 변동하고 있지만, 아직도 진정 기미를 보이기까지는 더 많은 시간이 필요해 보인다. 하지만 형사제재의 체계는 다양하게 확대되어야 하고, 특히 형벌과 유사한 사회친화적인 제재제도에 의해 보완되어야 한다는 목소리도 여전히 유효하다.

이 같은 논점들은 단지 행형법이나 교정학의 관심영역에만 국한된 것이 아니라, 보다 근원적으로는 우리 법질서가 기초하고 있는 인간상(Menschenbild)과 밀접불가분한 관계를 갖는다. 일찍이 라드브루흐(G. Radbruch)가 말했던 것처럼 인간상의 변화가 법의 역사에서 신기원을 만든다. 그러므로 죄의 본질과 그 죄값을 묻는 형벌의 의미와 기능을 규명하기 위해서는 이 시대 우리의 사회생

3_ 공정식 편저, 21세기 교정학, 1997, 303면 참조.

활, 사회의식 속에 각인된 인간상의 확인이 선행되어야 할 이유가 여기에 있다. 이 시대 우리의 변화된 삶의 지평을 통해 열린 인간상에 대한 새로운 통찰을 통해서만 우리는 비로소 인간실존의 비극적인 한 단면인 죄와 벌의 상관관계와 그 해결의 방향을 모색할 수 있기 때문이다.

(2) 형법의 인간상

1) 인간과 범죄와 형벌

형법의 세계에 들어가려는 사람은 누구나 범죄와 형벌이라는 두 기둥 사이를 지나가지 않으면 안 된다. 인간의 삶의 세계에서 죄는 비극적인 암흑면이다. 죄의 뿌리는 깊으며 인간들이 사는 세상 어느 곳에나 편만(遍滿)해 있다. 처벌도 인간의 삶의 세계에서 무거운 짐이다. 때로는 죄값을 묻는 벌이 죄보다 훨씬 더 잔혹하기도 했기 때문이다. 시행착오치고는 너무도 중한 일이다.

그러면 이 같은 죄와 벌의 바른 이해를 위한 방도는 없을까? 우리는 먼저 죄의 주체가 인간이며, 벌의 수용주체도 인간이라는 사실에서 출발하지 않으면 안 된다. 죄와 벌은 피조물의 세계에서 인간의 삶에만 고유한 것이기 때문이다. 바로 인간을 중심에 놓고 죄와 벌의 이해에 다가서기 위해 우리는 그 주체인 인간은 누구이며 형법은 어떤 인간상을 그 기초로 삼는지를 먼저 살펴볼 필요가 있다.

형법에서 인간은 의사결정능력을 가진 자유로운 존재인 동시에 항상 소질과 환경의 영향 아래 삶을 영위하는 존재이다. 또한 소질과 환경의 지배를 받는 존재인 동시에 항상 자신의 기획과 창의에 의해 선천적·환경적 요인을 극복하고 다시 이를 지배할 수 있는 존재로 이해되어야 한다. 종래의 자율적 인간상은 인간을 관념적 존재로만 파악하여 소질과 환경의 지배를 받는 구체적·현실적 인간상을 간과했었다. 반면 타율적 인간상은 인간의 자유의사를 부인하고 인간을 소질과 환경에 얽매인 기계적 존재로만 파악했었다. 그러나 인간은 소질과 환경의 지배를 받지만, 그 소질과 환경에 기계적으로 지배당하는 것이 아니라 어느 정도 자유롭게 선택·결정할 수 있다는 것이 우리의 일상적인 생활경험이기도 하다.

인간의 작품인 범죄도 이 범주를 벗어날 수 없다. 따라서 범죄는 일면 구체적·현실적 인간이 소질과 환경의 지배하에서 그 영향을 받아 창출해 놓은 것이다. 그러나 인격으로서의 인간은 또한 자기의식과 자기결정능력을 가지고 생각하며 행동하는 존재이다. 따라서 범죄는 소질과 환경의 지배를 극복할 수 있는 상황과 처지에 있는 행위자가 자신의 의지와 판단에 따라 불법을 저지르는 쪽으로 행위를 선택한 결과이기도 하다.[4]

범죄인은 이 같은 선택의 결과에 대해 공동사회 앞에 책임을 져야 한다. 그것을 죄값이라 부르며, 각자가 자기 죄값으로 부담해야 할 사회적 책임이 바로 형벌이다. 국가는 범죄한 개인에게 이 형벌을 과하는 대신 그 개인을 포함한 시민 상호간의 평화로운 공존질서와 안전, 그 밖에 인간답게 살 만한 가치 있는 공동생활의 조건들을 보장해 준다. 형벌의 적용·집행을 받고 그로부터 설령 감내하기 힘든 자유박탈이나 제한이 과하여지더라도 이를 감수해야 할 의무는 바로 범죄인이 자신의 나머지 자유를 사회로부터 보장받기 위해 필요한 최소한도로 양도한 부분에서 생성된 것이기

4_ 김일수, 한국형법 I (개정판), 84면.

때문이다.[5]

이 윤리적인 상관관계를 일찍이 계몽기 형법사상가인 베카리아(Beccaria)도 형벌론의 출발점으로 삼았다:

> "법은 독립되고 고독한 인간들이 하나의 사회를 형성하기 위한 조건이다. 끊임없는 전쟁상태로 살아가는 것에 지치고 제대로 보전할 수 없는 자유의 향유에 진력이 난 사람들은 그 자유의 일부를 할애하여 나머지 자유의 몫을 평온하고 안전하게 누리고자 했던 것이다. 이렇게 각 개인에 의해 할애된 자유의 몫의 총합이 한 국가의 주권을 형성한다. 주권자는 이렇게 모여진 자유를 정당하게 공탁받아 관리하는 자인 것이다 … 각 개인들은 자신이 내놓은 몫을 가져가려 할 뿐만 아니라 타인의 몫까지 침해하려는 전제적 성향을 언제나 지니고 있는 까닭에 각 개인의 침해로부터 이 공탁물을 지키지 않으면 안 된다. 따라서 누구나 지니고 있는 전제주의적 심성을 제어하기 위해서는 어떤 유형적 계기가 요청되고 이 유형적 계기가 바로 범법자에 대해 설정된 형벌이다 … 범죄한 각인에게 그의 개인적 자유의 일부를 양도하도록 강제하는 것은 필연적이다."[6]

2) 범죄와 사회

"사회가 있는 곳에 범죄가 있다." 어느 시대, 어느 사회에서도 보편적으로 존재하는 것이 범죄현상이다. 현실적으로 범죄 없는 사회란 실현불가능한 환상에 불과하다. 범죄는 범죄자와 피해자 사이의 개인문제에 그치는 것이 아니라 사회 전체의 공동관심사인

5_ 김일수, "국가형벌권의 정당화문제," 법치국가와 형법: 심재우 선생의 형법사상에 대한 재조명, 1998, 8면.

6_ 베카리아, 범죄와 형벌(이수성 · 한인섭 역), 1995, 32면 이하.

사회문제에 속한다.

범죄의 억제와 예방에 대한 일반적인 대응책은 가혹한 제재수단의 설정과 집행에 치우치기 쉽다. 그러나 경험적 · 역사적 사실에 비추어 볼 때 가혹한 처벌은 일시적인 진정효과를 가져올 수는 있어도 근본적인 치유책은 되지 못한다. 오히려 복합적인 범죄원들을 살펴 사회 · 경제 · 교육정책 등이 우선적으로 고려되어야 하고, 형사정책은 그 최후수단으로 마련되어야 한다.

특히 다양한 교육의 기회제공을 통해 인격화와 사회화, 자기책임과 사회적 연대책임, 자기 자신과 동시에 타인을 존중하는 태도가 일반인의 의식과 행동에 정착될 때 범죄예방에 실효를 거둘 수 있을 것이다. 범죄와 형벌이라는 형법의 수단은 바로 이러한 사회정책과 인격적 교육정책은 물론 인도적 형사정책마저 실효를 거둘 수 없는 구체적 현실에 처해 최후수단으로 고려되어야 한다. "형사정책은 사회정책의 최후수단"이요, "형법은 형사정책의 최후수단"이라는 말이 바로 이 점을 의미하고 있다.

이러한 최후적인 형법적 수단에서도 우리는 범죄자에 대한 사회적 공동책임을 잊지 말아야 할 것이다. 비록 흉악한 범죄자라 할지라도 대부분 사회적 약자에 불과하다. 정상적인 자아형성이 잠정적으로 파괴되어 있지만, 장래의 교육개선을 통해 정상적인 사회인으로 복귀할 수 있다는 신뢰와 기대를 우리는 잠시도 버려서는 안 된다. 형법에서 죄의 문제를 논의하는 주된 목적은 범죄자에게서 죄값을 찾아내어 사회로부터 고립시키기 위함이 아니다. 인간의 실존적 비극인 죄의 아픔을 사회가 함께 나누어짐으로써 범죄인이 범죄함으로 인해 단절된 진정한 자아와 사회와 신과 다시금 화해하게 하려는 것이다.[7]

범죄의 의미는 인격적 관계의 단절이고, 범죄대책은 이러한 관계의 회복에 있다. 범죄가 무엇인가라는 물음을 통해 사회는 범죄자 개인이 최소한 진정한 자아와 사회에 대한 신뢰를 회복하도록 도와주어야 한다.

3) 정신적 존재로서의 인간

인격으로서의 인간을 형성하는 육체 · 정신 · 영혼과 같은 존재요소는 전인(全人)을 바라보는 준거점으로서 작용하지만, 그것을 각각 인간으로부터 분해할 수는 없다.[8] 인간이해의 관점에서 인간존재에 해석학적으로 접근하자면 먼저 인간을 정신적 존재(Geisteswesen)로 파악해야 한다. 인간이 동물과 구별되는 첫번째 특징은 인간이 정신적 의식활동을 하는 자유로운 존재라는 점이다.[9] 여기서 정신이란 인간의 육체적 · 정서적 존재구조에 대해서 일종의 본체라고 할 수 있다. 인간을 형성하는 고유한 존재구조라고 말하는 것도 이 때문이다. 동물은 본능과 환경에 구속되어 그 굴레를 벗어날 수 없다. 그러나 인간은 정신의 능력으로 인해 환경으로부터 자유로울 수 있고 세계를 향하여 무한히 발전할 수 있는 개방된 존재이다.

또한 정신은 존재를 존재로서, 가치를 가치로서 체득할 수 있고, 의식적인 자아의 결정을 가능케 하는 인간고유의 특별한 능력이다.[10] 이는 정신이 체험의 충족인 의식 및 자유, 가치인식, 책임있는 자기 결정을 위하여 깨어 있음을 의미한다. 정신적 능력으로 인해 의식적인 자유 안에서 행위결정을 할 수 있는 존재가 인간이

7_ 앞의 책, 85면.

8_ 안토니 후크마, 개혁주의 인간론(유호준 역), 1999, 348면.

9_ Scheler, Die Stellung des Menschen im Kosmos, 4. Aufl., 1962, S.34.

10_ Welzel, Philosophie der Freiheit, 1947, S.171f.

기 때문에 유독 인간만이 자기행위에 대해 책임을 질 수 있다.

나아가 인간의 정신은 일체의 의미전달과 관계형성에 대해서 능동적·구성적·창조적이다. 또한 정신은 추상적·독백적 존재가 아닌 대화적 존재이기 때문에 관계 속으로 파고들어가 그것을 의식적으로 파악하여 스스로를 개방할 수 있는 본체이기도 하다. 결국 인간은 정신활동에 의해 고립된 개인으로부터 관계로서의 인격(Person als Relation)이 된다.[11] 전체인류도 각 인종의 다양함을 훼손하지 않으면서 의무와 책임을 나누어지는 하나의 가족에 이를 수 있는 것이다.[12]

반면에 인간의 정신능력에는 많은 실패와 파행이 있을 수 있다. 그렇지만 인간은 바로 이 정신능력으로 자신의 한계를 극복할 수 있다. 또한 개방성의 한계에 직면해서도 자기실현을 통해 자신의 삶을 발전시켜 나가게 되는 것도 인간의 정신능력 때문이다.[13]

4) 개별적 존재로서의 인간

인간의 개별적 존재성을 인간의 특별한 존재양식인 인격의 개별성이라고 한다. 개인에게는 각자의 삶 속에서 개발해야 할 고유성과 독창성이 주어져 있다. 즉 각자마다 육체적·정신적 소질이 다르고 되풀이될 수 없는 단 하나의 생명을 누리고 있다. 이런 의미에서 각자는 인류 또는 인종의 한 표본에 불과한 것이 아니라 유일무이한 개체로서 자기 자신의 표본이 될 수 있을 뿐이다.[14] 이처럼 인간의 개별성은 인간 각자가 개별자임을 의미한다. 따라서 개별

11_ Arth. Kaufmann, Rechtsphilosophie in der Nach-Neuzeit, 1990, S.40.

12_ Schüler, Die Verantwortung, 1948, S.57.

13_ Portmann, Zoologie und das neue Bild des Menschen, 1951, S.67.

14_ Rest, Heimkehr zum Menschen, 1946, S.24.

적인 인격이란 근원적으로 자아이며 자아에 대한 의식을 가진다.

또한 인격으로서의 인간은 자기존재의 발전형태이므로 인격적 독립성을 표현하고 있다. 그런 의미에서 각자의 인격은 고유성・독창성・비교환성・비대체성・불가처분성을 지닌다.

개별적 존재로서의 인간의 이러한 특성은 각자가 이 세계에서 자신의 소질에 해당하는 특별한 임무를 가지고 있음을 의미한다. 그러므로 인간은 근원적으로 생활여건들을 자신의 결정에 의해 해결하면서 스스로를 실현하도록 신으로부터 부름을 받은 존재이다.

뿐만 아니라 문화사(文化史) 역시 집단이 아닌 개인이 새로운 사상을 창출하고, 새로운 삶의 방향을 제시하고, 새로운 인식의 지평을 여는 일을 담당해 왔음을 보여주고 있다. 이는 문화의 창조와 발전의 주역이 개인이라는 것을 의미한다.[15] 심지어는 윤리적 가치도 개인정신을 통해 계시되고, 개인에 의해서만 실현될 수 있는 것이다. 아무리 보편타당한 가치일지라도 그것을 인식하는 일은 인격의 최고기관인 개인의 양심에서 이루어지기 때문이다.[16]

그러므로 개인의 독자성과 독창성은 어떠한 사회적 위기상황에 처해서도 무시되어서는 안 된다. 개별적 존재로서의 인간은 항상 목적 그 자체로서 실존해야 한다. 아무리 큰 목적을 위해서라도 인간은 단순한 수단이 되어서는 안 된다. 그것은 인간존재의 본질적 특성을 박탈하는 일이 되기 때문이다. "너는 너 자신의 인격에서건 타인의 인격에서건 인간성을 항상 동시에 목적으로 대할 일이지 단순한 수단으로 대하지 않도록 행동하라"[17]는 칸트(Kant)의 정언명령도 개별적 인격으로서의 인간고유성을 전제한 윤리적 요

15_ Brandenstein, Der Mensch und seine Stellung im All, 1947, S.73.

16_ Hubmann, Das Persönlichkeitsrecht, 1953, S.49f.

17_ Kant, Grundlegung zur Metaphysik der Sitten, S.61.

청이다.

5) 사회적 존재로서의 인간

인간의 개별적 존재성만큼이나 인간의 사회적 존재성도 인간 존재에 본질적으로 중요한 구성부분이다. 비록 인간은 포괄적인 본성을 부여받고 있지만, 개별적인 존재로서는 그것을 충분히 실현할 수 없기 때문이다.[18] 인격으로서의 인간은 자기실현이라는 과제를 완성하기 위해서 구체적인 자연적·사회적 환경과의 끊임없는 교통을 필요로 한다. 인간은 사회적 존재이기 때문에 타인과 더불어 사는 삶 속에서만 개별성의 한계를 극복하고, 그 개별성을 더욱 발전시켜 나갈 수 있는 것이다.

정신사적으로 볼 때 관념주의적 인간상은 인간을 단지 '추상적 주체' 또는 '고립된 개인'으로 파악한다. 이러한 인간상은 19세기에 등장한 유물론과 실존주의에 의해 크게 흔들리기 시작했다.[19] 유물론과 실존주의는 더 이상 인간을 '정치적 동물'(아리스토텔레스)이나 '이성적 인간과 경험적 인간'(칸트)과 같이 추상적·관념적 형식으로 정의하지 않는다. 구체적이고 현실적인 유물론과 실존주의의 인간상은 '사회관계의 총체'(마르크스), '생활관계의 총화'(샤르트르)와 같이 정의된다.[20]

나아가 인격으로서의 인간은 세계 내적 존재이며, 이를 근거지우는 이중의 관계 속에서 자연관계적 인간(Natur-Mensch)과 인간관계적 인간(Menschen-Mensch)의 모습으로 실존하고 있다. 따라서

18_ Müller, Philosophische Anthropologie, 1974, S.119.

19_ Maihofer, Menschenbild und Strafrechtsreform, 1964, S.9.

20_ Il-Su Kim, Die Bedeutung der Menschenwürde im Strafrecht, 1983, S.70.

현실적 인간은 세계 내에서 인간 이외의 존재자인 자연 및 자기 이외의 존재자인 타인과의 관계와 만남 속에 살고 있다.[21]

자연관계적 인간의 입장에서 보면, 세계 내의 사물들은 인간 실존에 필요한 자연환경으로서 존재필연적 요소가 될 뿐만 아니라 인간의 자기 보존과 유지를 위한 도구로서의 의미도 갖는다. 이에 비해 인간관계적 인간의 입장에서 보면 인간의 현존재는 현실적으로 타인 없이는 자신의 인간실현이 불가능하고, 자신 없이는 타인의 인간실현도 불가능하다는 의미에서 공존자이다. 인간존재에서 타인은 자기 실현을 위한 존재필연적 요소가 된다.

이러한 공존자의 광장이 이른바 사회이며, 인간은 사회 속에서 주체의 객관화에 의해 타인 중의 한 사람으로 사회화됨과 동시에 객체의 주관화에 의해 타인으로부터 개별화된다. 무엇보다도 인격으로서의 인간은 대화적 존재이므로, 더불어 사는 타인과의 관계는 인격성에서 특히 중요한 의미를 갖는다.

이렇게 볼 때, 고립된 개인은 완전한 의미에서 인간일 수 없다. 법에서 인간은 더 이상 로빈슨 크루소나 아담이 아니라 사회 속에서 함께 살아가는 관계적 인간이다.[22] 이를테면 아내와 남편, 아들과 아버지, 소송의뢰인과 소송대리인 같은 대자관계(對者關係) 또는 특정직업종사자 · 신분자와 같은 향자관계(向者關係) 속에서 인간은 각각 주체와 객체, 객체와 주체로서 서로를 주고받으며 전인(全人)적 인간을 형성해 나가는 것이다.[23] 그러므로 인격으로서의 인간은 자기 자신이 되기 위해서도 타인과 존재필연적 관계를 맺지 않으면 안 된다.[24]

21_ Maihofer, "Konkrete Existenz," in : Wolf-Festschrift, 1962, S.264.

22_ Radbruch, Der Mensch im Recht, 1957, S.9.

23_ Buber, Das Problem des Menschen, 4. Aufl., 1971, S.165.

6) 소 결

현대의 인간학은 구체적 · 현실적인 인간에 관심을 쏟고 있다. 계몽주의 이래 인간과 인간의 존엄이 이야기되어 왔지만, 그 대부분은 추상적인 인간에 대해서였을 뿐 구체적인 인간의 삶이 주된 관심대상은 아니었다.

그러나 형법에서의 인간상은 구체적 · 현실적인 전인(全人)적 인간이다. 이러한 현실적 인간상은 인간이 정신적 · 윤리적 존재로서 자신의 삶과 환경을 책임있게 형성할 수 있는 소질을 부여받았다는 점을 중시한다. 현실적 인간은 인간존재에 고유한 개별성과 사회성의 긴장관계 속에서 자신의 삶을 영위해 가는 존재라는 사실에 주목해야 한다. 비록 역사적 · 현실적 삶 속에서 실패를 할지라도 자유와 책임, 양심과 긴장 속에서 인격성과 가치의 실현을 위해 창조적 모험을 하는 것이 현실적 인간인 것이다. 형법은 이러한 인간상에서 출발하여 인간의 전인적 인격의 발현 내지 작품으로서의 의미를 지는 죄 및 그에 대한 책임과 그 책임에 대한 사회적 반응으로서의 의미를 지닌 제재를 가장 인간적인 방법으로 해명하고 이해하려고 노력한다.

범죄행위와 범죄책임은 인간의 윤리적 자기결정을 전제해야 하기 때문에 그러한 능력이 있는 인간상을 상정한다. 그것은 칸트의 이성적 존재(Vernunftswesen)로서의 인간이다. 이 이성적 존재에 대해서는 언제나 행위규범의 제시가 필요하고 또 그것으로 족하다. 제시된 행위규범에 대한 이성적 존재의 예지능력 때문에 이성적 인간은 이 행위규범을 또한 자신의 행동에 대한 평가규범으로 준수할 수 있기 때문이다.

24_ v. Wiese, Der Mensch als Mitmensch, 1964, S.7; Barth, Kirchliche Dogmatik Ⅲ/2(1948), S.270f.

이에 반해, 제재의 위협은 이성적 존재에게는 그 예지능력에 비추어 볼 때 불필요한 것이다. 따라서 형사제재규범이 존재론적·인간학적 전제로 삼는 인간상은 순수한 자의적 의욕이라는 경험적 성격을 띤 감성적 존재(Sinnwesen)이거나 이해타산과 유용성에 따라 합리적으로 행동하는 오성주체(Verstandessubjekt)로서의 인간이다.[25] 오성주체는 법률에 의해 법적으로 확정된 한계를 인식하고, 이를 침범했을 때 자신에게 가해질 결과를 예견할 수 있다.

이 같은 인간상으로부터 출발할 때 우리는 법치국가에서 형법의 보장기능과 형벌의 목적기능의 근거를 도출해 낼 수 있다. 일찍이 포이어바흐(v. Feuerbach)를 거쳐 리스트(v. Liszt)의 근대학파에 의해 완성된 자유적 법치국가의 형법사상은 바로 형법의 임무를 시민의 마그나 카르타(Magna Carta)로, 형벌의 목적을 범죄인의 재사회화로 규정한다. 이것은 현대의 자유법치국가가 달성한 형법사상과 형벌사상 중에서 가장 진보적인 성과에 속하는 것이다. 뿐만 아니라 법질서의 최고규범인 인간의 존엄과 가치존중 요구에 합치하는 것이기도 하다.[26]

따라서 형법이 법치국가 안에서 개인의 자유사용의 측면에 비추어 볼 때에는 이성주체로서의 인간상을 전제하지 않을 수 없고, 반면 타인과 사회의 안전을 위한 개인의 자유제한의 측면에 비추어 볼 때에는 오성주체로서의 인간상을 전제할 수밖에 없다.[27]

25_ 이에 관해서는 마이호퍼, 법치국가와 인간의 존엄(심재우 역), 1994, 158면 이하 참조.

26_ 앞의 책, 162면 이하.

27_ 앞의 책, 165면.

(3) 사회화 이념과 사회내처우

1) 사회화의 의미와 기능

인간존엄의 근거인 인간의 자기실현의 존재론적·인간학적 기초는 인간의 자유로운 윤리적 자기결정의 능력에서 발견된다. 인간은 이러한 능력을 타인과의 만남과 관계 속에서 스스로 계발할 수 있게 될 때, 비로소 인간존엄의 구체적 실현도 가능하게 된다.

사회화란 바로 이러한 과정의 한 측면으로서 인간을 하나의 인도적이고 평화로운 공동생활질서에 맞추어 살도록 사회적으로 포용하는 일(inclusion)을 말한다. 인간은 사회에 대한 그의 연대성을 근거로 사회와 끊임없는 교류를 통해 일평생 인간다운 평화로운 사회질서의 형성에 창조적으로 참여해야 할 존재이다. 따라서 사회화는 이러한 인간존엄의 실현이라는 과정의 한 측면으로서 인간을 그의 사회생활에서 등장하는 무한한 현재적·잠재적 파트너와의 만남을 고려에 넣고, 행위역할이나 행위기대 및 행위통제의 가능성을 자극하고 신장시켜 주는 과정이라고 이해할 수 있다.[28]

사회구성원은 각자 협동적인 파트너로서 사회질서와 그 기능의 유지에 이해관계를 가진다. 만약 범죄로 인한 충돌과 불안정이 발생하면 이를 극복하는 데에도 지대한 공동관심을 갖게 된다. 따라서 그들은 서로 행위기대와 요구가 긍정되는 정상적인 생활관계에서는 상호관계의 안정과 역할의 상호적인 보충을 위해 노력하게 된다. 그러나 반대로 이 같은 행위기대와 요구가 부정되는 경우에는 사회적으로 배제하는 일(exclusion), 다시 말해서 통제와 제재로

28_ 김일수, 범죄피해자론과 형법정책, 2010, 154면; Il-Su Kim, Die Bedeutung der Menschenwürde im Strafrecht, insbes. für Rechtfertigung und Begrenzung staatlichen Strafe, 1983, S.350f.

써 이 기대와 요구를 실현시키고자 한다.[29]

이렇게 볼 때 사회구성원 각자가 타인의 자유영역을 주의깊게 존중하도록 잘 학습되어 있어 각자의 사회화의 폭이 그 행위와 의식에서 증대되면 될수록, 타인의 인격의 자유로운 발전과 사회구성원 상호간의 인간다운 질서의 발전에 대한 외적 충돌은 점점 더 줄어들 것이다.

국가는 형법의 보충적 법익보호 및 사회체계의 보호를 통해 사회에서의 평화로운 공동질서를 확보하려고 한다. 그러나 개인의 건전한 사회화과정이 없이는 국가형벌을 통해 그와 같은 임무는 충족되지 못할 것이다. 그러므로 민주적 사회법치국가 내에서 타당한 국가형벌목적은 인간존엄의 실현에 기여한다는 궁극적 목적과 함께, 형사정책적으로는 잠재적·현재적 범죄인이 법공동체와 연대하고 있다는 관점에서 대화적인 상호작용·상호교류의 과정에서 사회화의 기회를 더 확보해 주고 신장시켜 주는 데 있다고 보여진다.

심지어 형벌의 사실상의 자유박탈적·진압적 성격도 사회화 목적과 동떨어진 목적일 수 없고, 지금까지 범죄인이 부대끼며 살아 온 사회환경을 고려하여 새로운 사회참여의 기회를 신장시켜 주기 위한 한 변형으로서의 역할을 담당한다고 볼 수 있다. 즉 제재를 통해 그에 의해 파괴된 사회질서를 다시금 법의 공적 선언으로 형평을 유지하게 함으로써 사회구성원 사이의 상호적인 행위기대와 사회적인 통합(Integrität)을 회복시키는 과정으로 이해할 수 있다. 이것은 한 마디로 사회적인 책임을 활성화시켜 주는 과정이라고 말할 수 있을 것이다.[30]

29_ 김일수, 범죄피해자론과 형법정책, 155면.

30_ 앞의 책, 156면.

이렇게 본다면, 인간의 사회화는 형사정책적으로 형벌의 가장 중요한 목적의 하나임을 알 수 있다. 이 사회화목적으로부터 다음과 같은 구체적인 결론이 도출된다:

첫째, 형법입법의 단계에서 사회화의 의미찾기이다:

형벌위협(Strafbedrohung) 내지 형벌입법은 행위규범의 설정 및 공표와 더불어 범행을 한 사람에게는 제재가 과하여진다는 경고를 통하여 규범합치적 행위에 대한 통찰을 계도하고 호소함으로써 인간의 사회생활을 공동형성하도록 동기지우는 사명을 수행하며, 이로써 잠재적 범죄인으로서의 인간이 사회화하는 데에 기여한다.

둘째, 형사재판과 형의 선고에서 사회화의 의미찾기이다:

형벌선고는 공적 형사소송절차에서 구체적 행위자의 공동책임을 확정한다. 공동책임의 확정을 통해 행위자는 사회와의 거리감과 적대감을 확인하고 또한 그것을 해소할 수 있는 계기를 만나게 된다. 재판절차가 구체적인 범죄사건을 둘러싸고 있는 이해관계 당사자들(법관, 검사, 변호인, 피고인, 피해자와 그 가족, 증인 및 참관인 등)의 대화적 소송절차론의 이념에 따라 진행될 수 있다면, 그 과정에서 사회화의 의미는 극대화될 수 있을 것이다.[31] 더 나아가 행위자의 사회적 행위규범 위반에 대해 유죄판결은 공적 비인(公的 非認)을 표명함으로써 인간의 사회화에 한 단계 더 가까이 다가갈 수 있다.

셋째, 형의 집행에서 자기화의 의미찾기이다:

형벌집행은 선고된 형벌을 실제적으로 집행함으로써 공동사회의 규범 및 행위척도를 내면화할 뿐 아니라, 안정화하는 과정으로서 이해된다. 이 형벌집행단계의 범위 내에서 수형자를 위한 보

31_ 대화적 소송절차론에 관하여는 앞의 책, 105면 이하 참조.

다 집중적인 사회화과정이 재사회화라고 불리워지는 것이며, 이것은 공동생활에의 재적응 또는 공동사회 일원으로서의 재포섭 내지 재편입을 의미하는 것이다.

이와 관련하여, 국가는 과다한 국가적 규제를 통해 범죄인을 재사회화시켜 보려는 집착을 버려야 한다. 효과적인 재사회화는 사회적 책임의 촉진을 통해서만 가능하다. 이렇게 본다면 사회화의 본질적 구성요소는 결국 행위자가 사회적 통합을 위한 자기원조를 스스로 하도록 그를 원호하는 데로 지향해 나가야 한다. 따라서 재사회화는 '사회적 교화 과정에로의 인도와 촉진을 위한 원호'이다.

2) 자기화의 의미와 기능

현대의 인간학 연구에 따르면 개인으로서의 인간은 인간존엄의 요구에 따라 고유하고 실제적인 자기의 생활을 항상 자유와 책임 아래서 영위하게 되며, 그와 더불어 그의 공동생활도 공동책임의 근거 위에서 형성한다. 인간은 본질상 자신을 변화시킬 수 있으며, 또한 발전시킬 수 있다. 이를 위해서는 인간이 자기책임, 자기사고, 자신의 통찰로부터 행위하기 위한 기회뿐만 아니라, 자신의 인격화를 위한 기회도 필요로 한다.

인간의 자기화란 사회 속에서 개인의 구체적인 인간존엄실현과정의 한 측면이지만, 사회화에 비해 개인의 자기노력 · 자기결정 · 자기선택이라는 적극적 요인을 스스로 구성하고 발전시키는 면을 의미한다.[32] 또한 자기화는 인간존재의 으뜸되는 자기 노력

32_ 자기화(Personalisation)는 다른 말로 인격화라는 의미로도 읽을 수 있다. 다만 인격화를 윤리적인 자기발전의 의미로만 이해한다면 너무 과도한 의미확장에 다다를 우려가 있다. 인간의 자기존재성(Selbstsein)의 자리로 돌아간다는 의미에서 나는 자기화란 용어를 선호한다.

의 성취와 그의 의미실현 그 자체를 의미할 수도 있다. 이 자기화는 실제 개인의 정신상태와 주어진 생활여건에 의해 영향을 받을 수도 있기 때문에 개인의 노력 여하에 따라서는 변경, 확장, 통제 및 수정도 가능하다.[33]

범죄인의 자기화란 주된, 통일된 형벌목적인 인간존엄의 실현에 대해 그의 사회화보다 근접해 있는 빼놓을 수 없는 구성적 부분목적이 된다. 자기화의 존재론적 · 인간학적 근거도 범죄인의 자기성(주체성)과 법공동체의 범죄인과의 연대성에서 발견된다.

범죄인 자신에 대해서는 자기화가 형벌실현과정에서 그의 자유롭고 윤리적인 자기 결정의 창조적인 능력을 바탕으로 자기 책임 하에서 그의 본래적인 순수한 자기를 회복하여 자기의 주체성을 회복하는 것을 의미한다. 또 처벌을 하는 법공동체에 대해서는 이 자기화가 범죄인에게 그에 의해 저질러진 불법에 대해 책임을 져야 한다는 의식을 새롭게 함으로써, 범죄인의 공존세계와의 동질성회복을 위해 법공동체가 공동책임 · 연대책임의 노력을 기울인다는 것을 의미한다.

범죄인의 자기화는 범죄인이 인격주체로서 그의 독자적이고 개인적인 인격형성을 통해 그의 인격성의 창조적인 자기 발전의 수준, 다시 말해서 규범에 맞는 자기조종 하에 범죄적인 수단으로 문제를 해결하는 것보다 규범에 알맞은 방법을 선택 · 결정할 수 있도록 하는 학습과정을 의미한다. 이러한 자기화 없이는 국가의 최상위의 형벌목적도 결국 성취될 수 없다. 행위자의 자기화가 형벌의 모든 실현단계에서 행위자로 하여금 규범합치적인 문제해결

33_ 김일수, 앞의 책, 157면; Il-Su Kim, Die Bedeutung der Menschenwürde im Strafrecht, insbes. für Rechtfertigung und Begrenzung staatlichen Strafe, 1983, S.360f.

을 위한 주체성을 발전시키도록 하는 동기를 제공해 주는 한, 그것은 인간존엄의 현실이라고 하는 근본적이고 통일된 형벌목적을 위한 하위의 특별한 형벌목적으로서 그 기능을 다 할 수 있는 것이다.[34]

이와 같이 정의된 자기화의 개념을 형벌실현의 각 단계에 적용해 본다면 다음과 같다:

첫째, 형법입법의 단계에서 자기화의 의미찾기이다:

사회적 반대조종의 총괄적・심리적 사실인 형벌위협은 잠재적 범죄인으로서의 일반인에게 그의 인격의 발전과 자기화에 좋은 사회교육적 기능을 발휘한다. 형벌위협은 구성요건의 명백한 설정 및 제재의 경고작용을 통하여 동기부여와 호소로써 범죄를 효과적으로 방지하는 데 기여한다. 때문에 형벌위협은 법공동체의 성원에게 규범에 맞는 자기결정능력의 유지 및 회복, 또 충동구조에 대한 제어적 능력을 내면으로부터 강화・개선시킬 수 있다.

규범적인 자기조종의 구조가 형벌위협과 관련된 규율과 사회적・심리적 교화의 과정을 통하여 잠재적인 행위자의 인격성의 생성과 더불어 안정화된다면, 이러한 행위자의 자기화는 범죄행위에 대하여 특별예방적 성질을 갖는 대응력을 마련해 줄 수 있고, 동시에 범죄적 방법으로 문제를 해결하려는 경향을 완화시킬 수 있다. 따라서 자기화의 관점에서 형벌위협은 응보나 일반인에 대한 위하적 경고가 아니라 잠재적인 행위자의 규범합치적 자기조종에 대한 호소와 동기부여로 이해된다.

둘째, 형사재판과 형의 선고에서 자기화의 의미찾기이다:

형벌선고는 현재의 행위자에 대하여 항상 개인적인 자기화를

34_ 앞의 책, 158면.

강화시켜야 하는 광의의 규율과정으로 이해된다. 행위자가 자기 조종능력을 오도한 데 대한 공적·사회윤리적 비인(非認)은 법관, 검사, 범죄인 그리고 변호사의 대화절차를 거쳐 표명된다. 따라서 행위자는 그의 법파괴에 대한 개인책임의 확정과 법공동체의 공동책임의 확정을 통하여 자기동일성 내지는 자기신뢰를 획득하게 되고, 불법을 다시 선(善)으로 만들며 타인에 대한 자기 책임을 갚을 수 있는 기회를 얻게 된다. 범죄인의 자기화라는 관점에서 보면, 형벌선고에서 특별예방적 목적은 바로 건전한 자기 조종의 장치를 범죄인의 내면으로부터 불러일으키는 데 있다.

셋째, 형의 집행에서 자기화의 의미찾기이다:

형벌집행은 자기화의 촉진을 위한 강화된 규율 및 교육과정으로서 개인적인 사회복귀를 꾀하는 개별적인 원호과정으로 이해된다. 행위자의 자기화라는 관점에서 형벌집행은 수형자로 하여금 그의 인격성의 성숙과 발전을 가져오도록 돕는 것을 그 목적으로 한다. 형벌집행은 시설 내 종사자들의 공동노력에 의해서만 성공적인 자기조종을 위한 교육과정을 통해 수형자가 범죄적 방법에 의한 문제 해결방식과는 다른 대안을 획득하게 할 수 있을 것이다. 따라서 형벌집행은 행위자가 자기 실현을 위하여 자기원조를 하는 것을 돕는 데 그 목적과 방향을 두어야 한다.

수형자에 대한 가장 중요한 원호란 무엇보다도 집행시설 내에서 자기경험, 자기결정, 자기선택 및 자신의 공동결정에의 참여가 가능하도록 자유의 폭을 넓혀 주는 것이다. 또한 종교적 배려와 심리요법적 배려도 수형자의 자기화를 고려한 집행수단의 하나이다. 따라서 오늘날의 민주적·사회적 법치국가에서 형벌집행은 사회정책의 최후수단이라기보다는 자기화를 위한 교육정책의 일부분으로 이해해야 할 것이다.

3) 사회화의 관점에서 본 일반예방목적

우리가 사회화를 항상 인간존엄의 구체적 실현이라는 근본적 형벌목적을 위한 또 하나의 구성적 형벌목적으로 이해한다면, 일반예방은 이제 인간의 사회화라는 관점에서 새로이 조명되어야 한다. 포이어바흐가 심리강제설에 의해 일반예방을 기초지은 이래로 오늘날까지 일반예방은 이 영향 아래서 일반인에 대한 위하작용으로 이해되고 있다.

위하(威嚇)는 우선 법률규정 자체에 의한 형벌위협으로부터 나올 수 있으나, 더 나아가 형벌선고 및 형벌집행으로부터도 나온다. 위하도 그것이 사실상 일반인의 범죄충동을 방지해 주는 한 그 예방적 작용을 부인할 수는 없을 것이다. 그러나 일정한 종류의 범죄유형에서는 위하의 효력이 의문시된다. 왜냐하면 직업범 및 충동적 우발범은 거의 위하되지 않으며, 대개의 경우 범죄인들은 자신이 발각되지 않으리라는 전제에서 범행을 저지르기 때문에 그 효과가 반드시 크다고 할 수 없다. 따라서 대개 범죄자는 위하된 형벌의 정도에 의해서가 아니라 범죄발각의 위험성정도에 의하여 범행을 삼가게 된다.

이러한 이유에서 우리는 다음과 같은 결론에 도달할 수 있다. 즉 종래의 일반예방설은 범죄예방을 위하여 부인할 수 없는 효과가 있기는 하지만, 인간존엄의 구체적 실현을 위하여 단순한 위하에 머물러서는 안 된다. 따라서 일반예방에 관한 오늘날의 이론은 종래의 위하라고 하는 소극적 측면에서 사회유해적인 행위에 대한 제재의 부과를 통한 규범 및 사회의 안정화라고 하는 적극적 의미를 갖게 된다.[35]

35_ 앞의 책, 161면; Il-Su Kim, a.a.O., S.356f.

이러한 적극적 일반예방의 관점은 법공동체 내에서 국민이 법을 신뢰하도록 유지하고 강화하는 것을 목적으로 하는 심층심리학적・교육학적 관점의 결과이다. 이를 통한 행위기대의 안정화는 바로 사회체계 내에서 법규범의 기능과도 일치하고 있다. 여기에서 규범위반의 경우에 과해지는 제재는 침해된 규범의 회복뿐만 아니라, 더 나아가 사회에로의 복귀를 위한 기여도 하게 된다. 그러므로 적극적 의미에서의 일반예방이론은 사회심리적 이론 내지 집단교육 및 사회화의 이론이다.

4) 자기화의 관점에서 본 특별예방

리스트는 특별예방을 3가지 측면, 즉 무해화(無害化)・위하(威嚇)・개선(改善)이라는 관점에서 고찰하였다. 무해화는 단지 사형 또는 무기형의 이론적 근거로 사용될 수 있었고, 위하는 소극적인 일반예방의 영역에서만 논의될 뿐인데 반해, 재사회화 또는 사회화로서 표현되기도 하는 개선은 오늘날까지도 특별예방의 중심일 뿐만 아니라 가장 최근의 형법개정작업에서도 그 구심점이 되었다.

재사회화란 본질적으로 사회화에 의한 규율과 교육절차에 속하는 것이며, 또한 이것은 형집행의 분야에 주로 위치하고 있다. 그러나 우리가 특별예방을 단지 재사회화의 관점에서만 이해한다면, 형벌위협과 형벌선고의 영역에서는 아무런 의미를 가질 수 없는 것인가. 특별예방은 형사정책적 기능의 하나인 한 형벌집행을 넘어 형벌실현의 각 단계에서 개인의 자기화의 의미내용과 관련되어야 할 것이다. 특별예방은 개개의 행위자로 하여금 장차 합법적 행위를 하도록 촉진시키려는 목적을 가진 동기부여작용으로 이해된다. 물론 재사회화도 이런 목적에 기여한다. 그러나 그 때 행위자의 자기화가 고려되지 않는다면 단순한 재사회화 자체가 '개선'

이라는 이름 밑에 국가의 통제 내지 강제적인 적응으로 탈바꿈할 위험성이 있다.

자기화는 인간존엄이라는 지침 아래서 인간은 자율적으로 결정하고 행동할 능력이 있으며, 따라서 국가와 사회는 원칙적으로 인간을 마음대로 처분할 수 없다는 것을 그 전제조건으로 한다. 때문에 우리는 행위자를 강제적으로 타율적인 행위규정에 적응하도록 시도하는 단순한 처우(Behandlung)의 객체로 보아서는 안 된다. 오히려 그를 고유한 가치와 행동의 바탕을 지닌 독립된 인격으로, 또는 보호받을 가치 있는 자율적인 주체로 승인하여야 한다.

적어도 특별예방은 국가형벌권에 의한 과도한 간섭 내지 지배를 철폐하고 개별적인 행위자의 자기결정으로 대체하는 것을 의미하는 형법 및 행형법의 합리화와 인간화를 도모하는 가장 최근의 경향에 속한다. 이러한 특별예방적 목표설정을 통하여 행위자가 자기결정의 바탕을 획득하고, 인격적 발전을 꾀하는 것은 바로 자기화의 한 실현과정에 해당한다. 이 자기화의 과정에서 또한 개인을 공동사회에 통합시키는 사회화도 그 본래의 의미와 방향을 획득하게 된다. 이런 의미에서 헬머(Hellmer)도 명백히 형사정책의 최종목표는 사회화가 아니라 자기화에 있으며, 사회화란 바로 자기화에 이르는 전(前)단계일 뿐이라고 말하고 있다.[36]

5) 소 결

두말할 것도 없이 오늘날의 자유적 · 민주적 · 사회적 법치국가의 헌법질서 내에서 최상위규범은 인간의 존엄과 가치의 존중

36_ Hellmer, Sozialisation, Personalisation und Kriminalität, in: Wurzbacher(Hrsg.), Sozialisation und Personalisation, 3. Aufl., 1977, S.228.

및 보호에 대한 요청이다. 형법질서도 헌법질서의 한 구체적 부분질서에 속하는 한, 이 헌법의 최고규범적 요구를 실현하는 데 이바지하지 않으면 안 된다. 더 나아가 형법질서 내에서의 국가형벌의 목적도 가능한 한 이 같은 헌법규범의 요구에 일치하도록 설정되어야 할 것이다. 이렇게 본다면 형벌의 최우선적 목적은 먼저 한 인간의 구체적・현실적인 인간존엄의 실현이라고 할 수 있다.

이 같은 관점에서 출발할 때 바로 인간의 자유와 존엄을 위하여 자유형과 시설내처우형태의 자유형 집행은 될 수 있는 대로 최소화하여야 한다. 반면 사회내처우는 범죄인의 사회화와 법질서의 평온 및 사회통합에 유리하도록 될 수 있는 대로 극대화할 필요가 있다.

인간의 윤리적 자기발전과 자기보존능력을 전제하고, 구체적 인간의 변화가능성과 자기갱신의 가능성에 대한 우리의 경험적 실재를 염두에 둔다면, 시설내처우로서의 자유형집행은 최소한의 범위에 머물러야 한다. 이러한 요구는 그 제재수단의 강경함과 명징한 역기능성 때문에서만이 아니라, 그 최후수단성과 최소성으로 인하여 범죄인의 인격적 변화와 거듭남이 촉진되고 법규범의 신뢰성과 질서안정성도 높아진다는 점 때문에도 그렇다.

2. 사회내처우와 대체형벌의 종류와 양태

(1) 왜 사회내처우인가?

모든 형사제재는 규범수신자(수범자)요, 잠재적인 규범위반자(범죄자)인 인간을 목표로 한다. 무엇보다 중요한 사실은 규범위반자는 잠재적 범죄인이든 현실적 범죄인이든 인간이라는 점이다.

여기서 말하는 인간이란 칸트(Kant)의 인간상에서 최고봉인 이성주체라기보다 오히려 오성주체이며, 경우에 따라서는 아무런 근거도 없이 순수한 자의에 따라 그저 자신이 의욕하였기 때문에 행위할 만큼(do as I please!) 비합리적이지 않는 한 감성적 존재자도 포함될 수 있다.

오성주체와 이성주체는 모두 인간의 합리적인 판단능력과 관련된다는 점에서 호・불호에 따라 행동하는 감성적 존재와는 원칙적으로 구별된다. 본래 오성(understanding, Verständnis)은 이익과 손해를 고려하여 이익과 기대의 관점에서 타산성과 유용성의 규칙에 따라 자신의 행위를 결정할 수 있는 인간능력을 말한다.[37] 오성주체는 이 세계 내의 사물들을 자신의 이익과 불이익이라는 관점에서 파악하고, 이 계산에 따라 행동한다는 점에서 타산성과 유용성이 그의 행동규칙이 된다고 말할 수 있다.

이에 반해, 이성주체는 세계 내의 사물들을 자신의 이익이라는 관점뿐만 아니라 상호성(네가 나를 대하는 대로 나 역시 너를 대한다!)이라는 수평적인 황금률 차원과 전면성(너 자신과 마찬가지로 모든 사람들을 대하라!)이라는 정언명령 차원을 통해 만나는 타인의 이익과 공동체의 유익까지도 숙고하는 포괄적인 차원에 따라 선택하고 결정하고 행동하는 존재자이다.[38] 각 사람이 다 이성존재라면 자신의 이익이나 손해뿐만 아니라 타인의 이익과 손해까지도 포괄적으로 고려하여, 최고의 선의지와 최선의 양심에 따라 행동하게 될 것이다.

물론 칸트(Kant)는 이성주체의 양심을 선험적・예지적인 것으로 전제하였기 때문에 이성주체의 행동에서 자유의 내용과 한계를

37_ 마이호퍼, 법치국가와 인간의 존엄(심재우 역), 160면.

38_ 앞의 책, 159면, 특히 주) 201 참조.

그르칠 가능성을 배제했다. 그러나 양심을 비선험적·경험적인 것으로 전제한다면 이성주체도 이성의 사용에서 착오할 수 있고, 따라서 자신의 자유의 내용과 한계를 그르칠 수 있다. 이런 맥락에서 칸트는 적어도 오성만 있으면 악마의 세계에도 법은 통한다고 보았다.[39]

따라서 형법질서에서 원칙적으로 상정할 인간상을 경험적이고 합리적인 오성주체로 파악한다면, 형법은 먼저 순수한 자의나 의욕에 따라서만 행동하는 감성적 존재를 전제하고 그를 길들이기 위한 지팡이와 막대기에 의한 직접적인 체벌이나 신체적 가혹형과 결별해야 한다. 그 대신 타산성과 유용성 그리고 착오로부터의 긴장을 유발시키기에 족한 심리적 강제와 같은 간접강제로 질서안정을 도모해야 한다. 즉 형법을 통해 개인이 자신의 자유의 한계를 뛰어넘지 못하도록 사전에 억제하고, 그럼으로써 타인의 법익과 공동체의 법익이 평온하게 보호될 수 있게 해야 한다. 정상적인 유형의 사람은 이성을 전제하지 않고서도 오성적인 고려와 사고만으로 법률과 같은 외부로부터 오는 작용에 영향을 받아 행동할 수 있기 때문이다.

바로 이 같은 인간상에 형벌의 목적프로그램이 기초하고 있다. 그러므로 설령 판결에 의해 중죄인으로 확정된 자라 할지라도 개인의 인간으로서의 존엄은 존중되어야 하기 때문에, 응보형이상학(Vergeltungsmetaphysik)이나 신체적 엄혹형은 정당화되기 어렵다.[40] 자유법치국가의 형법질서 안에서 형벌은 결코 도덕적 응보

39_ 앞의 책, 119면, 특히 주) 152 참조; '착오하는 양심'은 아퀴나스(Thomas Aquinas) 이래로 널리 인정되어 왔다. 이에 관하여는 Welzel, Naturrecht und materiale Gerechtigkeit, 4.Aufl. 1962, S.63f. 참조.

40_ Il-Su Kim, Die Bedeutung der Menschenwürde im Strafrecht, Diss.

의 수단으로 이용되어서는 안 되고, 오직 행위자에 대한 법교육 또는 오성주체인 범죄자에 대한 영향을 통한 위하 또는 개선의 목적으로 이용될 수 있을 뿐이다.[41]

법치국가의 형벌은 이처럼 목적기능의 산물이다. 그러므로 형벌은 규범위반자를 다시 규범준수자로 재사회화하고 재준법화하기 위한 목적으로써만 이용되어야 한다. 형벌이 국가형벌권의 독점적 지위와 우월한 권위를 확대재생산시키기 위해서라든가 범법자에게 범죄인이라는 낙인을 찍어줌으로써 사회윤리적으로 차별화하고 배제시키기 위해서와 같은 목적은 법치국가 형벌의 목적일 수 없다.[42] 범죄인이 합리적 주체로서 단지 자신의 오성을 이용하여 목적합리적으로 법질서에 맞추어 선택·결정하고 행동할 수 있도록 돕는 데 형벌수단이 투입될 수 있을 뿐이다.

요약컨대, 형법은 오성주체인 행위자가 원칙적으로 자신의 행위가 자기 자신 및 타인에게 미칠 이익과 손해를 고려하여 타산성과 유용성의 규칙에 따라 목적합리적으로 결정할 수 있다는 점을 규범적·사실적 전제로 삼는다. 따라서 형벌은 오성주체인 범죄자에 대한 법적 교육 내지 선한 영향을 통한 개선 및 위하의 수단이다. 형벌에 수반되는 자유박탈, 고통, 사회윤리적 비난성은 타산성과 유용성의 규칙에 따라 결정할 수 있는 행위자의 선택과 결정 그리고 부수적인 효과의 고려에서 결할 수 없는 결정적인 요소가 된다. 홉스가 말했듯이 사람들로 하여금 불법을 행하지 못하도록

München, 1983, S.287ff.

41_ 마이호퍼, 앞의 책, 167면.

42_ Maelicke, Einige Überlegungen und Beispiele zu Alternativen zur Freiheitsstrafe in den USA, in: Sievering(Hrsg.), Alternativen zur Freiheitsstrafe, 1982, S.17f.

위협하는 것은 형벌이 확정되어 있다는 사실 때문이 아니라 형벌이 집행되는 사실 때문이다.

그런데 문제는 형의 집행, 특히 자유형의 집행이다. 자유형의 집행이 가져오는 문제점 가운데 특기할 사항은 그것이 우선 국가의 권력독점, 국가의 권위를 확립하는 데 사용된다는 점이다. 다음으로 사회의 방위 내지 법질서의 방위를 확립하는 데도 이용된다는 점이다. 전통적인 형벌이론의 관점으로부터 말하자면 일반예방의 관점인 셈이다.

하지만 사회통합과 재사회화라는 목적형 사상에 비추어 본다면, 자유형의 집행이 특히 범죄인 개인의 재사회화 목적(특별예방의 관점)과 큰 모순관계에 빠진다는 사실이다. 자유를 송두리째 박탈당한 상태에서 자유를 학습하도록 하는 것, 사회적 고립 속에 몰아넣고 재사회화를 익히도록 하는 것은 이론적으로 딜레마일 뿐만 아니라 현실적·실천적으로 불가능한 일이다. 범죄인의 재사회화를 위해서는 범죄인으로 선별하고 낙인을 찍어 시설에 구금시키는 것이 결코 합리적인 방법이 될 수 없다. 오히려 시설 밖의 사회 내에서 개방적이면서도 통원교정적인 사회화 조치가 결손 있는 생활상과 가족관계에서 비롯된 범죄인의 개선과 재사회화에 훨씬 유리할 것이기 때문이다.

더 나아가 구금시설 내 처우가 통원처우보다 훨씬 비용이 많이 들어갈 뿐만 아니라 시설 내의 극악한 환경 때문에 그 처우의 바람직한 결과를 기대하기 어렵다는 점이다. 시설경영, 직원, 경비와 재소자들의 뒤치다꺼리는 매우 큰 비용을 요하는 것이고, 또한 시설 안의 질서와 보안을 위해 제한된 인력과 시간, 재원 중에서 여기에 집중투입하다 보면 정작 재사회화와 개선을 위한 교화·교정 프로그램은 우선순위에서 밀리게 마련이다. 이른바 '교정의 한계'로 지목되는 출소한 수형자들의 높은 재범률은 교정인력과 시설장비의 부족 및 과밀수용 등 허다한 문제점을 안고 있는 구금 위주의 시설내 교정교육의 실효성에 의문을 던지게 하는 주요한 요인 중 하나이다.[43]

여기에서 목적합리적으로 사고하고 행동할 수 있는 능력을 지닌 정상적인 오성주체를 전제한다면, 우리는 가장 문제점이 많은 자유형 집행과 구금시설을 강화할 필요가 없이, 오히려 사회 내에서 통원처우(ambulante Behandlung)의 가능성을 확대하는 것이 합리적이다. 그것은 인간의 존엄성과 자유를 법규범의 최상위 원칙으로 삼는 법치국가의 규범적 요청이기도 하다.

끝으로 중구금 시설 내에서 자유박탈적인 자유형이 재소자의 자기신뢰와 희망을 앗아간다는 점이다:

희망상실의 첫째 요인은 무기징역을 포함한 장기화된 자유형의 부과는 재소자에게 바깥세상과 자유에로의 출구를 봉쇄한다는 점이다. 출구 없는 좌절상태가 불치병환자를 찾아와 억누르는 체험이듯, 기약 없는 구금상태는 형벌을 단지 폭력으로 오인시킬 염려가 있다.

그 둘째 요인은 관계상실성이다. 인간의 삶은 관계 속의 삶이다. 그러나 장기간 고립된 구금상태는 자기 자신과 타인, 바깥세상과의 관계를 단절시켜 삶의 의지와 기대를 빼앗아간다. 따라서 이 같은 상황에서 재소자는 인간다운 삶을 영위할 수 없고, 단지 동물적인 연명을 이어갈 수밖에 없다.

그 셋째 요인은 의미상실성이다. 인간은 상호적인 승인 속에서 삶의 의미를 체득할 수 있는데, 장기간의 구금 속에 통제된 삶

43_ 남상철, 교정학개론, 2005, 9면 이하 참조; 최근 10여 년간 수형자의 재범입소율이 평균 55% 내외인 것으로 나타나고 있다.

은 그 의미체험을 불가능하게 한다. 따라서 이러한 자유형 집행의 극단은 재소자에게서 희망을 앗아갈 뿐만 아니라 그곳을 지옥의 형벌로 대체시키는 악영향을 유발한다.[44]

그러나 이런 이유로 우리는 장차 가까운 시일 안에 자유형이 전면폐지되어야 한다거나 한때 그라마티까(Gramatica)와 같은 과격한 사회방위론자가 주창했던 것처럼 보안처분 일색의 제재제도를 확립해야 한다고 주장하지는 않는다. 중대범죄와 재범·누범성 있는 범죄자들에게 자유박탈적 형사제재는 불가피한 제도이기 때문이다.

하지만 합리적인 형사정책은 자유형의 증대와 강화를 위해서가 아니라 자유형의 감소와 약화 그리고 더 나아가 그 대체를 위한 작업들을 추구한다. 그렇게 함으로써 자유형의 유해작용들을 최소화할 수 있고 범죄자들의 인간화와 재사회화를 위한 사회사업적 또는 사회치료적 노력들을 투입할 수 있을 것이다.

사회내처우는 바로 이런 목적프로그램의 일부인 셈이다. 형벌의 목적프로그램은 특히 교정이념에서 범죄인의 재사회화를 지향하는 특별예방목적을 사회방위와 같은 일반예방목적보다 우위에 둔다.

만약 특별예방목적을 우위에 둔다면, 대상자들의 특성에 맞는 재활프로그램의 다양화와 그 프로그램을 효과적으로 엮어줄 수 있는 전문인력 및 자원봉사인력의 확충이 필요하다. 일찍이 프란츠 폰 리스트(Franz von Liszt)가 마르부르크(Marburg) 강령에서 발의했고,[45] 베르너 마이호퍼(Werner Maihofer)가 후에 행위자 유형과 연

44_ Huber, Der christliche Glaube, 2.Aufl., 2008, S.206f.

45_ 리스트, "형법에 있어서 목적사상"(심재우 역), 고대법률행정논집 제15집(1977), 184면 이하.

관지어 제시했던 형사정책적 프로그램은 대상자들의 개성에 맞는 프로그램의 개발에 앞서 염두에 두어야 할 사항으로 보인다.[46]

첫째, 속죄가능한 기회범군에 대해서는 속죄의 가능성의 문을 활짝 열어주어야 한다. 속죄할 가능성을 닫아버리는 자유형보다 수강명령이나 사회봉사명령 또는 원상회복제도를 통해 선으로써 악을 극복해 나갈 수 있는 길을 열어놓는 것이 좋다. 육체노동이 제공될 사회봉사작업(국가경영시설물·공공시설물의 개보수작업이나 쓰레기 청소까지 포함)이나 제공자의 특성에 적합한 정신적인 작업(도서관 사서, 컴퓨터작업 등)도 고려될 수 있어야 한다. 뿐만 아니라 피해자에 대한 원상회복을 양형적·행형적으로 높이 평가해 줌으로써 범죄피해자들을 지금보다 더 나은 형법적 보호와 관심영역 안으로 끌어들이는 조치들을 마련해야 한다.

둘째, 속죄용의가 없는 기회범군에 대해서는 행위자가 선을 통해 적극적으로 속죄할 용의가 없으므로, 비록 형벌부과는 불가피하지만, 재범의 위험이 없는 경우라면 형벌도 자유형을 통한 자유의 직접적 박탈이 아니라 벌금형이나 특별법상 보호처분 등의 개선·보안처분제도가 우선 고려되도록 하는 것이 좋다. 자유의 간접적 박탈만으로도 재사회화가 유리하게 촉진될 수 있다면 굳이 직접적인 자유박탈의 고비용 구조를 선호해야 할 이유가 없기 때문이다.

셋째, 개선가능한 상태범군에 대해서는 종래의 징역형이나 금고형과는 다른 사회복귀를 실질적으로 돕는 순수한 교육형 제도가 도입되어야 한다. 과실범과 교통사고 범죄자들에 대해서는 해당분야의 전문기술과 적성을 함양하고, 피해자에 대한 정신적인 속죄

46_ W. Maihofer, Menschenbild und Strafrechtsreform, 1964, S.18f.

를 통해 개선으로 나아가는 길이 열려 있어야 한다. 그런 의미에서 과실범이나 교통사범전용 교정시설이나 전문적인 보호관찰 시스템의 개발이 필요하다. 그리고 행태와 성격을 바로잡기 위한 교육적이고 치료적인 프로그램도 강구되어야 할 것이다.

넷째, 개선의 여지가 없는 상태범군에 대해서는 교육형과 재사회화 형벌이념은 그 입지를 잃어버린다. 여기에서는 형사제재가 순수한 보안처분 내지 보호형의 형태를 띠지 않을 수 없다. 사회방위처분을 통해 상습범, 육욕적 충동범, 영리적 착취범들에 대해서는 사회의 안전망이 위협받지 않도록 방어망을 구축하는 것이 최선의 예방책이라는 것이다.

리스트는 그의 형벌목적사상에서 한편으로 "사회는 개선불가능한 자들로부터 스스로를 지키지 않으면 안 된다. 그런데 우리는 사형을 원하지도 않고 유배형도 할 수 없는 처지이므로 종신구금(또는 부정기구금)만이 남겨져 있을 따름이다"라고 말했다. 그러면서도 다른 한편으로 "이 경우 사회복귀에로의 희망이 완전히 배제될 필요는 없다. 법관의 오류가능성은 언제나 상존한다. 그러나 그 희망은 극히 어려운 것이어야 할 것이며, 석방은 극히 예외적인 것이어야 할 것이다. 매 5년마다 선고법원에 설치되어 있는 감독위원회(Aufsichtsrat)가 석방신청을 낼 수 있을 것이다. 형사법원이 이 신청을 받아들이면 개선원(Besserungsanstalt)에로 넘겨지고, 거기에서 복역성적이 나쁠 때에는 다시 노역장으로 되돌려 보낼 수밖에 없다"고 말했다.[47]

이러한 다양한 유형의 범죄자군과 그에 대한 세분화된 제재제도의 원칙 안에서 보호관찰을 비롯한 사회내처우의 다양한 프로그

47_ 리스트, "형법에 있어서 목적사상"(심재우 역), 고대법률행정논집 제15집(1977), 178면 이하.

램들이 구체화되어야 한다. 때로는 재활기능에 비중을 둔 프로그램일 수 있고, 때로는 처벌기능에 비중을 둔 프로그램일 수도 있다. 때로는 치료기능에, 때로는 개선・갱생기능에 역점을 둔 프로그램일 수 있다. 때로는 가해자 및 피해자를 함께 배려하는 복지기능을 띤 프로그램일 수도 있을 것이다.

여기에서 문제되는 사회내처우와 직접・간접으로 연계된 대체형벌의 종류와 양태는 형법실현의 각 단계, 즉 기소단계, 재판단계, 형집행단계 등에 따라 동태적으로 분류할 수 있고, 또한 형사제재제도들을 평면에 놓고 정태적으로 다양하게 분류할 수도 있다.

우선 동태적인 분류방식에 따른다면, 첫째, 기소단계에서 선도조건부 기소유예(소년사건의 경우), 조건부 기소유예(성인사건의 경우), 형사화해・조정 등을 통한 다이버전(diversion) 프로그램을 들 수 있다. 독일의 경우는 말할 것도 없고,[48] 오스트리아도 1999년 형사소송법 개정법률에 의해 다이버전 프로그램을 널리 수용했다. 즉 특별예방 및 일반예방적 처벌의 필요성이 없는 경우에 피의자에게 일정한 금액을 지급하게 하거나(§200), 사회봉사명령을 과하거나(§201), 일정기간 보호관찰에 부치거나(§203), 재판 외의 원상회복조치(§204)를 부과함으로써 소추를 중지하는 것이다.

이 같은 다이버전 조치는 피의자의 명시적 또는 묵시적 동의가 있어야 하고, 지방법원의 참심 또는 배심재판에 해당할 중죄를 저지르지 아니한 피의자에게 그 책임이 무겁지 아니하고 범죄의 결과로 사람이 사망하지 아니한 경우에 한하여 부과될 수 있다

48_ 독일은 1999년 12월 20일 형법 및 형사소송법 개정에 의해 가해자와 피해자의 합의 또는 원상회복 조치에 의한 형벌감면규정(형법 §46a)을 다이버전 형식으로 실현할 수 있는 조치를 절차조항 속에 구체화했다(형사소송법 §155a, §155b).

(§198). 이 다이버전 조치를 취할 것인지의 여부는 원칙적으로 검사가 결정한다. 현재 오스트리아는 이 다이버전 조치로 인해 기소법정주의임에도 불구하고 형사사건의 3분의 2 이상이 재판에 회부되지 않고 종결된다.[49]

둘째, 형사재판단계에서 부담부 유예판결, 공소기각판결, 형의 면제판결, 벌금형의 선택과 부과 등을 들 수 있다.

셋째, 형의 집행단계에서는 부담부 가석방, 조건부 사면 등이 고려될 수 있다. 여기에서 선호되는 조건이나 부담처분으로는 보호관찰, 사회봉사, 수강명령, 전자감시와 가택구금제도 등이 있다.

넷째, 외국의 법제에서 독립적으로 활용되고 있는 주말구금, 야간구금, 피해자와 가해자의 화해 또는 피해원상회복제도 등을 들 수 있다.

보호관찰은 법제에 따라 형벌의 대용인지 보안처분의 일종인지가 일정치 않으나 우리나라의 법제에서는 일부는 보안처분의 일종이지만, 일부는 형벌대용으로 볼 수 있는 보호관찰도 있는 실정이다.

더 나아가 정태적인 분류방식에 따른다면 넓은 의미에서 자유형 대안의 보안처분제도를 들 수 있다. 또한 벌금형, 형의 유예제도, 형의 면제제도, 기소유예 내지 형사절차 정지제도, 민영교도소제도, 그리고 독자적인 제재제도로서 피해원상회복제도, 사회봉사명령제도 등을 들 수 있다. 그 밖에도 외국의 입법례이기는 하지만 경영사법(Betriebjustiz), 직장·학교 내의 사회법정, 사회상담·치료교정원, 지역사회교정센터, 중간처우의 집, 숙박위주교정시설 등의 제도를 들 수 있을 것이다.

49_ 김일수, 독일·오스트리아·스위스의 형사법 개정추이 연구, 2005, 142면 이하 참조.

서술의 편의를 위해 이 책에서는 정태적인 분류방식을 따르기로 한다.

(2) 다이버전과 회복적 사법

1) 다이버전 프로그램

다이버전(diversion)이란 정규의 형사사법절차로부터 이탈하여 이미 발생한 범죄문제를 되도록 형사사법절차와는 다른 절차를 통해 해결하는 프로그램을 말한다. 우리나라 형사소송절차에서는 주로 검사의 기소유예처분이 이 제도와 일맥상통할 수 있다. 이 제도는 형사소송절차의 전 단계에서 그것을 대체시키는 대안으로서의 의미를 갖는다. 주로 다이버전 프로그램은 수사절차의 종결과 맞물려 있기 때문에 주로 검사의 권한사항의 일부이기도 하다.

이 프로그램의 적용대상은 경미한 형사사건, 정상에 특히 참작할 만한 사정이 있는 사건, 피해자와 합의가 된 개인적 법익침해사건 등이 주종을 이룬다. 예컨대 피해액수가 적은 절도나 횡령, 특히 점포·백화점 절도, 피해가 경미한 사기죄, 교통과실범죄, 단순폭행, 모욕죄 등이 주로 검토대상이 된다. 특히 소년형사사건의 경우에도 많이 활용되는 경향이 있다.

이 프로그램의 적용에는 피의자의 동의가 필요하다. 이 프로그램의 진행은 피의자가 죄를 저질렀다는 점을 일단 전제하기 때문에, 피의자가 무죄를 주장하는 경우에 피의자의 동의 없이 이 절차를 진행시킨다면 피의자의 이해관계와 상충하기 때문이다.[50]

실무에서는 자주 입증의 어려움을 면하기 위한 방편으로 다이

50_ Einsele, Einführung in das Tagungsthema, in : Sievering (Hrsg.), Alternativen zur Freiheitsstrafe, 1982, S.14.

버전이란 우회통로를 통하여 형사소추절차 종결이 남용되는 사례가 많다는 지적이 있어 왔다.[51] 무죄판결에 대한 불확실성 때문에 피의자도 기소유예처분으로 일단 안도의 한숨을 쉴 수 있고, 유죄입증에 대한 어려움 때문에 검사도 무죄판결이 나오는 최악의 상황을 기소유예처분을 통해 면할 수 있다는 이해관계가 맞아떨어지는 경우, 다이버전에 의한 절차종료가 쉽게 이루어질 수 있다는 것이다.

기소법정주의를 취하는 독일·오스트리아 등에서는 소송절차에서 이 다이버전 프로그램에 따른 절차정지(Verfahrenseinstellung)로 인한 불기소처분이 획기적으로 증가하여 실제로는 이 제도가 기소편의주의에 근접하는 우회로의 역할을 담당한다. 기소법정주의는 소위 개혁된 형사소송법의 근간인 탄핵주의 소송구조를 구현하는 데 유용한 도구였지만, 사회변동과 일탈행동 내지 범죄행위의 증가로 인해 경찰 및 검찰인력의 증대와 검찰 및 법원의 업무폭주 그리고 시설부족이라는 부작용을 낳았다.

이러한 부담의 감경수단이 바로 다이버전 프로그램에 의한 절차의 신속한 종결이다. 이 같은 프로그램의 적용은 또한 결과적으로 전과자의 낙인효과를 감소시킬 수 있어 재사회화 형법의 이념과도 합치되는 장점을 갖는다.[52]

주지하는 바와 같이 다이버전 프로그램은 자유형을 대체하는 수단으로서 1970년대 미국의 자유주의적 형사정책 융성기에 등장한 것이고, 그 후 유럽대륙의 여러 나라들도 1980년대의 이론적인

51_ Schaffstein, Überlegungen zur Diversion, in : FS-Jescheck Bd Ⅱ, 1985, S.942.

52_ Heinz, Neue Formen der Bewährung in Freiheit in der Sanktionspraxis, in : FS-Jescheck, Bd Ⅱ, 1985, S.958f.

논의단계를 거쳐서 1990년대에 이르러 입법화하기 시작했다. 물론 이 프로그램은 '미국의 문제에 대한 미국식 해답'의 일종이었지만,[53] 그 실천적 정합성으로 인해 귀화식물처럼 국경을 뛰어넘어 왕성한 번식력을 키워갔던 것이다.

다이버전 조치의 세계적인 법제화 내지 법발전에서는 다음과 같은 경향이 확인되고 있다. 즉 특히 경미한 범죄영역에서 주로, 그 밖에도 중범죄가 아닌 중간범죄의 영역에서 다이버전이 처벌대신에 그의 택일적 조치로서 투입된다는 사실이다. 이러한 조치는 앞서 언급한 바와 같이 범죄인에게 불필요하게 낙인찍는 효과를 피할 수 있고, 동시에 피해자에 대한 원상회복의 제도화된 통로를 통해 범죄피해자의 실질적인 만족과 이익에 기여할 수 있기에 더욱 그러하다.

우리나라는 기소편의주의를 채택하고 있고, 검사의 기소유예 결정에 의해 일찍부터 다양한 다이버전 조치들을 취할 수 있는 큰 틀이 형성되어 있었으나, 그것을 이해관계인들이 상호예측 가능하도록 객관화한 절차규정이 완비되어 있지 않기 때문에 검찰의 호의와 기분에 좌우되는 경향이 높았다. 뿐만 아니라 때로는 무죄를 다투려는 피의자의 의지를 사전에 적당한 유인책으로 얼버무리는 도구로 오용될 소지도 없지 않았다.

전통적으로 탄핵주의 형사소송을 심화하기 위해 기소법정주의를 채택해 왔던 나라들의 경우, 다이버전 제도의 도입으로써 검사가 특정조건하에서 형사소송절차를 중지시킬 수 있는 가능성이 매우 넓어졌다. 다이버전 프로그램의 범위 안에서 개개 검사들에게는 이른바 법관 배후의 법관(Richter hinter dem Richter)으로서 법

53_ Walter, Wandlungen in der Reaktion auf Kriminalität, ZStW 95, 1983, S.32.

관에 준하는 법적 권한과 기능이 부여되기 때문이다.

그러므로 다이버전 제도가 검사의 권한으로 입법화된 형사소송절차 내에서는 어떤 외부의 정치적인 영향이나 그와 유사한 낌새가 감지되는 사건의 경우 검사가 마지못해 기소를 강행해야 하는 부담으로부터 벗어날 수 있는 길이 널리 확보되어 있다. 즉, 검사에게 법관의 권한과 유사하게 피의자에게 지시 또는 부담을 과하는 조건으로 그에 대한 절차종료를 선언할 수 있는 지위가 기소법정주의 하에서와는 비교할 수 없을 정도로 훨씬 넓게 승인된다.[54]

물론 종전에 학계에서는 다이버전 개념을 넓게 잡아 결과적으로 형벌을 회피하거나 대체할 수 있는 제도들, 이른바 무간섭(non-intervention) 원칙에 속하는 모든 조치들을 포괄하여 이 문제를 다루는 경향도 없지 않았다.[55] 하지만 각국의 입법례에서는 실제 학계의 광범위한 개념사용보다 이 개념을 수사절차에 국한하여 좁게 사용하는 경향이 있다.[56]

특히 독일·오스트리아의 최근 형사소송법 개정에서는 다이버전 조치들은 일정액의 금전지급, 사회봉사, 보호관찰, 원상회복 내지 피해자와의 화해와 연관시켜, 이 제한된 범위 안에서만 형사제재제도 내에서 절차적인 대안이 되도록 하고 있다.[57] 그럼에도 불구하고 독일·오스트리아 학자들 중에는 이 개념을 형법이론학

54_ Seiler, Strafprozessreform 2004, 2005, S.162 Rn. 685.

55_ Dölling, Diversion, in : Handwörterbuch der Kriminologie, 5. Bd. 1998, S.275; Müller-Dietz, Grundfragen des strafrechtlichen Sanktionssystems, 1979, S.53; Kury/Lerchenmüller(Hrsg.), diversion, Bd. 1, 2, 1981.

56_ Moos, Neue diversionsmaßnahmen im österreichischen Strafrecht, FS-Müller-Dietz, 2001, S.536f.

57_ Seiler, a.a.O., S.163f.; Moos, a.a.O., S.536.

의 패러다임 전환(Paradigmenwechsel der Strafrechtsdogmatik),[58] 형벌 없는 형사소송(Strafverfahren ohne Strafe)[59]이라고 지칭하는 이들도 있다.

뿐만 아니라 절차상으로도 몇 가지 기본전제하에서만 다이버전 조치가 취해질 수 있도록 입법적인 한계를 분명히 하고 있는 것이 통례이다. 이를테면 사실관계가 충분히 밝혀져 있는 상태하에서, 무혐의나 범죄불성립으로 인하여 불기소해야 할 경우나 경미한 사건이기 때문에 불기소처분해야 할 경우 및 여러 가지 범행에 대해 소송경제적인 이유로 일부 범죄를 불기소해야 할 경우에 해당하지 않으면서, 특별예방과 일반예방의 관점에서도 처벌의 필요성이 없다고 판단될 경우에 다이버전 조치를 취할 수 있도록 하고 있다.[60]

더 나아가 사물관할의 관점에서도 경범죄나 중범죄에 못 미치는 중간범죄에 한하여 이 조치는 내려질 수 있다. 따라서 피의자의 책임이 무거운 범죄이거나 참심재판의 관할권에 속하는 중범죄인 경우 그리고 사망의 결과가 초래된 사건인 경우에도 다이버전 조치는 제한된다.

이 같은 제한범위 내에서는 원칙적으로 모든 범죄, 심지어 법정형이 장기 5년 이내의 자유형인 경우까지도 다이버전 방법으로 소송절차를 종료시킬 수 있다. 특히 소년형사범의 경우에는 살인의 경우를 제외하고 검사가 우선적으로 다이버전 조치에 의한 사

58_ Schroll, Diversion als Ausdruck eines Paradigmenwechsels der Strafrechtsdogmatik, in : FS-Moos, 1997, S.259.

59_ Schroll, Strafverfahren ohne Strafe, diversion in Österreich, JRP 1997, S.44.

60_ 오스트리아 개정 형사소송법 제198조~제204조.

건종결을 위해 노력해야 한다.[61]

검사가 다이버전 방법에 의해 사건을 종결할 것인지의 여부는 원칙적으로 검사의 재량에 속한다. 뿐만 아니라 피의자에게도 이 방법에 의한 사건종결 여부에 대한 의사결정권이 주어진다. 그러므로 검사는 먼저 사안의 성격상 다이버전 방법에 의한 종결이 가능한 사건이라는 점을 피의자에게 알려주어야 하고, 피의자는 그와 같은 사실을 인식한 상태에서 사건을 법정으로 가져갈 것인지 아니면 수사절차에서 다이버전 조치를 받는 조건으로 사건을 마무리지을 것인지를 스스로 결정하고 의사를 표시해야 한다. 피의자의 동의는 바로 검사의 당해 다이버전 조치에 대한 필요조건이 된다.[62] 따라서 모든 다이버전 조치는 피의자의 자유의사 원칙을 전제하여야 한다.

법정에서의 다툼이 자신에게 유리할지 불리할지를 전문가적으로 판단하기 힘든 보통의 피의자들에게는, 검사의 다이버전 제안을 수용할지 여부를 자유롭게 판단하기 사실상 어렵다. 따라서 피의자에게 사전에 충분한 법률적인 조언이 제공되지 않는다면 자유의사의 원칙에도 불구하고 피의자의 자유의사는 의제되거나 가상의 자유의사일 수도 있다. 사안이 그다지 중대하지 않을 경우, 소송경제적인 이유로 피의자의 동의를 유도하여 다이버전 방식으로 사건을 종결할 위험은 실제 적지 않게 상존할 수 있다.

이 같은 위험으로부터 벗어나려면 다이버전 방식에 의한 사건종결의 경우에도 무죄추정의 원칙은 준수되어야만 한다. 그러므로 다이버전 방식에 의한 사건종결에 피의자가 동의했다 하더라도, 그 자체만으로 피의자가 자신의 유죄나 죄책을 인정한 것으로 평

61_ 오스트리아 소년재판소법 제7조.

62_ 이를 자유의사의 원칙(Prinzip der Freiwilligkeit)이라고 부른다.

가되어서는 안 된다. 이 점을 고려할 때, 다이버전 방식에 의한 사건종결과 우리 형사소송법의 기소유예처분은 일치될 수 없는 간극이 있음을 알 수 있다. 자백이나 죄책인정을 전제하지 않은 기소유예는 불가능하지만, 자백이나 죄책인정이 없는 상황에서도 소송절차상의 이해관계 합치와 통합 내지 사회화와 자기화의 관점에서 다이버전 방식에 의한 사건종결이 가능할 수 있기 때문이다.

따라서 제도적으로는 기소유예처분에서도 자백 없는 경우와 그것을 전제한 경우를 세분화하는 단계구별이 필요해 보인다. 즉 다이버전 방식에 피의자가 동의했기 때문에 죄책인정과 상관없이 사건을 종결하는 기소유예처분이 가능하도록 그 운용의 폭을 다양하게 세분화할 필요가 있다.

다이버전 프로그램을 형벌대안조치로 형사소송법에 규정하고 있는 입법례에서는 이 같은 조치가 범죄피해자의 이익을 침해하지 않도록 유의해야 하며, 최대한 피해자의 이익을 조장하는 방향으로 투입되어야 한다는 선언적 규정을 둔다.[63] 그러므로 피해자는 자신의 권리에 관한 설명을 들어야 하며, 또한 소추중지결정이 있기 전에 이에 관해 숙지할 수 있어야 한다. 더 나아가 당해 사건이 다이버전 방식에 의해 종결될 것이라는 점도 사전에 피해자에게 알려져야 한다.[64]

물론 이 같은 프로그램적 · 선언적 규정만으로는 피해자의 이익이 소송절차상 적절히 보호되기 어렵다. 실제 범죄인에게 부과된 다이버전 조치가 너무 가볍거나 그것이 피해자에게 충분한 원상회복이 될 수 없을 때라도 피해자가 검사를 대신해 보충적인 공소제기권한을 행사할 수는 없다. 공소권은 국가, 즉 검찰이 독점하

63_ 오스트리아 형사소송법 §206①.

64_ 오스트리아 형사소송법 §208④.

고 있기 때문이다. 심지어 피해자는 절차를 중지시키지 말고 소송으로 나가도록 요구하거나 법원에 검사의 다이버전 결정을 심사해 달라고 요구할 수 있는 권한을 갖고 있는 것도 아니다.

따라서 피해자의 이익, 특히 손해배상이나 위자료청구가 소송경제라는 차바퀴 밑에 아예 눌려버릴 위험이 높다. 친고죄나 반의사불벌죄가 아닌 일반범죄의 예에서 피해자가 사적인 참가자로서 가해자에 대해 정식 형사재판절차의 진행을 청구할 수 있는 가능성이 봉쇄되고, 검사가 가벼운 다이버전 조치로써 사건을 종결하는 것을 묵묵히 지켜볼 수밖에 없는 경우에는 피해자에게 참으로 가슴 아픈 경험이 될 것이다. 그러므로 다이버전 프로그램의 이 같은 한계를 극복할 수 있는 다른 방도들이 함께 고려되어야만 할 것이다.

2) 회복적 사법

가. 형사정책적 의의

1980년대 이후 형사사법제도에서 주목할 만한 이념적 변화의 틀은 '징벌적 사법'에서 '회복적 사법'으로의 패러다임 전환이라고 할 수 있다.[65] 응보와 징벌을 기조로 삼은 전통적인 징벌적 형사사법에 대한 회의론은 이미 서구에서 19세기 이후 전개되어 왔으나, 20세기 후반에 들어와 크게 3가지 방향으로 그 조류가 형성되었다.

첫째, 1960-70년대 자유형 집행을 제한하고, 일반예방목적보다는 특별예방목적에 우위를 둔 재사회화 형법, 사회재통합 형법의 사조였다.

둘째, 1980년대 이후 특별예방사조의 실효성에 의문이 일면

65_ 김일수, 범죄피해자론과 형법정책, 2010, 180면.

서 신고전주의적 경향이 등장했다.[66]

특히 북유럽 여러 나라를 중심으로 재사회화 프로그램 대신 응보와 형벌위하를 강화하는 대범죄투쟁에 관한 논의가 세력을 확장해 나갔다. 이 같은 경향을 징벌주의적 방향선회(punitive turn)라고 부른다.

범죄가 급증하고 사회적 안전망이 무너져 내려 사회적 불안이 깊어질 때마다 징벌주의(punitivism)는 되풀이된다. 마치 현대판 마녀사냥을 방불케 하는 범죄인 사냥이 형법의 확장(Strafrechtsexpansion)과 새디스틱한 처벌욕구(處罰慾求, Straflust)라는 사회적 조류를 타고 자행되기도 했다.

이 같은 현상을 범죄학자들은 형벌의 증폭(Anstieg der Strafe) 또는 형법의 르네상스(Renaissance des Strafrechts)로 해석하기도 한다.[67] 북미에서는 삼진법(three strikes and you're out), 메간법, 사라법, 줄리아니 뉴욕시장 시절 '깨어진 유리창이론'(broken window theory)에 따른 길거리 경찰방범망 강화조치 등도 이런 경향을 반영한 것이다.

셋째, 국가주도의 재사회화형법 대신 사회공동체 위주의 그리고 피해자 중심의 회복적 사법이념의 등장과 그 실천프로그램의 활성화이다.[68]

1970년대 이후 사회적 일탈행동에 대한 사회통제와 관련하여

66_ Eser/Cornils (Hrsg.), Neuere Tendenzen der Kriminalpolitik, 1987, S.15ff.

67_ 이에 관하여는 Kaiser, "Strafrecht und Kriminologie unter einem Dach" aus der Perspektive des Kriminologen, in: Sieber/Albrecht (Hrsg.), Strafrecht und Kriminologie unter einem Dach, 2006, S.70. 참조.

68_ 고비환, 형사조정제도의 문제점과 개선방향, 고려대 석사논문, 2010, 6면 이하.

사회과학과 법학 간에 학제적 공동작업이 활발해졌다. 그 결과 공식적・비공식적 사회통제에서 제도와 전략 그리고 제재수단 간에 상호교환과 택일의 가능성들이 이론적으로 규명되었다. 그리고 이것이 형법적 사회통제의 내부구조에도 변동을 가져왔다.

연구자들은 형사제재정책에서 보다 창조적이고 건설적인 대체수단을 통해 자유형을 대체하는 것이 적절해 보이는 아젠다들을 발굴해 냈다. 예컨대 사회봉사, 벌금형의 실효성에 대한 연구, 보호관찰부 유예처분제도 등이 그것이었다.[69]

더 나아가 연구자들은 다이버전 전략과 가해자-피해자 화해조정제도 및 사회공동체 친화적 범죄예방정책 등을 이론적 차원을 넘어 실무적인 차원에서 실험했고, 이를 입법화하는 데까지 밀고 나갔다. 이 같은 변화에서 중요한 포인트는 피해자의 관점과 공동체의 역할이었다.

따라서 이러한 일련의 변화들은 앞서 본 '강벌주의적 전환'(punitive turn)에 반해 '피해자학적 전환'(victimological turn)의 조류인 셈이다. 범죄학자들은 이를 '형법의 르네상스'에 대비해 형사정책에서 '피해자학의 르네상스'로 지칭하기도 한다.[70]

회복적 사법이 범죄에 대한 종래의 공식적・국가적 사회통제라는 시각에서 벗어나 범죄를 사회적 갈등의 일종으로 보고, 이에 대한 비공식적・공동체적 사회통제의 시각으로 접근하는 것은 형사정책 영역에서 일종의 패러다임 전환이라고 말해도 지나침은 없

69_ Weigend, Strafrecht und Zeitgeist, in: Sieber/Albrecht(Hrsg.), Strafrecht und Kriminologie unter einem Dach, 2006, S.64.

70_ H. Jung, The renaissance of the victim in criminal policy. A reconstruction of the German campaign, in: The criminological foundation of penal policy. Essays in honour of R. Hood, Oxford, 2003, p.443.

을 것이다.[71]

현대적 의미의 회복적 사법의 시행은 캐나다 온타리오 주의 키치너(Kitchner)에서 시작된 피해자-가해자 화해 프로그램(Victim-Offender Reconciliation Program: VORP) 또는 피해자-가해자 조정 프로그램(Victim-Offender Mediation Program: VOMP)에서 비롯되었다고 한다. 이는 우연찮게도 한 경건한 기독교인의 창조적 실험정신에서 발단된 것이었다.

즉, 1974년 온타리오 주 엘마이라(Elmira) 시의 메노나이트 교도이자 보호관찰관이었던 얀치(M. Yantzi)는 손괴행위에 대한 유죄답변을 행한 10대 후반의 두 비행청소년에 대한 양형조사서에서 이들이 피해자와 개인적인 접촉을 통해 문제를 해결할 수 있을 것이라는 소견을 피력했고, 이를 맥코넬(G. McConnel) 판사가 파격적으로 수용함으로써 시작되었다. 두 청소년에게 얀치 등 보호관찰관의 보호하에 피해자방문과 배상을 하도록 하는 결정을 내림으로써 유죄평결 후 형선고라는 전통적 형사재판형식에 대한 대안적 방식을 시행한 최초의 예가 되었다.[72]

이를 계기로 1975년 온타리오 주 메노나이트 중앙위원회와 주 교정국이 피해자-범죄자 화해프로그램에 관한 연구를 위하여 피해자-범죄자 화해프로젝트를 출범시켰고, 1976년 메노나이트 중앙위원회가 전국 차원으로 가해자지원 상담원을 임명함으로써 전국규모의 업무를 개시하였다.[73]

71_ 이에 관하여는 김일수, 앞의 책, 98면 이하 참조.

72_ 이것은 특히 학교폭력의 가해청소년에게 무관용원칙으로 대응해 왔던 엄벌주의 사법관행에 하나의 대안으로 시작해서, 점차 성인범죄 중 경범에까지 확대되었고, 최근에는 중범죄에 대해서도 확대 적용되는 추세이다. 이에 관해서는 H. Zehr, justice as restoration, justice as respect, 2011. 11. 한국형사정책연구원 초청강연 원고 1면 참조.

이에 영향을 받아 미국에서도 1976년 인디애나 주 엘카르트(Elkhart)의 메노나이트 교단을 통하여 피해자-범죄자 화해프로젝트가 도입되기 시작했고, 1978년 이 지역 보호관찰소에서 피해자-범죄자 화해프로젝트가 시행되었다. 그 후 메노나이트 교단활동과 펜실베이니아 주의 메노나이트 중앙위원회 형사사법부장 하워드 제어(Howard Jehr)의 노력으로 이 제도는 각종 시민단체로 확산되었고, 1980년대 말에는 미국 전역에서 피해자-가해자 화해프로그램이 실시되었다. 1980년대에 들어와 이 제도는 UN, 유럽연합 등의 국제기구를 통해 승인되었고, 1990년대에 접어들면서 뉴질랜드, 오스트레일리아, 영국을 넘어 프랑스, 독일, 오스트리아, 스위스 등 유럽대륙 각국에 다양한 형태로 확산되어 나갔다.[74]

뉴질랜드는 1989년「어린이, 청소년 및 그 가족에 관한 법」(The New Zealand Children, Young Persons and their Families Act of 1989)을 제정하여, 가족집단협의모델을 통해 소년범죄는 물론 성인범죄에 대해서도 회복적 사법절차를 적용하기 시작했다. 그 후 2002년에 이르러 형선고에 관한 법, 가석방에 관한 법, 피해자 권리에 관한 법을 제정하여 적합한 경우에 회복적 사법프로그램을 활용할 수 있게 입법조치를 취했다.[75] 오늘날 뉴질랜드에서는 모든 소년사건이 회복적 사법의 세례(洗禮)를 받는 실정이다.

오스트레일리아에서는 1991년 뉴사우스웨일즈의 와가(Wagga)

73_ 김성돈, 새로운 범죄대응전략으로서 화해조정체계구축(Ⅰ)－형사사법체계 내 형사조정제도 도입에 따른 법이론적 문제점 및 개선방안, 한국형사정책연구원, 2008. 12, 33면; 김용세, "회복적 사법의 개념과 발전과정," 새울법학 제5권 제2호 (2002), 115면 이하 참조.

74_ 이에 관한 상세한 소개는 고비환, 앞의 논문, 12면 이하 참조.

75_ 최윤수, "회복적 사법의 모델에 관한 연구," 관동대 사회과학논총 제8집 (2003), 245면.

에서 뉴질랜드의 청소년가족집단회의 모델을 도입·수정하여 지역경찰기법의 실험적 모델로 와가와가(Wagga Wagga)를 실시했다. 이것은 영국식 경찰제도를 갖고 있는 국민들에게서 사용된 공식적 경찰경고제도를 자연스럽게 확대한 것으로, 사적인 차원을 넘어선 공식적인 차원에서의 협의제도를 발전시킨 것이었다.[76]

영국에서는 1970년대 말부터 법원이 형벌을 선고하는 대신 중재자를 통한 피해자와 가해자 사이의 사죄와 피해배상에 관한 대화를 시도하는 제도를 실시하였다.[77] 그러나 영국에서 회복적 사법이 본격화한 것은 1997년 노동당 집권 이후이다. 즉 뉴질랜드와 오스트레일리아 등 영연방국가의 실험에 자극받아, 1999년 「범죄 및 무질서에 관한 법」(The Crime & Disorder Act 1998), 「소년사법과 형사증거법」(The Youth Justice & Criminal Evidence Act 1999)을 제정하면서 본격화된 것이다. 이에 따르면 청소년범죄자에 대하여 경찰이 경고를 내리기 전에 신설된 소년범죄팀(Youth Offender Team)에 회부하도록 하고, 이를 거친 경우에 법원이 배상명령(Compensation Order) 등을 내릴 수 있게 하였다.

유럽대륙 여러 나라에서는 1990년대에 들어와 프랑스, 독일, 오스트리아, 스위스 등을 필두로 거의 모든 나라들이 이 제도를 입법화하여 시행하고 있다.[78] 물론 영미 여러 나라의 경우에는 이론적 측면에서 회복적 사법이란 용어는 1977년 앨버트 이글래쉬(Albert Eglash)가 사법모델을 3가지 유형으로 나누어 ① 전통적인

76_ 김성돈, 앞의 책, 271면; 최윤수, 앞의 논문, 246면; 고비환, 앞의 논문, 13면.

77_ 양경규, "형사상 화해·조정제도에 관한 연구," 한국경찰연구 제7권 제4호 (2008), 194면.

78_ 이에 관하여는 고비환, 앞의 논문, 14면 이하 참고.

형벌에 기초한 응보사법(retributive Justice), ② 범죄자의 치료적 처우에 기초한 배분적 사법(distributive Justice), ③ 피해원상회복에 기초한 회복적 사법(restorative Justice)으로 분류한 데서 그 기원을 찾을 수 있다. 그 후 영국의 범죄학자 토니 마샬(Tony Marshall)은 "회복적 사법이란 특정범죄에 이해관계를 가진 모든 당사자가 그 범죄가 미친 영향 및 그 범죄가 장래에 대해 갖고 있는 함의를 어떻게 다룰 것인가 하는 문제를 집단적으로 해결하기 위해 함께 모이는 절차"라고 정의한 바 있다. 실제 회복적 사법의 실용화에 앞장섰던 미국의 하워드 제어(Howard Jehr)는 "회복적 사법은 치유하고 잘못을 바로잡기 위해 특정한 범죄에 이해관계를 가진 가능한 한 많은 사람을 포함시키고 집단적으로 피해와 배상요구와 배상책임을 확인하는 절차"라고 정의했다.

이 같은 개념에서 핵심적인 요소는 첫째, 범죄로 인한 피해의 회복, 둘째, 자발적 참여와 자율적 대화, 셋째, 지역공동체의 조정자로서의 역할, 넷째, 갈등의 해소 등이다.[79]

그 밖에도 회복적 사법과 기존 형사사법체계와의 관계에 관해서도 다양한 관점들이 제시되고 있다. 회복적 사법의 독자성을 중시하는 순수모델과 회복적 사법과 기존 형사사법체계의 조화를 꾀하는 통합모델로 우선 대별된다. 순수모델은 회복적 사법을 자발성과 비정형성에 두고, 이 원칙들을 고수해 나가려는 입장이다. 통합모델은 회복적 사법의 앞에서 본 특성을 인정하지만, 이 원칙들

79_ 물론 논자에 따라 강조점에 차이가 있을 수 있다. 이호중, "한국의 형사사법과 회복적 사법－과거, 현재 그리고 미래," 형사법연구 제19권 제3호 (2007), 379면; 김성돈, "형사사법과 회복적 사법," 성균관법학 제17권 제1호 (2005), 411면; 이진국, "회복적 사법과 형사사법의 관계에 관한 소고," 피해자학연구 제14권 제2호 (2006), 73면; 김용세, "형사제재시스템과 회복적 사법," 형사법연구 제23호 (2005), 229면.

은 국가의 기존 형사사법체계와의 조화를 위해 완화되어야 한다는 입장이다.

순수모형 중에는 다시 회복적 사법으로써 기존의 형사사법체계를 폐지하거나 완전히 대체해야 한다는 급진적인 폐지주의(abolitionism)와 기존의 형사사법을 완전히 대체하는 것은 불가능하다는 현실인식하에 회복적 사법을 기존의 형사사법체계와 분리하되 이를 우선적으로 적용하는 체계를 구성하자는 회복적 사법우선적용론으로 나뉜다.

폐지주의는 기존의 형사사법체계에서 구금 내지 자유형 제재를 대신하여 인간적이고 비사법적인 절차를 투입하여 당사자간의 갈등해결을 강조한다. 닐 크리스티(Nil Christie), 캔터(Cantor), 제어(Zehr) 같은 사람들이 이 진영에 속한다. 이들은 비공식적 갈등해결방안 내지 민사소송과 같은 문제해결방식 또는 징벌적 손해배상(중과실이나 고의범의 경우) 등의 방식으로 범죄로 야기된 당사자간 갈등문제를 해결할 것을 주장한다. 하지만 이에 대하여는 미래의 범죄예방에 대해 너무 낙관적인 태도라는 비판, 범죄는 단지 피해자 개인만의 문제가 아니라 지역공동체 내지 시민사회 전체의 법적 평화의 교란이라는 점을 간과하고 있다는 비판이 제기되기도 한다.

분리주의는 구금과 자유형을 중심으로 하는 기존의 형사사법과 회복적 사법은 그 핵심적 원칙과 작동방식이 다르기 때문에 양자는 끊임없는 관할경쟁의 긴장관계 속에 있으며, 기존의 형사사법이 작동하고 있는 현실에서는 회복적 사법이 보충적으로 운용될 수밖에 없다는 사실을 인정한다. 따라서 회복적 사법이 기존 형사사법절차에 다이버전의 일환으로 결합할 수밖에 없지만, 그럼에도 그 결합방식에서는 회복적 사법의 관할우위에 따른 의무적 관할이

양을 주장한다. 즉 회복적 사법프로그램을 의무적으로 선행시키고, 당사자간 합의에 의해 그것이 성공적으로 이루어지면 기소유예나 양형상 형벌감면효과를 부여한다는 것이다.[80]

하지만 이 입장에 대해서도 비판의 목소리가 없지 않다. 회복적 사법이 자발적으로 해결할 수 없는 중범죄유형이 있음에도 회복적 사법의 우선적용을 일반화하려는 시도는 현실적인 한계를 간과한 것으로서, 오히려 이 제도를 형사사법의 액세서리로 전락시킬 위험조차 내포하고 있다는 비판이 제기되기도 한다.[81]

이에 비해, 통합모형 중에는 다시 부분적 통합주의와 전면적 통합주의의 관점이 갈린다. 전자의 관점은 회복적 사법절차가 기존의 형사사법과의 관계에서 다이버전으로 작용하게 하려는 점에서는 분리주의와 유사하나, 형사사법기관이 주어진 사건의 처리에서 회복적 개입을 구체화할 방안을 법률로 규정함으로써, 결과적으로 회복적 사법을 형사사법의 보충적 기능을 지닌 일부로 통합하려는 입장이다. 범죄로 인한 갈등을 단순히 당사자들만의 게임에 내맡긴다면 범죄를 통제해야 할 임무를 지고 있는 국가의 의무를 저버리는 것이고, 비공식적 갈등해소에만 치우치다 보면 법치국가적 형법의 정형화 요구를 벗어날 수도 있어, 범죄가 국가적·사회적 문제가 아닌 단지 사적 문제로 변질될 우려도 있다는 점 때문이다.[82]

전면적 통합주의는 기존의 형사사법 문제점을 개혁하고 회복

80_ 이호중, 앞의 논문, 313면; 신관우, "형사법상 회복적 사법의 적용과 한계," 인권복지연구 제5호 (2009), 115면.

81_ 김성돈, 앞의 책, 105면 이하.

82_ 김용세, "한국의 형사법체제와 회복적 사법," 형사법연구 제20권 (2003), 355면; 이진국, "회복적 사법과 형사사법의 관계에 관한 소고," 앞의 책, 79면 이하.

적 사법의 실천범위를 확산시키기 위해 기존 형사사법체계를 회복적 사법의 원칙과 가치에 가능한 한 일치하도록 재구성해야 한다는 입장이다. 부분적 통합주의가 회복적 사법절차의 순수성을 어느 정도 유지하기 위해 자율적인 문제해결의 원칙을 고수하고, 회복적 간섭을 정당화할 수 있는 대상범죄사건을 제한하는 방식을 취하는 데 비해, 전면적 통합주의는 회복적 결과에 초점을 맞추어 자율적 문제해결의 가능성이 희박한 경우라도 국가가 강제적으로 회복적 결과물을 도출할 수 있는 가능성을 열어놓아야 한다는 입장이다.[83] 그러나 이 같은 입장을 고수하면 피해원상회복이나 형사조정을 형벌의 일종으로 구성하지 않을 수 없고, 그렇게 되면 민사적 불법과 형사적 불법의 질적 차이가 붕괴되어 형법의 사법(私法)화가 일어난다는 비판에 직면하게 된다.[84]

생각건대, 범죄는 형사적 불법으로서 민사적 불법에 비해 질적으로 가중된 불법이다. 따라서 민사적 불법에는 사회윤리적 비난이 가해지지 않으나 형사적 불법에는 공적인 사법절차를 통한 사회윤리적 비난이 가해진다. 한때 '비난 없는 형벌'을 착안한 학자들이 민·형사적 불법을 민사책임법으로 통합해야 한다는 주장을 편 적이 있었으나,[85] 그와 같은 주장은 책임원칙의 형벌제한적 기능을 오히려 약화시키고, 결과적으로는 법적 안정성을 해할 우려도 없지 않다.

결론적으로 회복적 사법은 기존의 형사사법체계의 보충적 수

83_ 김성돈, "범죄피해자 보호·지원을 위한 회복적 패러다임의 실천방안," 피해자학연구 제16권 제1호 (2008), 21면.

84_ 김용세, 앞의 논문, 356면.

85_ Ellscheid/Hassemer, Strafe ohne Vorwurf, in: Lüderssem/Sack (Hrsg.), Abweichendes Verhalten, Bd. Ⅱ, 1975, S.266f.

단으로서, 형사사법체계의 경직성을 완화하여 법적 평화를 실현하는 데 기여하는 제한된 기능만을 갖는 것으로 파악해야 할 것이다. 이런 관점에서 보면 현실적으로 부분적 통합주의 모델이 실용가능성이 더 높은 합리적 착상이라고 할 것이다.[86]

다이버전 프로그램이나 회복적 사법프로그램은 굳이 처벌에 의존하지 않고서도 형법실현의 최종목표, 즉 평화로운 공동생활의 질서유지에 도달할 수 있는 대체수단 또는 화해프로그램을 도입하여, 공식적인 유죄선언을 통하지 않고, 범죄문제로 야기된 법익질서의 평온을 회복시키는 방안이다. 그것은 사적 차원에서도 추진될 수 있는 일이지만, 형사소송절차과정의 일부로 공식화할 때, 국가의 범죄통제임무와 법익평온상태 유지임무를 동시에 충족시킬 수 있을 것이다.[87]

나. 피해원상회복제도

1980년대 이후 형사사법제도의 이념적 변화의 틀은 '징벌적 사법'에서 '회복적 사법'으로의 패러다임 전환이라고 할 수 있다. 회복적 사법에서는 피해원상회복(victim restitution)과 가해자-피해자 화해(Täter-Opfer-Ausgleich) 같은 제도가 논의의 중심에 섰다.

피해원상회복은 범죄피해자가 입은 손해를 가해자가 복구하거나 회복시켜 주도록 하는 형사제재제도이다. 물론 이 같은 손해전보는 물질적 방법과 비물질적 방법으로 가능하고, 개인적 법익을 침해하는 범죄에서는 직접 범죄피해자 개인 또는 가족에게, 비

86_ 고비환, 앞의 논문, 34면.

87_ 여기에는 물론 형벌필요성 내지 공식적·비공식적 사회통제에 의한 범죄통제의 효율성 등과 같은 다른 형법정책적, 형사정책적, 그리고 형사소송법정책적 고려가 작용할 수 있다.

개인적 법익을 침해하는 범죄에서는 공익봉사나 기부금출연과 같은 사회공동체에 대한 상징적 방법으로도 가능하다.[88]

원상회복에서 중요한 점은 형사절차 속에서 과해지는 부담의 일종이긴 하지만 가해자의 적극적인 참여로 인한 범죄피해의 회복이라는 점에서 국가가 범죄피해자를 부조하는 공적 범죄피해보상이나 범죄피해자구조 제도와 구별된다.[89] 또한 형사적 제재의 일종이라는 점에서 민사적인 손해배상과도 구별된다.

물론 원상회복이 독립된 형벌로서의 의미를 지니느냐, 아니면 형벌(제1원)과 보안처분(제2원) 이외의 제3의 제재제도로서 제3원으로 볼 것이냐에 관해서는 학자들의 견해가 일치하지 않는다. 원상회복이 형사사법에서 형사사법 제재수단의 하나로 부과된다는 점을 들어 형벌의 속성을 지닌 특별한 양태의 새로운 형벌이라고 한다면 '회복적 사법'으로서의 의미는 실종될 수밖에 없다. 그렇다면 원상회복을 '전통적인 형벌목적에 기여할 수 있고 또 일정한 정도로 형벌을 대체하거나 형벌을 완화하는 독자적 형태의 처분'으로 이해하는 것이 무난할 것이다.[90] 이렇게 보면, 원상회복 노력을 우선하고 그 성과에 따라 형벌을 배제함으로써 형벌의 최후수단성을 유지할 수 있고, 또한 원상회복제도를 꼭 필요한 사건에 제한적

88_ 김일수, "형사상 원상회복제도의 형사정책적 기능과 효용에 관한 연구," 성곡논총 (1990), 579면 이하; 하태훈, "범죄피해자의 형사절차상의 지위와 권리," 안암법학 제1권 (1993), 310면 이하; 이호중, "형법상의 원상회복," 형사법연구 제12호 (1999), 307면 이하; 이진국, "독일형법의 제재체계상 상징적 원상회복," 비교형사법연구 제2권 (2000), 253면 이하; 정승환, "폐지주의의 형사정책적 의미," 고려법학 제55권 (2010), 159면 이하 참조.

89_ 헌법 제30조의 기본권을 구체화한 1988년 범죄피해자구조법 참조.

90_ Roxin, Die Wiedergutmachung im System der Strafzwecke, in: Schöch(Hrsg.), Wiedergutmachung und Strafrecht, 1987, S.43.

으로 활용함으로써 보충성의 원칙도 지킬 수 있다.

독일은 1975년 형법 개정시부터 집행유예의 조건으로 범인이 범죄피해를 원상회복하기 위한 노력을 기울였을 때, 이를 고려하도록 했었다(§56② StGB). 그러나 이에서 한발 더 나아가 1990년대초 형법개정법률을 통해 범죄자-피해자 화해와 원상회복을 임의적인 형벌감면사유로 만들었다(§46a StGB).

우리나라 형법상으로 원상회복제도는 아직 형사제재제도 속으로 발을 붙이지 못하고 있는 실정이다. 그러나 1992년 법무부 형법개정안 제63조 제1항은 "형의 집행을 유예하는 경우에는 보호관찰을 받을 것을 명하거나 사회봉사 또는 수강을 명할 수 있다"는 안을 담고 있었다. 그 후 1995.12.29.자 형법 일부개정작업에서 제62조의2, 즉 "형의 집행을 유예하는 경우에는 보호관찰을 받을 것을 명하거나 사회봉사 또는 수강을 명할 수 있다"가 신설되어 지금까지 시행되고 있다.

현재 한창 진행 중인 법무부 형법개정시안은 이에서 한발 더 나아가 시안 제58조 제1항에 "형의 집행을 유예하는 경우에는 보호관찰, 사회봉사, 수강, 치료 또는 피해회복을 명할 수 있다"는 내용을 담고 있다. 계획대로 형법 개정작업이 잘 마무리되면 우리나라에서도 피해원상회복제도가 드디어 형사제재제도 속으로 발판을 마련하는 계기가 될 것으로 전망된다.

물론 피해원상회복제도의 형사제재제도 편입에 대해서는 ① 민법과 형법의 전통적인 구별, ② 피고인의 법적 지위에 대한 경제적인 부담 가중, ③ 형사사법의 통제그물망을 밑바닥의 경미범죄에까지 저인망식으로 훑게 될 위험, ④ 양형의 기초로서 책임확정과 양형의 구별을 와해시킬 위험 등이 제기되기도 한다.[91]

그러나 형법정책적으로 간과할 수 없는 원상회복제도의 의미는 그것이 가해자와 피해자의 관계개선에 적극 기여함으로써 범죄인의 재사회화와 피해자의 재사회화를 함께 도모할 뿐만 아니라 물질적 · 정신적 손해의 회복노력과 그를 받아들이는 피해자의 법감정 만족, 이를 긍정적으로 평가하는 형사사법제도를 통해 종국적으로 법의 평화를 위한 사회심리적 안정화 단계에 이르러 갈 수 있다는 점이다.[92]

다. 가해자(범죄자)-피해자 화해제도

가해자(범죄자)-피해자 화해제도는 용어의 사용례에 따라 가해자-피해자 조정제도 또는 형사화해제도, 형사조정제도 등으로도 불리운다. 민사법에서 발달한 조정제도는 주로 물질적 손실부담에 중점을 둔다는 점에서, 정신적 · 상징적인 의미의 화해까지 포함하는 형사상의 이 제도를 가해자-피해자 화해제도로 부르는 경향이 많다.[93]

가해자-피해자 화해(Täter-Opfer-Ausgleich)는 범죄로 발생한 또는 범죄라는 형태의 가해자-피해자 간의 사회적 갈등을 화해로 해결하려는 형사제재제도의 한 양태이다:

범죄자의 입장에서는 행위결과에 대한 자발적이고 능동적인 책임감수와 그에 대한 성의 있는 보상을 통해 범죄로 인해 침해된

91_ Albrecht, Strafrechtsverfremdende Schattenjustiz. Zehn Thesen zum Täter-Opfer-Ausgleich, FS-Schüler-Springorum zum 65. Geburtstag, 1993, 83f.

92_ 이에 관하여는 특히 Beste, Schadenswiedergutmachung - ein Fall für zwei?, in : KJ, 1986, S.174; Plack, Plädoyer für die Abschaffung des Strafrechts, 1974, S.323ff.: Müller-Dietz, Täter-Opfer-Ausgleich im Strafprozess aus der Sicht des Strafrichters, in : Katholische Akademie Trier(Hrsg.), Straffälligkeit und Wiedergutmachung, 1980, S.78 참조.

93_ 이에 관하여는 정승환, 앞의 글, 178면 주55 참조.

규범의 권위를 회복하고, 사회에 재통합될 수 있는 기회를 전통적인 제재방법 이외의 방도를 통해 얻는다는 의미가 있다. 일종의 다이버전인 셈이다.

피해자의 입장에서는 가해자의 솔직한 책임인정을 확인하고 그 피해보상 노력을 받아들임으로써, 손상된 법감정의 만족을 얻을 수 있고, 범죄문제로 야기된 갈등상황을 종식시킴으로써 피해자 스스로도 재사회화의 지평으로 나아간다는 의미가 있다.

이 같은 양자의 입장은 바로 사회통합이라는 적극적 일반예방 목적의 성취에서 합치할 뿐만 아니라, 회복적 사법 이념의 실현에서도 합력하는 일이 된다.

이미 앞서 언급한 바와 같이 가해자-피해자 화해제도는 피해원상회복제도와 많은 부분 일치하고 있고, 독일의 입법례를 보더라도 양자는 비록 용어만 다를 뿐 동일한 법효과에 이르는 유사한 제도로 취급되고 있다. 양자는 범죄라는 사회적 갈등문제의 해소에서 전래적인 형사제재의 방법이 아닌 우회적 수단을 동원한다는 점에서 그리고 어떤 방식으로든 가해자측으로부터 피해자의 물질적 · 인격적 · 정신적 손해를 회복시키려는 노력을 전제한다는 점에서 공통점을 갖는다.

그러나 가해자-피해자 화해는 극단의 경우 가해자의 물질적 보상 없이도 정신적 사랑 그리고 화해에 이를 수 있다는 점에서 모종의 물질적 보상이나 상징적인 출연을 전제로 하는 원상회복과 구별될 수 있다. 가해자-피해자 화해에서 원상회복은 화해의 중요한 통로가 될 수 있지만, 그것을 대신하거나 의제될 수 없다는 점도 양자 사이의 간극과 긴장관계를 말해주는 대목이다.

가해자-피해자 화해제도에 대해서는 수사기관, 특히 검찰에서 '법관 앞의 법관'이 되어, 사건을 화해로써 종결시킴으로써 '법관에 의한 재판을 받을 권리'를 침해한다거나, 무죄추정의 원칙을 교란시킴으로써 법치국가적 형사절차를 침식시킬 우려가 제기되기도 한다.[94] 하지만 법관에 의해 재판을 받을 권리는 피고인에게 유리하게 작용하는 한 기본권 보장 취지와 아무런 충돌이 일어나지 않는다는 점에서 기우에 불과하다. 또한 무죄추정의 원칙도 형사화해제도가 특히 범죄인의 솔직한 책임인정과 능동적 후회에 기초하여 피해자의 용서를 구하는 데서 출발한다는 점, 피해자가 가해자의 용서 바람을 자율적으로 수용하여 화해의 악수를 건넨다는 점을 고려할 때, 결코 기우에 지나지 않는 것으로 보인다.

한편 가해자-피해자 화해제도의 확대가 종전 같으면 기소유예나 선고유예로 끝날 사안인데도 이 같은 유예제도의 부담부 조건으로 작동할 수 있어 결과적으로 종전보다 '통제그물망의 확대'를 낳는다는 우려도 제기되고 있다.[95] 하지만 이 같은 지적도 일면적인 고찰에 치우쳤다는 비판에서 벗어나기 힘들어 보인다. 유예제도는 형사제재제도의 제3원이라 일컬어질 만큼, 자유형 대체수단으로 널리 주목받고 있다. 하지만 사회내처우의 실효성 관점에서 유예제도에는 새로운 부담부 처분들이 추가되는 추세에 있고, 이 같은 제재효과 때문에 오히려 종전에는 단기자유형이나 자유형의 실형을 선고할 수밖에 없었던 사건도 유예형으로 처단할 수 있어, 실질적으로는 통제그물의 완화라고 볼 측면도 있기 때문이다.

아직 우리나라의 제재제도 속에는 형사화해제도가 입법화되

94_ Rössner, Wiedergutmachung statt übervergelten, in: Marks/Rössner (Hrsg.), Täter-Opfer-Ausgleich. Vom zwischenmenschlichen Weg zur Wiederherstellung des Rechtsfriedens, 1989, S.95f.; 정승환, 앞의 글, 183면 참조.

95_ Frehsee, Schadenswiedergutmachung als Instrument strafrechtlicher Sozialkontrolle, 1987, S.153f.

지 않았지만 독일의 예를 따를 때, 기소유예 또는 집행유예의 조건 내지 독립된 임의적 감면사유로서 입법화된다면, 비교적 경미한 교통범죄의 문제해결에 유용한 법적 도구가 될 수 있을 것으로 기대된다. 아직 법적 제도장치가 마련되어 있지 않지만, 이미 우리나라에서도 형사사법의 실제에서 비공식적으로 '합의' 또는 '형사조정절차' 등의 이름으로 형사화해제도는 널리 활용되고 있는 실정이다. 이들 비공식적인 제도를 공식적인 제도로 법제화함으로써 제도운영의 투명성과 객관성을 높이고, 특별예방 및 사회통합적 예방기능의 충족도도 높일 수 있도록 하는 것이 형법정책의 시급한 과제 중 하나이다.

라. 형사조정제도

형사조정은 범죄로 인한 갈등을 해소하기 위해 제3자가 형사사건의 당사자를 중재하고 쌍방의 주장을 절충하여 화해에 이르도록 조력하는 제도이다. 이는 형사화해제도를 절차적으로 실현하기 위한 형사소송상의 제도이다.[96]

독일 형사소송법 §155a는 "검찰과 법원은 절차의 모든 단계에서 피의자・피고인과 피해자 사이에 화해에 도달할 수 있는 가능성이 있는지를 검토하여야 한다. 검찰과 법원은 가장 적절한 사안에서는 당사자 간에 화해에 이르러 가도록 활동해야 한다. 피해자의 명시적인 의사에 반하여 그 적절성이 인정되어서는 안 된다"라고 하여 이 제도의 기본원칙을 정했다.

뒤이어 §155b는 「범죄자-피해자 화해」라는 표제 아래 "검찰

96_ 조균석, "회복적 사법과 관련한 최근의 실무동향," 정성진박사 고희기념논문집, 2010, 393면; 송길룡, "형사조정제도의 새로운 이해," 법조 제608호(2007), 139면.

과 법원은 범죄자-피해자 화해 또는 원상회복의 목적을 위해 이 제도의 이행을 수임받은 기관의 하나에게 직권 또는 그 기관의 신청으로 그에 필요한 일신(一身) 관련정보를 제공할 수 있다. 서류는 정보의 분산이 비교할 수 없을 정도로 시간낭비를 가져올 때에 한하여 그 열람을 위해 수임받은 기관에 송부될 수 있다. 만약 수임받은 기관이 공기관이 아닐 경우에는 그에게 교부된 정보들은 단지 범죄자-피해자 화해 또는 원상회복의 목적으로만 사용될 수 있음을 고지해 주어야 한다"는 등의 상세한 절차와 주의규정을 담고 있다.

우리나라는 검찰의 내부지침에 따라 2006.4.부터 대전지검, 인천지검, 부천지청, 2006.5.부터 서울남부지검에서 형사조정제도를 시범실시한 후, 2007.8.부터 전국 검찰청에 확대시행하고 있다. 형사조정은 처음에는 범죄피해자지원센터 안에 설치된 형사조정위원회에서 담당했으나, 피해자지원기관이 일방 쪽에 서 있어 공정성에 의문이 있다는 지적에 따라 2009.11.부터 형사조정위원회의 소속을 해당 검찰청, 즉 각급 지방검찰청 및 동 지청으로 변경하였다. 검찰의 형사조정제도는 2010.5.14. 「범죄피해자보호법」의 개정으로 동법 제6장에 신설되었으며, 이로써 우리나라도 형사조정제도를 법적인 제도로 활용할 수 있게 된 셈이다.

이 개정법률에 따르면 검사는 피의자와 범죄피해자 사이에 형사분쟁을 공정하고 원만하게 해결하여 범죄피해자가 입은 피해를 실질적으로 회복하는 데 필요하다고 인정되면, 당사자의 신청 또는 직권으로 수사 중인 형사사건을 형사조정에 회부할 수 있다(동법 제41조 제1항).

형사조정에 회부할 수 있는 사건의 구체적인 범위는 대통령령으로 정하게 되어 있으나(동조 제2항 본문), 현재 개인간 금전거래로 인해 발생한 분쟁과 관련된 사기·횡령·배임 등 재산범죄나 명예훼손·의료분쟁·임금체불 등 사적 분쟁에 관한 고소사건이나 그 밖에 형사조정에 회부하는 것이 분쟁해결에 적합하다고 판단되는 고소 또는 일반 형사사건을 대상으로 한다. 다만 피의자가 도주하거나 증거를 인멸할 염려가 있는 경우, 공소시효의 완성이 임박한 경우, 불기소처분의 사유에 해당함이 명백한 경우(단, 기소유예처분사유에 해당할 경우는 제외)에는 형사조정에 회부해서는 안 된다(동항 단서).

형사조정이 회부되면 형사조정위원회는 지체없이 형사조정절차를 진행하여야 한다(동법 제43조 제2항). 현재 실무적으로는 검사가 사안의 경중, 혐의의 유무 등을 고려하여 당해사건을 형사조정에 의뢰할 것인지 여부를 결정하고, 당사자가 동의하는 경우에 형사조정에 회부한다(형사조정실무운용지침 제2조). 비록 당사자의 동의가 법률상 요건으로 규정되어 있지는 않지만, 당사자의 동의 없는 형사조정은 성립하기 어렵고, 회복적 사법이념은 당사자 간의 의사합치를 전제로 하는 점에 비추어 보면 현행 실무관행도 일리가 있어 보인다.[97]

독일 형사소송법(§155a)상 형사화해절차의 기본원칙은 당사자의 명시적인 의사를 중시하고 있다. 당사자의 명시적인 의사에 반하지 않으면 비록 동의가 없더라도 형사조정절차를 진행시키는 것은 무리가 아니다.

형사조정을 실시하고 조정이 성립하면 그 결과를 서면으로 작성하고(동법 제45조 제1항), 형사조정에 회부한 검사에게 이를 송부하여야 한다(동조 제3항). 형사조정위원회는 조정과정에서 증거위

97_ 조균석, 앞의 글, 394면.

조나 허위진술 등의 사유로 명백히 혐의가 없는 것으로 인정되는 경우 조정을 중단하고 담당검사에게 회송하여야 한다(동조 제2항).

우리나라에서 형사조정제도가 검찰에서 처음 시행된 후 지난 4년간 양적으로 크게 건수가 늘었을 뿐만 아니라 당사자의 만족도도 높게 나타나고 있는 실정이다.[98] 그런데 법원의 형사재판단계에서 이와 같은 형사화해·조정제도가 법률상 제도화되어 있지 않은 것은 앞으로 해결해야 할 형사소송정책의 과제라고 생각한다. 다만 민사상 다툼에 관한 형사소송절차에서의 재산상 화해(소송촉진 등에 관한 특례법 제36조 제1항), 소년법상의 화해권고(소년법 제25조의3 제1항)는 앞으로 형사재판절차에서 형사조정제도의 방향을 제시하는 방향타가 될 수 있으리라 기대한다.

어쨌거나 이 같은 형사조정제도가 앞으로 교통형법분야에서 교통범죄로 야기된 가해자-피해자간 갈등을 해소하는 데 적극 기여할 수 있겠다는 전망도 가능하다. 즉 교통범죄에 관하여는 검찰 또는 법원 모두 교통범죄에 대한 형사사법절차의 진행단계에 따라, 피해자가 입은 피해를 실질적으로 회복하고 분쟁을 원만히 해결하는 데 필요하다면 당사자의 명백한 반대의견이 없는 경우라면 형사조정절차에 회부할 수 있도록 해야 한다.

더 나아가 교통범죄의 가해자와 피해자도 교통범죄의 형사사법처리절차의 각 진행단계에 따라 검사 또는 법원에 그 사건의 형사조정에의 회부를 요청할 수 있는 길도 열어놓아야 할 것으로 보인다. 이 같은 제도를 잘 활용하면 교통범죄 처리에 드는 공식적인 형사절차상의 업무부담도 줄일 수 있고, 가해자와 피해자의 화해를 기초로 한 사회적 통합 및 가해자의 재사회화와 피해자의 재사

98_ 조균석, 앞의 글, 396면.

회화라는 적극적인 특별예방 목적도 실현할 수 있기 때문이다.[99]

(3) 유예제도

1) 유예제도의 의미

자유형의 대체수단으로 일찍부터 도입된 제도가 형의 선고유예와 집행유예이다. 하지만 제재제도의 전체구조 속에서 사회내처우를 위해 유예제도가 갖는 의미는 독특하다. 그 의미를 찾자면 먼저 형법의 이원주의(Zweispurigkeit des Strafrechts)의 틀부터 살펴보는 것이 순리이다.

주지하는 바와 같이 형사제재수단으로 형벌과 보안처분이 병존하는 제도를 일컬어 형법의 이원주의라고 부른다. 형벌은 과거에 저질러진 범행과 행위책임에 의존하지만, 보안처분은 범행 속에 표현된 행위자의 장래 위험성에 입각하여 과해지는 책임과는 무관한 제재수단이다. 형벌은 비난작용과 위해작용을 본질요소로 함에 반해, 보안처분은 비난작용 없이 단지 위해작용만을 갖는 것도 바로 이 때문이다.

형벌은 인간의 자유의사에 기초한 책임을 전제한 것이다. 또한 죄형균형사상에 입각한 책임원칙이 법치국가적 자유보장원리로서 형법이론의 기초를 이루어왔다. 그러나 형벌의 본질을 응보적인 책임상쇄에 둠으로써 변동된 사회의 새로운 범죄양상에 대한 방위책으로 만능일 수 없었다.

다시 말해서, 사회구조의 공업화·도시화에 따라 범죄의 질과 양에 급격한 변화가 일어났고, 누범·상습범의 격증으로 인해

99_ 김일수, 범죄피해자론과 형법정책, 세창출판사, 2010, 194면.

응보적 책임형벌만으로 이에 적절히 대처해 나갈 수 없었다. 또한 책임능력이 없는 정신병질환자의 사회적 위험성에 대해 사회방위를 위한 합목적적 강제조치는 필요불가결한 요청이 되었다. 더욱이 알코올·마약중독자와 같이 형벌의 개선효과나 위하효과가 잘 먹혀들지 않는 사람들에 대한 새로운 위험제거수단이 필요해졌다.

현존하는 행위자의 위험성으로부터 사회를 방위하기 위해서는 행위책임에 기초한 형벌 이외의 다른 합목적적 제재수단이 불가피해졌다. 이에 부응한 일련의 강제조치가 바로 보안처분이다. 요컨대 보안처분은 전통적인 개인주의적 책임이론이나 응보적 형벌관념이 현실적으로 범죄예방 및 진압에 한계를 드러내자 이에 대한 보완책으로 형법의 영역에 들어온 것이다.

유예제도의 법적 성격에 관하여 종래부터 형벌과 보안처분이 함께 공존하는 고유한 종류의 법효과라는 견해가 지배적이었다. 선고유예는 결과적으로 공소기각이나 형의 면제판결에 유사한 형벌대체수단이다. 부담부조건으로 보호관찰제도 외에 사회봉사명령이나 수강명령제도까지 도입한 현행 개정형법상 집행유예는 종전보다 보안처분의 성격이 더 강화되었다고 할 수 있다.[100]

본래 유예제도는 형벌 그 자체가 아니며 자유형의 대체수단이라는 성격이 강한 제재수단이다. 선고유예는 기술적인 의미에서 형벌도 보안처분도 아닌 독자적인 제3의 형사제재수단이다. 선고유예의 법적 성질에 관하여는 예컨대 형벌과 유사한 종류의 형사법적 제재, 보안처분과 유사한 성격을 띤 고유한 종류의 형법적 제재수단, 소년법의 징계수단과 비교될 수 있는 것, 자유형에 제한된 집행유예의 보완, 고유한 종류의 법제도, 집행유예와 형면제의 중

100_ 그러나 이 부담부조건은 집행유예의 재사회화 목적을 위한 실효성 있는 방법일 뿐 집행유예의 본질적 요소는 아니다.

간에 위치한 법제도, 제3원과 가장 유사한 것 등 다양하게 거론되고 있기 때문이다.

현행 집행유예제도는 일반예방적 관점에서 형집행의 필요가 없고 특별예방적 관점에서 형벌완화가 필요한 때에 형집행의 변용(Modifikation der Strafvollstreckung)을 위해 투입되는 제재수단이다. 따라서 형벌과 보안처분에 이은 형법의 제3원(Dritte Spur im Strafrecht)에 해당하는 독립된 형사제재제도로 파악하는 것이 옳겠다. 집행유예의 법적 성질이 이러하다면 입법론적으로는 유예제도의 적용대상도 자유형에 국한시킬 필요가 없고 벌금형이나 보안처분에까지 확장하는 것이 옳다.

2) 집행유예제도

가. 의 의

형의 집행유예(Strafaussetzung zur Bewährung)란 일단 유죄를 인정하여 형을 선고하되 일정한 조건 아래 일정기간 동안 그 형의 집행을 유예하고 그것이 취소 또는 실효됨이 없이 유예기간을 경과하면 형의 선고의 효력을 상실케 하는 제도이다(형법 제62조). 이 제도는 단기자유형의 폐해를 제거하고 범죄인의 자발적·능동적인 사회복귀를 도모하겠다는 형사정책적인 의지를 반영한 것이다.

나. 연 혁

집행유예는 영미의 보호관찰(probation)에서 유래하는 제도이다. 미국의 보호관찰은 형을 선고하지 않고 단순히 유죄판결(conviction)만 하여 피고인을 보호관찰하도록 한 후 보호관찰기간이 무사히 경과되면 형을 선고하지 않는 제도로서 1830년대부터 시행되었다.

이러한 보호관찰은 유죄판결을 선고받아도 피고인의 명예를 보호하고 사회복귀가 용이하다는 점에서 장점이 있다. 그러나 보호관찰이 취소된 경우 선고될 형이 불분명하고 범죄행위 이후의 태도가 형을 결정하는 데 결정적 단서가 된다는 단점이 있어 영·미와 같이 유죄판결과 형선고가 분리되어 있는 소송구조 아래서만 유지될 수 있는 제도이다.

위와 같은 영미의 보호관찰은 19세기 후반에 유럽에 도입되어 두 가지 형태로 나뉘어졌다. 즉 벨기에(1888년), 프랑스(1891년)에서 채택한 조건부유죄판결(System der bedingten Verurteilung)과 독일(1895년)이 채택한 조건부특사제도(System der bedingten Begnadigung)가 그것이다. 전자는 집행유예기간이 경과하면 형의 선고의 효력을 상실케 하는 것이고, 후자는 기간이 경과하면 행정기관의 사면처분에 의해 형의 집행만이 면제되는 것이다. 후자는 1953년 독일형법 개정에 의해 행정기관을 배제하고 법원이 행하는 조건부면제제도로 이어진다. 우리나라는 벨기에·프랑스식의 조건부 유죄판결제도를 도입하였고, 구형법은 제25조 내지 제27조에서, 현행 형법은 제62조 내지 제65조에서 규정하고 있다.

다. 요 건

a) 3년 이하의 징역 또는 금고의 형을 선고할 경우

징역 또는 금고의 형을 선고할 때에만 집행유예를 할 수 있다. 따라서 벌금형을 선고할 때에는 집행유예를 내릴 수 없다. 문제는 벌금형과 자유형을 비교해 볼 때 이론상 벌금형에 대해서 집행유예를 인정해야 할 것인가를 놓고 견해가 갈리고 있다.

먼저 이를 부정하는 견해의 논거는 다음과 같다.

(ⅰ) 벌금형에는 단기자유형의 폐해가 없으므로 집행유예를 인정할 필요가 없다.

(ⅱ) 벌금형의 집행유예를 인정하면 형벌로서 벌금형의 효과를 거둘 수 없다.

(ⅲ) 과료와의 균형이 맞지 않는다.

그렇다 하더라도 벌금형이 징역·금고보다 가벼운 형이라는 점, 벌금을 납입할 수 없을 경우 노역장유치를 하게 되어 실질적으로는 자유형과 동일하다는 점 등을 두루 고려해 본다면 벌금형에 대해서도 집행유예가 가능해야 할 것이다.

이 때 선고할 형은 3년 이하의 징역 또는 금고의 형이어야 한다. 이는 독일(제56조)·오스트리아(제43조)가 2년 이하, 스위스(제41조)가 18개월 이하인 점에 비추어 볼 때 그 범위가 더 넓어, 형사정책적으로 더 선진화된 제도라고 할 수 있다.

b) 정상에 참작할 사유가 있을 것

정상참작의 사유란 형의 집행 없이 형의 선고만으로도 피고인에게 충분한 경고효과가 나타날 것으로 예상되고 장래에 재범을 하지 않을 것으로 사료되는 경우를 말한다. 이른바 형의 경고기능이 인정될 수 있는 사정이 엿보이는 경우라 할 것이다. 물론 이 때 형법 제51조의 사항을 종합·판단하여야 하며, 판단기준시는 판결선고시이다.

c) 금고 이상의 형을 선고받아 판결이 확정된 때부터 그 집행을 종료하거나 면제된 후 3년이 경과하였을 것

이 요건은 형법 제62조 제1항 단서의 규정을 반대해석한 결과

이다. 종전 형법에서는 집행유예 결격사유의 기준시점이 '선고시' 였던 관계로 공범간에도 재판의 선후라는 우연한 사정에 따라 양형의 불균형이 발생하거나 또는 결격기간의 도과를 위해 불필요하게 재판을 지연시키는 폐단이 발생하였기 때문에 개정 형법에서는 그 기준시점을 '범행시'로 바꾸었다. 다만 결격사유의 기준시점 변경으로 인해 피고인에게 불이익이 커지는 점을 감안, 개정 형법은 결격기간을 종래 5년에서 3년으로 단축하였다.

그런데 여기에서 "금고 이상의 형을 선고한 판결"이라는 법문의 해석과 관련하여, 형의 집행유예기간 중에 다시 집행유예판결을 내릴 수 있는가에 관하여 논란이 있다. 이에 대해서는 항을 바꾸어 설명하기로 하겠다.

라. 재차(再次) 집행유예판결이 가능한가?

a) 부정설

집행유예기간 중 저지른 범죄에 대하여 재차 집행유예를 선고할 수 없다는 견해이다. 이 견해는 위의 집행유예요건 가운데 "금고 이상의 형의 선고"는 실형선고 뿐만 아니라 형의 집행유예에 관한 선고도 포함한다고 해석하는 입장이다. 판례 및 다수설의 입장이다.[101] 최근에도 대법원은 특별한 사정이 없는 한 집행유예기간이 지나지 않은 사람에 대해서는 또다시 집행유예를 선고할 수 없음을 분명히 했다.[102]

즉, 다시 재판할 사건의 범죄를 언제 범하였는가는 문제되지

101_ 대판 1960.5.18, 4292형상563; 1965.4.6, 65도162; 1968.7.2, 68도 720; 1984.6.26, 83도2198; 1989.4.11, 88도1155; 이재상, 573면; 이형국, 연구 Ⅱ, 689면; 정성근, 695면 참조.

102_ 대판 2002.2.22, 2001도 5891.

않으므로 집행유예를 받은 범죄 이전에 행하여진 범죄에 대해서도 다시 집행유예를 선고할 수 없다는 것이 판례의 입장이다.[103]

b) 제한적 긍정설(여죄설)

다만 대법원은 형의 집행유예를 선고받은 사람이 형법 제37조의 경합범관계에 있는 수죄에 관하여 같은 절차에서 동시에 재판을 받았더라면 한꺼번에 집행유예의 선고를 받았으리라고 여겨지는 경우에 한하여, 집행유예기간 중 재판할 범죄에 대해 재차 집행유예를 제한적으로 허용할 수 있다는 견해를 보이고 있다. 대법원 전원합의체판결에 의한 판례변경에서 다수의견이 취한 입장이고,[104] 그 후 대법원이 취한 입장이기도 하다.[105]

c) 긍정설

집행유예기간 중에 범한 죄에 대하여 널리 재차 집행유예판결을 선고할 수 있다는 견해이다. 형법 제62조 제1항 단서의 "금고 이상의 형의 선고"에서 말하는 형은 실형만을 의미하고 집행유예는 포함되지 않는다고 보기 때문이다. 집행유예판결은 집행종료나 집행면제와 애당초 무관하고, 집행유예기간 경과 이전의 미확정상태에 대해 형의 집행종료와 면제를 이야기할 수 없음은 당연하다.[106]

103_ 대판 1969.10.28, 68도26; 1969.9.25, 67도67.

104_ 대판 1989.9.12, 87도2365 전원합의체판결.

105_ 대판 1990.8.24, 89모36; 1991.5.10, 91도473; 1992.8.14, 92도1246.

106_ 김일수, 한국형법 Ⅱ, 648면; 박상기, 형법총론 제8판, 539면; 배종대, 형법총론 제7판, 828면.

d) 결 론

긍정설이 타당하다. 제한적 긍정설(여죄설)도 집행유예의 적용범위를 넓힌 점에서 종전 판례나 다수설보다 진일보한 장점을 갖고 있다. 그러나 유독 여죄의 경우에만 재차 집행유예를 선고할 수 있도록 왜 차등을 두어야 하는지 의문이다. 집행유예제도가 형벌・보안처분의 집행을 완화시키는 제3원으로서의 성격을 갖고 있음을 고려할 때, 자유형의 경직한 집행폐단을 방지하고, 피고인의 재사회화를 위한 특별예방적 형사정책 목적에 유리하도록 집행유예기간 중 재차 집행유예를 널리 허용하는 것이 옳다.

결국 우리 형법 제62조 제1항 단서규정의 해석상으로도 집행유예기간 중 재차 집행유예판결의 선고가 가능하다고 생각된다. 왜냐하면 "금고 이상의 형을 선고한 판결이 확정된 때부터 그 집행을 종료하거나 면제된 후"라는 문맥을 피고인에게 유리하게 목적론적으로 제한하여 해석해 보면, 적어도 집행유예판결은 집행종료나 집행면제의 효과와는 무관하므로, 집행유예를 제외하고 금고 이상의 실형을 선고받은 경우에만 재차 집행유예판결이 불가능하다는 결론에 이를 수 있기 때문이다.

또한 개정 형법 제63조가 집행유예의 실효요건으로 '유예기간 중 고의로 범한 죄에 대해 금고 이상의 실형이 선고'된 것을 들고 있는데, 이는 유예기간 중 고의로 범한 죄에 대해 금고 이상의 실형이 선고되면 전의 집행유예가 실효되나, 그렇지 않은 경우 즉 벌금형이나 자유형의 집행유예가 선고된 경우에는 당연히 실효되지 않는다고 해석할 수 있어, 개정 형법의 해석에 따르면 집행유예기간 중 자유형의 실형선고 뿐만 아니라 집행유예의 선고도 가능한 것으로 해석할 수 있을 것이다.

e) 개선책

해석론보다는 널리 재차 집행유예판결이 가능하도록 입법론적 해결을 강구하는 것이 훨씬 낫다. 종전 형법은 형을 선고받은 자에게 그 형기의 장단 구별없이 일률적으로 5년간 집행유예선고를 봉쇄하고 있었는데, 형사정책적으로 불합리하다는 비판을 받았었다. 실형선고를 받은 자가 집행유예선고를 받은 자보다 죄질·범정이 무겁다는 점에서 달리 취급해야 할 필요성은 있으나 그 후 5년간 일률적으로 집행유예를 불허하는 것은 불합리하기 때문이다. 오히려 형기의 장단에 따라 집행유예불가기간의 차별화를 두는 것도 한 방법이겠으나,[107] 개정 형법은 그 기간을 3년으로 단축했다(제62조 제1항 단서).

이른바 특정강력범죄(살인죄, 약취·유인죄, 특수강간죄, 특수강도죄 등)로 형의 선고를 받아 그 집행종료 또는 면제 후 10년을 경과하지 않은 자가 다시 특정강력범죄를 범한 때 집행유예선고를 금지토록 한 「특정강력범죄의 처벌에 관한 특례법」 제5조도 같은 시각에서 개선의 필요가 있는 조항이다.

마. 일부 집행유예판결은 가능한가?

a) 문제의 제기

대법원은 1997년 4월 집행유예의 요건(제62조)을 손질하여 선고형의 일부에 대해서도 1년 이상 5년 이하의 기간 형의 집행을 유예하되 유예형기는 선고형의 2분의 1 이상이어야 한다는 안을 제시했다. 이 입법안을 놓고 찬반 논의가 야기되었다.

107_ 박상기, 형법총론, 498면.

b) 긍정설

일부 집행유예제도를 긍정하는 입장이다. 대법원이 제시한 논거는 다음과 같다.

(ⅰ) 실형과 집행유예라는 양 극단의 중간에서 탄력적인 양형의 운용이 가능해진다.

(ⅱ) 불구속재판원칙 확대로 인한 형벌권 약화의 오해를 막고, 집행유예는 곧 무죄라는 일반인들의 잘못된 인식을 불식하여 일반예방효과를 거둘 수 있다.

c) 부정설

일부 집행유예제도를 부정하는 입장이다. 법무부의 반대논거는 다음과 같다.

(ⅰ) 집행유예의 근본취지에 반하여 단기자유형의 폐해를 초래할 우려가 있다.

(ⅱ) 가석방제도와 중복되어 기존 가석방제도에 의한 교정효과를 감쇄시킬 우려가 있다.

(ⅲ) 양형불균형을 심화시키고 양형의 하향평준화 또는 단기자유형 남발로 법적 안정성을 저해할 우려가 있다.

d) 결 론

2007년 이후 우리 사법제도에 많은 변화가 있었다. 형사소송법 개정으로 도입된 체포제도, 구속 전 피의자심문제도는 인신보호 영장제도의 취지를 충실히 반영한 것이었다. 뿐만 아니라 사법관행도 불구속재판원칙으로 전향하여 영장실질심사제에서 높은 영장기각률을 보여주고 있다.

그러나 불구속 재판원칙에 따른 부작용도 만만치 않다. 법원의 과다한 영장기각, 집행유예 남발, 양형의 하향평준화가 사법온정주의로 비추어져 재범·누범·청소년범죄 증가를 낳는다는 지적도 있는 실정이다.

새로운 제도의 도입은 일관성 있는 형사정책과 형법정책의 관점에서 수행되어야 한다. 특정제도의 단편적 수용은 사법불신을 초래할 우려가 많다는 점에서 신중을 기할 필요가 있다.

일부 집행유예제도는 프랑스에서 시행되고 있을 뿐, 독일·영국·미국·일본은 단기자유형의 폐해방지 또는 가석방제도와의 중복 등을 이유로 시행하지 않고 있다.[108] 하지만 최근 들어 약간의 변화가 감지되고 있다. 일본은 2011년 형법개정을 통해 일부 집행유예제도를 도입하려고 시도한 바 있고, 독일도 2012년 7월 소년법 개정을 통해 소년형사범을 집행유예에 처할 경우 1개월 이내의 경고구금(Warnschussarrest)을 선택적으로 병과할 수 있도록 했다. 이 같은 현상은 형사제재제도에서 유행하기 시작한 일종의 칵테일제재(Sanktionscocktail) 모형의 신호로 볼 수 있을 것이다.

우리나라의 개정 형법작업에서도 일부집행유예 제도를 도입하지 않았다. 그러나 최근까지 성폭력범죄에 대한 집행유예선고율이 높았던 점에 비추어 집행유예의 실효성을 보완하는 차원에서 일부집행유예제도의 도입을 고려해 봄직하다.

108_ 참고적으로 미국에서 시행하고 있는 shock probation이나 shock incarceration 제도는 실형복역자에게 일정기간 교정효과를 관찰하여 보호관찰을 조건으로 나머지 형의 집행을 유예하거나 특수교정시설에서 형기를 마치게 하는 제도로서 우리나라의 가석방제도와 유사한 것이다. 김일수·서보학, 새로쓴 형법총론 제11판, 박영사, 2007, 784면.

바. 부담부조건

형의 집행을 유예할 경우 보호관찰이나 사회봉사 또는 수강명령을 명할 수 있다(제62조의2 제1항). 집행유예의 조건으로 부담을 과하는 부가처분은 집행유예가 재사회화 목적의 실효를 거둘 수 있도록 하기 위하여 개정형법에서 신설한 조치이다. 이 세 가지 부담처분은 상호선택적이며 또한 임의적 처분이다.[109]

a) 보호관찰

일반적으로 보호관찰이란 유죄판결을 받은 범죄인 중 시설내 처우보다 사회내처우가 필요하다고 인정되는 자를 특정인에게 위탁하여 행상(行狀)을 지도・감독・원호하게 함으로써 재범에 빠지지 않고 사회에 정상적으로 복귀할 수 있도록 하는 제도를 말한다.

지금까지 우리나라에는 주로 소년범에게 적용하는 「소년법」 및 「보호관찰 등에 관한 법률」의 보호관찰(보호관찰 등에 관한 법률 제3조; 소년법 제32조 제1항 제4호・제5호)과 구 사회보호법상 보호감호 중(구 사회보호법 제10조) 가석방이나 위탁된 자 또는 치료감호법상 치료감호 중(치료감호법 제32조 이하) 가종료나 위탁된 자에게 적용하는 보호관찰 두 가지 종류의 보호관찰이 있었다. 그러나 본조의 신설로 소년범에게만 적용하던 보호관찰이 성인범죄자에게도 널리 적용할 수 있게 되었다.

보호관찰제도는 그 전제가 형의 선고유예 또는 집행유예인가 아니면 가석방 또는 가출소인가에 따라 지도・원호제도(probation)와 지도・감독제도(parole supervision)로 구별된다. 우리나라 보호관찰법상 보호처분에는 이 두 가지 제도가 모두 포함되어 있으나

109_ 대판 1998.4.24, 98도98.

(보호관찰 등에 관한 법률 제3조), 본조의 보호관찰은 전자의 probation임은 두말할 것도 없다. 집행유예의 조건부부담처분인 보호관찰은 독자적인 형벌이나 보안처분의 일종이라기보다 집행유예에 부수되는 부담적 성격의 형사조치라고 해야 할 것이다. 보호관찰의 기간은 집행을 유예한 기간으로 함이 원칙이나 법원은 유예기간의 범위 내에서 별도의 보호관찰기간을 정할 수 있다(제62조의2 제2항).

보호관찰제도에서 지도·감독·원호를 맡는 특정위탁인은 국가공무원인 보호관찰관과 민간인인 범죄예방자원봉사위원이 있다(보호관찰 등에 관한 법률 제16조, 제18조 이하). 보호관찰제도가 사회내처우인만큼 국가기관과 민간인과의 협력이 무엇보다 필요하다. 여기에서 국가공무원인 보호관찰관은 형사정책학, 행형학, 범죄학, 사회사업학, 교육학, 심리학 기타 보호관찰에 필요한 전문적 지식을 바탕으로 한 직업적 전문인이어야 한다(보호관찰 등에 관한 법률 제16조). 민간인인 범죄예방자원봉사위원은 범죄예방활동을 하고 보호관찰활동과 갱생보호사업을 지원하기 위한 사회독지가(social worker)들로서 법무부장관이 위촉한 자이다(보호관찰 등에 관한 법률 제18조).

보호관찰의 성패는 이러한 업무종사자들의 이웃사랑의 정신, 사회봉사의 정열, 건강한 활동력과 전문가로서의 식견·자질에 달려 있다고 해도 과언이 아니다. 따라서 보호관찰제도의 실효성을 높이기 위해서는 보호관찰사의 양성과 저변확대를 위한 공동체의 지속적인 교육투자가 이루어져야 하리라고 본다.

b) 사회봉사명령

사회봉사명령(community service order)이란 유죄판결을 받은 범죄인에게 자유형의 집행 대신 사회에 유용한 활동이나 급부를 제공하도록 명함으로써 자신의 죄값을 상징적으로 청산하고 사회에 정상적으로 복귀할 수 있도록 촉진하는 제도이다.

이 제도는 최근 여러 나라의 형사입법에서 새로운 형사정책 프로그램으로서 자유형을 대체하는 독자적인 형벌의 일종(영국의 경우) 내지 벌금미납시의 대체형벌(독일의 경우) 또는 기소유예·선고유예·집행유예·가석방시 부담부조건으로 부과되는 부수적 형사조치의 형식으로 활용되고 있다.

이 제도를 처음 실시한 나라는 영국이다. 1970년 영국형벌제도 자문위원회가 「사회내처우와 중간적 처우」라는 보고서를 작성, 그 일환으로 이 제도의 도입을 논의하다가 1972년 「형사재판법」에 수용되었다. 영국은 이 제도를 입법화한 뒤 런던보호관찰소 등 6개 지역을 대상으로 2년동안 실험실시하고 1975년부터 전국에 확대·실시하였다.

프랑스는 1981.8.4. 사면의 확대에 관한 법률, 1981.10.9. 사형폐지법률의 제정으로 괄목할 만한 형법개혁을 단행한 데 이어 1983.6.10. 형법에 일수벌금제 및 공익노동이행의무를 내용으로 하는 사회봉사명령제도를 도입하였다.

독일은 1975년 형법시행법에 이 제도를 도입하여 벌금미납자에게 노역장유치를 집행하기에 앞서 공익근무를 부과하여 여기에서 얻은 노임으로 미납벌금을 충당하게 하였다. 그리고 형법과 형사소송법에 기소유예나 선고유예, 집행유예의 부담부조건으로 사회봉사명령을 과할 수 있게 했다.

우리나라는 1988.12.31. 개정된 소년법이 보호관찰처분을 받는 16세 이상(2007.12.21. 개정된 현행 소년법에서는 14세 이상)의 소년에게 수강명령 또는 사회봉사명령을 과할 수 있도록 한 것이 이

제도의 시작이다(소년법 제32조 제3항). 본조의 신설로 이 제도는 집행유예를 받는 성인범죄자에게 널리 적용할 수 있게 되었다. 우리나라의 사회봉사명령제는 독자적인 형벌이나 대체형벌이 아니라 집행유예의 부수조건으로서 부담적 형사조치라는 특색을 지닌다. 사회봉사명령은 집행유예기간 내에 이를 집행한다(형법 제62조의2 제3항).

사회봉사 프로그램의 내용과 집행절차에 관하여는 보호관찰법이나 행형법 또는 특별법에 별도의 구체적인 규정을 두고 있다. 사회봉사명령은 500시간 범위 내에서 법원이 분야와 장소 등을 지정할 수 있고(보호관찰 등에 관한 법률 제59조), 보호관찰관이 원칙적으로 이를 집행한다(동법 제61조 제1항). 이 프로그램의 내용으로는 자연보호활동, 공공유원지 등에서의 근로봉사활동, 공공의료·요양시설이나 공공도서관 등에서의 봉사활동, 고궁 등에서의 안내봉사, 공공도로보수공사 등에서의 노동봉사 등을 열거할 수 있다. 외국의 입법례나 형사정책적 논의에서는 사회봉사명령제와 피해자에 대한 원상회복제도(victim restitution)가 포괄적으로 취급되거나 결합된 형태로 취급되기도 한다.[110]

c) 수강명령

수강명령이란 유죄판결을 받은 범죄인이 자유형의 집행 대신에 지정된 사회교육·교화시설에서 일정시간 이상의 강의 또는 학습을 받도록 명함으로써 인성(人性)을 계발하고 성행(性行)을 교정하여 사회에 정상적으로 복귀할 수 있도록 촉진하는 제도이다.

이 제도는 비행청소년들에 대한 선도조건부 기소유예처분의

110_ 김일수, "형법상 원상회복제도의 형사정책적 기능과 효용에 관한 연구," 성곡논총 제21집 (1990), 587면 참조.

조건부부담처분으로 검찰에서 실시하여 오던 것을 1988.12.31. 개정된 소년법이 보호관찰처분을 받는 16세 이상(현행 소년법에서는 14세 이상)의 소년에게 사회봉사명령과 선택적으로 과할 수 있도록 한 후 보호관찰관이 그 집행을 맡아 왔다. 현재 수강명령 처분결정을 받은 소년은 100시간, 사회봉사명령 처분결정을 받은 소년은 200시간을 초과하지 않는 범위 내에서 이를 이행하여야 한다(소년법 제33조 제4항).

본조의 신설로 이 제도는 집행유예를 받는 성인범죄자에게 널리 적용할 수 있게 되었다. 수강명령은 집행유예기간 내에 이를 집행하되(형법 제62조의2 제3항), 200시간의 범위 내에서 법원이 분야와 장소 등을 지정할 수 있고(보호관찰 등에 관한 법률 제59조), 보호관찰관이 원칙적으로 이를 집행한다(동법 제61조 제1항).

이 제도도 보호관찰처분이나 사회봉사명령처럼 탈응보적 형사정책의 일환으로서 형사제재의 자유화・인간화・합리화의 실현에 기여할 수 있다. 행위자의 개선 및 재사회화에 주안점을 두었던 1960년대 재사회화 프로그램이 교정이데올로기를 극복하지 못한 채 범죄문제해결에도 실질적으로 기여하지 못했다는 비판에 부딪히면서, 형사정책가들은 사회통합적인 적극적 일반예방사상 속에서 새로운 돌파구를 찾아 나섰고, 이 틈바구니에서 1980년대 이후 원상회복제도와 함께 형벌대안적 사회봉사명령제 등이 주목을 받기 시작했던 것이다.

우리나라 개정형법이 보호관찰이나 사회봉사명령 또는 수강명령을 형벌의 대안으로 수용하지는 못했으나, 집행유예제도의 조건으로 이를 입법화한 것은 형법의 제3원으로서 유예제도가 형벌 또는 보안처분에 대해서 갖는 독자적인 의미를 한층 높인 조치라고 평가할 수 있다. 다만 수강명령제도가 그 실효성을 높이자면 사회저변에 이 부담처분을 받은 사람들을 위한 사회교육·교화시설 확충 및 교육·교화 기회의 확대가 필요하다.

사. 효 과

집행유예기간은 1년 이상 5년 이하의 범위에서 보통 판결주문에 선고된 형의 기간보다 긴 기간으로 법원의 재량에 의하여 정하여진다. 하나의 형의 일부에 대한 집행유예는 허용되지 않으나 형을 병과할 경우에는 그 일부에 대해서도 집행유예할 수 있다(형법 제62조 제2항). 집행유예의 선고 후 그 선고의 실효 또는 취소됨이 없이 유예기간이 경과된 때에는 형의 선고는 효력을 잃는다(제65조). 따라서 형의 집행이 면제될 뿐만 아니라 처음부터 형의 선고가 없었던 것으로 된다. 그러나 형의 선고가 있었다는 기왕의 사실까지 없어지는 것은 아니며,[111] 또한 형의 선고로 발생한 이제까지의 법률효과도 그대로 남는다.[112]

아. 실효와 취소

a) 집행유예의 실효

집행유예의 선고를 받은 자가 유예기간 중 고의로 범한 죄로 금고 이상의 실형을 선고받아 그 판결이 확정된 때에는 집행유예의 선고는 효력을 잃는다(형법 제63조). 그러나 대상인 범죄가 집행유예기간 전에 행하여진 경우, 과실범죄인 경우, 대상범죄에 대한 금고 이상의 실형이 아닌 더 낮은 형이나 집행유예 등이 선고된 경우에는 집행유예가 실효되지 않는다. 또한 집행유예기간이 도과한 후에 금고 이상의 실형이 선고되어 '확정'된 경우에도 마찬가지이다. 집

111_ 대판 1983.4.4, 83모8.

112_ 대판 1999.1.12, 98모151.

행유예가 실효되면 집행유예는 효력을 잃고 선고된 형이 집행된다.

b) 집행유예의 취소

집행유예의 선고를 받은 후 금고 이상의 형을 선고받아 판결이 확정된 때부터 그 집행을 종료하거나 또는 집행이 면제된 후 3년이 경과하지 않은 자(형법 제62조 단서)라는 것이 발견된 때에는 집행유예의 선고를 취소한다(제64조 제1항). 이를 이유로 한 집행유예의 취소는 임의적이 아니고 필요적이다. 이에 비해 보호관찰이나 사회봉사 또는 수강을 명한 집행유예를 받은 자가 준수사항이나 명령을 위반하고 그 정도가 무거운 때에도 집행유예의 선고를 취소할 수 있다(제64조 제2항). 이를 이유로 한 집행유예의 취소는 임의적이다. 집행유예가 취소되면 유예된 형을 집행하게 된다.

그러나 집행유예의 필요적 취소규정(제64조 제1항)은 일사부재리의 원칙과 피고인의 진술거부권을 보장하고 있는 헌법뿐만 아니라 형사소송법상 거증책임의 원칙에도 위배된다고 주장하는 견해가 있다. 재사회화 형법의 특별예방우위의 관점에서 볼 때 집행유예의 취소제도는 이러한 형사정책의 방향과 반드시 일치하는 것은 아니다. 입법론적으로는 이를 폐지하여도 좋다고 생각한다.

3) 선고유예제도

가. 의 의

선고유예(the conditional release, Verwarnung mit Strafvorbehalt)란 범정이 경미한 범죄인에 대하여 일정한 기간동안 형의 선고를 유예하고 그 유예기간을 특정한 사고 없이 경과하면 면소된 것으로 간주하는 제도이다(형법 제59조 내지 제61조). 이는 피고인이 처벌받았다는 오점을 남기지 않음으로써 장차 피고인의 사회복귀를 용이하게 하는 특별예방의 목적에도 이바지하는 것이다.

나. 연 혁

선고유예는 1842년경부터 영국에서 조건부석방이 관습적으로 행해진 데서 비롯되었다. 그 후 미국에서는 1878년 매사추세츠주에 이 제도가 처음으로 선보인 이래 마침내 1962년 미국 모범형법전 제6장 제2조에도 도입되었다. 그러나 이 선고유예제도는 집행유예·가석방 등과 같이 일종의 보호관찰의 한 유형으로 발전된 것이다.

독일의 경우에는 형을 유보한 경고(Verwarnung mit Strafvorbehalt)라는 제하의 조문(독일형법 제59조)에서 이 제도를 규정하고 있으며, 벌금형에 한해서 이를 인정하고 있다. 한편 우리나라의 경우 구형법에서는 이 제도가 없었으나 현행 형법에서는 제59조 내지 제61조에서 이를 인정하고 있다.

다. 요 건

a) 1년 이하의 징역이나 금고, 자격정지 또는 벌금의 형을 선고할 경우

우리 형법은 벌금형뿐만 아니라 1년 이하의 자유형과 자격정지를 선고하는 경우에도 선고유예를 할 수 있도록 해 독일의 경우보다 그 적용범위를 확대하고 있다.

선고유예를 할 수 있는 형이란 주형과 부가형을 포함한 처단형 전부를 의미하므로 주형을 선고유예하는 경우에 몰수 또는 추징도 선고유예할 수 있으나,[113] 주형에 대하여 선고를 유예하지 않

113_ 대판 1980.3.11, 77도2027.

으면서 이에 부가할 추징에 대해서만 선고를 유예할 수는 없다.[114]

그러나 형을 병과할 때에는 그 일부 또는 전부에 대하여 선고를 유예할 수 있으므로(제59조 2항), 징역형과 벌금형을 병과하면서 어느 한쪽에 대해서만 선고유예를 할 수도 있고 혹은 징역형은 집행유예를 하고 벌금형은 선고유예를 할 수도 있다.[115] 다만 선고할 형이 1년 이하의 징역이나 금고, 자격정지 또는 벌금형인 경우에 한정되기 때문에, 구류형에 대해서는 선고유예를 할 수 없다.[116]

b) 개전의 정상이 현저할 것

개전의 정상이 현저하다고 말할 수 있으려면 판결선고시를 기준하여 볼 때 행위자에게 형을 선고하지 않아도 재범의 위험성이 없다고 인정되어야 한다. 그 판단기준은 형법 제51조의 양형조건이다.

c) 자격정지 이상의 형을 받은 전과가 없을 것

선고유예는 현행법상 가장 경한 유죄판결로서 재범의 위험이 가장 적은 초범자에게만 인정될 수 있다는 의미이다.

라. 부담부조건

형의 선고를 유예하는 경우에 재범방지를 위하여 지도 또는 원호가 필요한 때에는 보호관찰을 받을 것을 명할 수 있다(형법 제59조의2 제1항). 보호관찰의 의미에 관하여는 집행유예에서 설명한 것과 같다. 집행유예에서와는 달리 보호관찰만을 조건부부담처분

114_ 대판 1979.4.10, 78도3098.

115_ 대판 1976.6.8, 74도1266; 대판 1990.4.27, 89도2291.

116_ 대판 1993.6.22, 93오1.

으로 한 것은 선고유예에 상징적인 의미에서 노력으로 치러야 할 죄값이 미미하기 때문이다. 이 때 보호관찰의 기간은 1년으로 한다(제59조의2 제2항).

마. 효 과

선고유예의 판결 여부는 법원의 재량에 의한다. 선고유예도 일종의 유죄판결이므로 그 범죄사실과 선고할 형을 정해서 내려야 한다. 형의 선고유예를 받은 날로부터 2년을 경과하면 면소된 것으로 간주한다(형법 제60조).

여기서 면소는 무죄와는 구별된다. 무죄의 판결은 공소사실이 범죄로 되지 아니하거나 범죄사실의 증명이 없는 때에 선고하는 것임에 반하여, 면소의 재판은 범죄가 성립하더라도 형벌권의 소멸원인에 기인하여 형벌권의 존재를 부정하는 경우에 선고하는 것이다.

바. 실 효

형의 선고유예를 받은 자가 유예기간 중 자격정지 이상의 형에 처한 판결이 확정되거나 자격정지 이상의 형에 처한 전과가 발견된 경우에는 유예한 형을 선고한다(형법 제61조 제1항). 이를 이유로 한 선고유예의 실효는 임의적이 아니고 필요적이다. 이에 비해 보호관찰을 명한 선고유예를 받은 자가 보호관찰기간 중에 준수사항을 위반하고, 그 정도가 무거운 때에는 유예한 형을 선고할 수 있다(제61조 제2항). 이를 이유로 한 선고유예의 실효는 임의적이다.

유예된 형의 선고는 검사의 청구에 의해 그 범죄사실에 대한 최종판결을 한 법원이 한다(형사소송법 제336조). 이에 대하여는 집행유예의 경우와 동일한 비판이 가해진다.

(4) 재산형 제도

1) 의 의

재산형(Vermögensstrafe)이란 범죄인에게서 일정한 재산을 박탈하는 것을 내용으로 하는 형벌이다. 금전이 삶의 질을 좌우하는 현대인의 생활세계에서 재산형의 형사정책적 기능은 비교할 수 없이 높다. 그 결과 오늘날 재산형이 주형화하고 있다. 현행 형법은 재산형으로 벌금, 과료 및 몰수 3종을 인정하고 있다.

재산형, 특히 벌금은 역사적으로 볼 때 로마의 12표법의 '배상'(poena), 고대 게르만법의 '속죄금'(Busse), 우리나라 고대법의 '속상'(贖償)과 같이 공형벌이 아니라 사인(私人)간의 배상제도로서의 성격을 띤 것으로, 국가는 피해배상금을 받아주거나 그 지급을 명하는 정도에 그쳤다. 그 후 배상금의 일부를 재판대금 혹은 평화교란의 대가로 왕이나 국가에 귀속시키는 사례가 늘어나게 되었고 12세기경부터는 점차 공형벌로서의 재산형으로 그 성격이 변하였다.

2) 벌금형 제도

가. 의의: 벌금형의 주형화 현상

벌금형(Geldstrafe)은 범죄인에게 일정한 금액의 지급의무를 강제적으로 과하는 형벌이다. 일정금액의 납입의무를 부담시키는데 그치고 그 금액을 강제집행하지 않는다는 점에서 몰수나 민사상의 이행판결과 구별된다.[117]

벌금형의 선고는 오늘날 더욱 늘어나고 있다. 현대 형벌제도상 중점이 자유형으로부터 벌금형으로 이전하고 있으며, 이는 18

117_ 이재상, 형법총론, 박영사, 2008, 568면; 이영란, 형법학, 형설출판사, 2008, 561-562면.

세기 계몽기에 생명형과 신체형으로부터 자유형으로의 변화와 비견할 만한 정도이다.[118] 재산형을 단기자유형의 폐단을 줄이는 대체수단으로 도입하자는 주장이 20세기 전후로 나타났으며, 리스트(Liszt)가 대표적인 주장자였다.

이에 대해 경제적 능력 차이를 불문하는 벌금형의 형평성 문제와 재범방지 효과에 대한 회의적 시각으로 반대도 많았으나, 그 이후의 추세는 벌금형을 확대하는 경향으로 이어져 왔다. 일정 범죄영역에서 벌금형으로 처벌할 수 있는 영역이 형성된 점, 자유형의 문제점을 인식한 형벌관의 변화, 수형시설의 과밀화 방지와 운영경비 증가 방지, 범죄자의 사회활동 기회 신장 등의 이유 때문이라고 할 수 있다.[119]

이런 추세는 우리나라 형사법에서도 마찬가지이다. 단기자유형에 대한 효과적인 대책으로 자유형만을 규정하고 있는 가벼운 범죄에 대해 벌금형을 선택형으로 규정하여 그 적용범위를 확대하는 경향이다. 1995년 형법 개정시에 직권남용죄, 공무집행방해죄, 무고죄, 사문서위조죄, 체포·감금죄 등 다수에 있어 벌금형이 신설되었다.[120] 최근 사건처리 경향을 보아도 이런 경향은 뚜렷하다.

제1심 공판사건 처리인원에서 벌금형이 차지하는 비율이 1996년 14.4%에 불과하던 것이 2008년 35.8%로 크게 확대되어 왔음에서 이를 볼 수 있다. 이를 약식명령사건까지 포함해 보면, 사실상 형사사건 대다수가 벌금형으로 처리되었음을 알 수 있다. 2008년 자료를 토대로 보면, 총 처리된 형사사건 197만 8302건 중 영장 및 신청 사건 42만 2136건을 제외한 155만 6166건 중 약식명

118_ 권오걸, 형법총론, 형설출판사, 2009, 719면.

119_ 박상기·손동권·이순래, 형사정책 개정판, 1999, 320면.

120_ 이영란, 앞의 책, 564면.

령사건이 114만 3013건으로 약 73.5%를 차지하고, 여기에 1심 공판 중 벌금형 선고 9만 6110건, 항소심 벌금형 선고 5000여 건을 포함하면 총 형사사건 중 벌금형 선고건수는 약 123만 5500여 건으로 약 79.4%를 차지한다.[121]

물론 이런 경향은 교통사고, 산업안전 사고 등 분야에서 발생한 과실범을 벌금형으로 처리하고 있기 때문이기도 하지만, 전체적으로 형사법 체계에서 자유형을 벌금형으로 대체하려는 시도가 확산되고 있음을 보여준다고 이해할 수 있다.[122]

나. 현행 형법상 벌금형 규정

현행 형법상 벌금은 5만원 이상으로 하며, 상한에는 제한이 없다. 다만 감경하는 경우에는 5만원 미만으로 할 수 있다. 각칙에 규정되어 있는 벌금형의 상한은 최저 2백만원 이하부터 최고 3천만원 이하까지이다. 벌금을 판결확정일부터 30일 이내에 완납하지 못한 경우에 환형처분으로서 형법은 1일 이상 3년 이하의 기간 동안 노역장유치를 인정하고 있다. 그 일부만 납입한 경우에는 벌금액과 유치기간의 일수에 비례하여 납입금액에 상당한 일수를 공제한다.

벌금형의 집행 담보를 위해, 현행 형법상으로는 노역장 유치밖에 없다. 그러나 노역장 유치시에도 사회내처우의 이념을 반영할 필요가 있다. 다시 말해서, 노역장 내의 확정된 장소 내에서의 유치와 노역뿐만 아니라 일반적으로 널리 노역장 밖에서 자유로운

121_ 법무연수원 범죄백서 2008, 243, 247, 256-257면.

122_ 벌금형 제도 집행문제에 대하여는 이천현, "벌금형집행의 문제점과 그 제고방안," 비교형사법연구 제8권 제10호, 한국비교형사법학회 (2006)을 참조.

사회봉사활동을 통해 노역장 유치를 대체할 수 있는 가능성을 열어 놓는 것이 합리적인 형사정책의 방도가 될 것이다.[123] 독일 형법(§293)은 이러한 방도를 이미 채택한 바 있다.

다. 법적 성질

벌금형 역시 형벌로서의 일신전속성을 갖는다. 따라서 제3자의 대납, 국가에 대한 채권과의 상계, 범죄인 이외의 자와 공동연대책임, 상속 등이 허용되지 않는다. 다만 예외적으로 피고인이 재판확정 후 사망으로 인한 상속재산(형사소송법 제478조), 재판확정 후 합병으로 인한 존속법인 또는 설립법인의 재산(형사소송법 제479조)에 대해서는 집행할 수 있다. 그러나 벌금형은 일정한 금액의 지급의무만을 과하는 데 그치며 몰수와 같이 재산권을 일방적으로 국가에 이전시키는 물권적 효력을 수반하는 것은 아니다.

라. 벌금형의 장단점과 개선

a) 장단점

벌금형은 재산의 손실을 가져와 일반적인 위하력을 가지며, 범죄인을 사회로부터 격리시키지 않기 때문에 사회생활의 중단, 범죄오염 등 단기자유형의 폐해를 피할 수 있고, 오판의 경우 회복이 용이하며 집행비용도 저렴하다는 장점이 있다.

그러나 단점으로는 ① 벌금형은 집행이 범죄인의 가족의 생계에 지장을 주어 형벌의 일신전속성을 실질적으로 침해할 수 있고, 벌금을 범죄에 대한 세금으로 생각하는 범죄인이 있는 등 형벌로서의 효과가 범죄인마다 다르다. 특히 재력이 있는 자에 대해서

123_ Heinz, Neue Formen der Bewährung in Freiheit in der Sanktionspraxis der BRD, FS-Jescheck Bd. Ⅱ, 1985, S. 963f.

는 예방효과를 거두기 어렵다. ② 재산만을 박탈하게 되어 범죄인의 인격에 직접적인 영향을 주지 못하므로 개선교육의 효과도 크지 않다. ③ 벌금액의 산정이 범죄인의 경제상황보다는 범죄사실에 맞추어 결정되기 십상인 까닭에 불평등문제가 발생할 우려가 있고, 벌금불납의 경우 결국 노역장유치에 돌아가기 때문에 이에 또다시 단기자유형의 폐해가 드러나게 된다.

이러한 이유로 벌금형의 장점을 유지하면서 부과 및 집행에 관한 개선책이 강구되어야 한다는 주장이 대두되고 있다.

b) 일수벌금제도

우리나라의 현행 벌금형은 액수산정의 기준으로 총액벌금제도를 채택하고 있다. 그러나 이 제도는 범죄인의 빈부격차를 고려한 선고를 기대하기 어렵고, 범죄인이 저지른 범죄의 불법과 책임을 정확히 수치화할 수 없어 형벌목적을 달성할 수 없다.

이와 달리 1921년 핀란드 형법에서 시작하여 독일과 오스트리아에 도입된 일수벌금제(Tagesbusse, day-fine)는 벌금형을 일수(Zahl der Tagessätze)와 일수정액(Höhe eines Tagessatzes)으로 분리 선고하여 범죄의 불법 및 책임을 명백히 하면서도 범죄인의 경제사정을 고려하게 하고 있다. 물론 일수벌금제도 범죄인의 경제상황조사의 곤란, 벌금총액증대에 따른 법관의 자의적인 일수정액산정의 위험이 없지 않으나, 그 위험이 일수벌금제의 기능을 해할 정도는 아니다.

c) 벌금의 분납제도

벌금형의 불납이 대체자유형으로 전환하게 됨에 따라 나타나는 단기자유형의 폐해를 방지하기 위하여 벌금의 납입가능성을 고려하여 피고인이 일시에 벌금액을 납입할 수 없는 때에는 벌금의 분납 또는 납입기간을 정해주는 제도가 필요하다. 이와 같은 벌금 분납제도를 인정하고 있는 나라로는 영국, 독일, 스위스, 이탈리아, 벨기에, 브라질, 아르헨티나 등이 있다.

d) 벌금형의 집행유예제도

현행 형법은 벌금형의 선고유예는 인정하나 집행유예는 인정하고 있지 않다(형법 제62조). 그러나 벌금형보다 무거운 자유형에는 집행유예를 인정하면서도 정작 벌금형에는 이를 인정하지 않는 태도는 형평에 어긋날 뿐만 아니라, 집행유예제도의 형사정책적 목표를 벌금형에 대하여 부정할 이유도 없다. 벌금형의 집행유예를 인정하고 있는 나라로는 오스트리아, 일본 등이 있다.

e) 벌금형의 적용범위의 확대

벌금형을 단기자유형의 대체형으로 효과적으로 활용하여 단기자유형의 폐단을 줄이기 위해서는 벌금형을 규정하고 있지 않은 간통죄(형법 제241조) 등 일정 형기 이하의 경미한 범죄에 대하여 벌금형을 일률적으로 선택하여 과할 수 있도록 그 적용범위를 확대해야 한다.

3) 과 료(科料)

과료는 벌금과 같이 재산형의 일종으로 범죄인에게 일정한 금액의 지급을 경제적으로 부담지우는 형벌이다. 그러나 과료는 벌금에 비해 금액이 적고 또한 비교적 경미한 범죄의 경우에 부과된다. 따라서 이에 해당하는 범죄는 형법의 경우 예외적으로 규정되어 있고(폭행죄, 협박죄, 공연음란죄, 도박죄, 과실치상죄, 점유이탈물횡령죄), 주로 경범죄처벌법이나 기타 단행법규에 많이 규정되어 있다.

다만 과료는 재산형의 일종이나, 과태료 또는 범칙금은 행정법상의 재제라는 점에서 양자는 구별된다. 과료는 2천원 이상 5만원 미만으로 한다(형법 제47조). 과료를 납입하지 아니한 자는 1일 이상 30일 미만의 기간 노역장에 유치하여 작업에 복무하게 한다(형법 제69조). 노역장유치는 과료선고와 동시에 금(金) 얼마를 1일로 환산한 기간을 노역장에 유치한다고 선고해야 한다(형법 제70조). 과료의 일부만 납입한 때에는 과료액과 유치기간의 일수에 비례하여 납입금액에 상당한 일수를 공제해야 함은 벌금의 경우와 같다(형법 제71조).

4) 몰 수

가. 의 의

몰수(Einziehung)는 범죄의 반복을 막거나 범죄로부터 이득을 얻지 못하게 할 목적으로 범행과 관련된 재산을 박탈하여 이를 국고에 귀속시키는 재산형이다. 몰수는 타형에 부가하여 과하는 것을 원칙으로 한다. 이를 몰수의 부가성이라 한다(형법 제49조 본문). 다만 예외적으로 행위자에게 유죄의 재판을 아니할 때에도 몰수의 요건이 있는 때에는 몰수만을 선고할 수 있다(제49조 단서). 몰수에는 임의적 몰수와 필요적 몰수가 있다. 몰수는 임의적 몰수를 원칙으로 하기 때문에, 몰수의 여부는 원칙적으로 법관의 자유재량에 맡겨져 있다(형법 제48조 1항, 제49조 단서). 필요적 몰수로는 뇌물죄의 경우 “범인 또는 정을 아는 제3자가 받은 뇌물 또는 뇌물에 공할 금품”의 몰수(형법 제134조)나 관세법상 소정의 몰수(관세법 제272조, 제273조, 제282조) 등이 있다.

나. 법적 성질

몰수의 법적 성질을 두고 우리나라의 다수적 견해는 형식적으로는 형벌이나 실질적으로는 대물적 보안처분이라 보고 있다. 다시 말해 몰수의 본질은 범죄반복의 위험을 예방하고 범죄인이 범죄로부터 부당한 이득을 취하지 못하도록 하는 대물적 보안처분이라는 것이다. 독일의 통설은 행위자 또는 공범의 소유인 물건의 몰수는 재산형으로서의 성질을 띠나, 제3자 소유의 물건의 몰수는 대물적 보안처분의 성질을 가진다는 것이다. 생각건대 몰수제도는 형벌과 보안처분의 중간영역에 위치한 독립된 형사제재로서 이 두 가지 성격을 함께 가지고 있다고 보아야 할 것이다.

다. 몰수의 요건

a) 대물적 요건(대상)

형법 제48조는 몰수의 대상을 물건이라고 규정하고 있다. 이는 민법 제98조의 물건과는 다른 개념으로, 유체물에 한하는 것이 아니고 권리 또는 이익도 포함하는 것이다. 예를 들어, 수뢰목적이 금전소비대차계약에 의한 금융이익인 경우, 소비대차의 목적인 금전 그 자체는 뇌물이 아니고, 그로부터 얻는 금융이익이 뇌물이 되는 것이다.[124]

여기서 몰수의 대상인 물건은 "범죄행위에 제공하였거나 제공하려고 한 물건" 또는 "범죄행위로 인하여 생하였거나 이로 인하여 취득한 물건", 그리고 앞의 두 가지 사유를 이유로 하여 "대가로 취득한 물건"이다.

'범죄행위'란 구성요건에 해당하는 위법한 행위를 의미한다.

124_ 대판 1976.9.28, 76도2607.

'제공하였다' 함은 현실적으로 범죄수행에 사용되었음을, '제공하려고 하였다' 함은 범죄행위에 사용하려고 준비했으나 현실적으로 사용하지 못하였음을 의미한다. 살인에 쓰인 권총, 무면허의료행위를 하려고 준비한 약품, 도박에 내건 금품 등이 이에 해당한다. 그러나 피해자를 발로 걷어찰 때 신고 있던 구두와 같이 범행에 제공할 의사 없이 우연히 범행에 도움을 준 물건, 관세법 제269조 신고 흠결이나 허위신고 대상물건 중 제282조 제2항 단서에 해당하는 물건 등은 여기에 해당하지 않는다.[125]

이러한 '범죄행위로 인하여 생한 것'은 범죄행위로 인하여 비로소 생성된 물건으로 문서위조죄의 위조문서와 같은 것이 이에 속하며, '범죄행위로 인하여 취득한 것'은 범행 당시에도 이미 존재하였으나 범행으로 인하여 범인이 취득하게 된 물건으로 도박행위로 딴 금품 등이 이에 속한다.

이런 이유를 "대가로 취득한 물건"에는 장물의 매각대금, 인신매매 대금 등이 해당한다. 단, 장물의 대가로 취득한 금전도 장물 피해자가 있을 때에는 범인 이외의 자의 소유에 속하는 물건이 되기 때문에 몰수하여서는 안 되고, 피해자의 교부청구가 있을 때 환부해야 한다. 예컨대, 군용물을 횡령하여 매각한 후 얻은 금전은 업무상 횡령죄의 범행으로 인하여 취득한 물건의 대가로 취득한 물건이지만, 피해자에게 반환할 것이지 피고인 이외의 자의 소유에 속하지 않으므로 이를 몰수할 수 없는 것이다.[126]

b) 대인적 요건

몰수 대상이 되려면, "범인 이외의 자의 소유에 속하지 아니하

125_ 대판 1974.6.11, 74도352.

126_ 대판 1966.9.6, 66도853.

거나 범행 후 범인 이외의 자가 정을 알면서 취득한 물건”이어야 한다. 여기서 말하는 범인의 범주에는 공범도 포함된다. 판결선고 시의 권리관계를 표준으로 볼 때 범인의 소유인 물건뿐만 아니라, 무주물, 소유자 불명의 물건, 금제품 등이 이에 속한다. 따라서 부실기재된 등기부, 허위기재 부분이 들어 있는 공문서, 장물, 매각위탁을 받은 엽총 등은 몰수할 수 없다.

또한 범인 이외의 자의 소유인 물건에 대한 몰수선고가 있는 경우에는 피고인에 대한 관계에서 그 소지를 몰수할 뿐 제3자의 소유권에는 영향이 없다.[127] 끝으로 '범행 후 범인 이외의 자가 정을 알면서 취득한 물건'이란 범행 후 제3자가 취득할 당시에 그 물건이 형법 제48조 1항 각 호에 해당함을 알면서 취득한 경우를 말한다.[128]

라. 추징 및 폐기

몰수의 대상인 물건을 몰수하기 불능한 때에는 그 가액을 추징하고(형법 제48조 제2항), 문서 · 도화 · 전자기록 등 특수매체기록 또는 유가증권의 일부가 몰수에 해당하면 그 부분을 폐기한다(제48조 제3항).

추징은 몰수의 취지를 관철하기 위한 일종의 사법처분이나 실질적으로 부가형의 성질을 띠고 있다. 따라서 1심에서 행하지 않은 추징을 항소심에서 선고하면 불이익변경금지의 원칙에 위배된다.[129]

여기서 '몰수하기 불능한 때'란 소비 · 분실 · 훼손 등의 사실

127_ 대판 1970.3.24, 70다245.
128_ 대판 1982.9.28, 82도1669.
129_ 대판 1961.11.9, 4294형상572.

상 원인 또는 혼동・선의취득 등의 법률상 원인으로 몰수할 수 없는 경우를 의미한다. 한편 수인의 공동피고인으로부터 추징할 때에는 원칙적으로 개별 추징을 해야 하며 개별액을 알 수 없으면 평등분할액을 추징해야 한다. 추징가액의 산정의 기준시에 관하여는 범행시설・몰수불능시설・판결선고시설 등이 있으나 범죄인의 이익을 위해 판결선고시설이 타당하다.[130]

폐기는 문서・도화・전자기록 등 특수매체기록 또는 유가증권의 일부가 몰수에 해당할 때 명해진다. 전부가 몰수에 해당할 때에는 몰수하면 된다. 1995년에 폐기 대상 속에 전자기록 등 특수매체기록을 추가하였다. 각종 문서위조 등 죄, 공무상 비밀표시무효죄(형법 제140조), 업무방해죄(제314조 2항), 비밀침해죄(제316조 2항), 권리행사방해죄(제323조), 재물손괴죄(제366조)의 행위객체에 이것이 추가된 것과 보조를 같이하기 위함이었다.

전자기록이란 사람의 지각으로써 인식할 수 없는 방식에 의하여 작성된 전자적 기록과 자기(磁氣)적 기록을 말한다. 즉 반도체 기억집적회로(IC메모리), 자기테이프, 자기디스크 등이 이에 속한다. 특수매체기록은 전자기록 이외의 광(光)기술이나 레이저기술을 이용한 기록을 말한다. 비디오테이프나 녹음테이프, 마이크로필름 등은 영상매체로서의 특수성을 갖고 있어도 컴퓨터 등 정보처리장치에 의해 식별할 수 있는 특수매체기록은 아니기 때문에 일반적인 재물 내지 문서의 일종으로 취급하는 것이 옳다.

5) 재산형의 집행

벌금, 과료, 몰수, 추징 등은 검사의 명령에 따라 집행한다(형

130_ 대판 1976.2.9, 75도1536; 1991.5.28, 91도352.

사소송법 제477조 ①). 이 명령은 집행력 있는 채무명의와 같은 효력이 있다(동법 제477조 ②). 그런데 이 가운데서 벌금과 과료의 집행과 관련하여, 최근 한두 가지 쟁점이 제기되고 있다.

첫째, 벌금·과료의 대납문제이다. 형벌은 일신전속적인 성격을 갖고 있다. 따라서 제3자가 타인의 형을 대신 집행받는 것이 과연 형벌의 이같은 성격과 일치할 수 있는가 하는 점이다.

형벌은 행위자의 개별적인 자기 책임의 정도에 상응한 범위 안에서 형사정책적 예방목적을 고려하여 과해지는 사회윤리적 비난이다. 따라서 책임원칙과 형벌의 일신전속성은 불가분의 관계에 놓인다. 이 원칙이 이완될 때 연대책임이나 대리책임도 가능해져서 형벌을 통한 형법규범의 안정화가 어려워질 수 있다.

형법규범도 궁극적으로 범죄통제를 통하여 법익보호에 이바지한다. 법익보호를 위해 형법은 먼저 일반인에게 당위적인 금지·명령을 내리는 행위규범을 제시하고, 만약 일반인이 그 행위규범의 요구를 무시할 때 제재규범(형벌 또는 보안처분)을 투입한다. 행위규범은 금지·명령을 통해 일반인을 규범합치적인 삶의 길로 인도하고, 제재규범은 형벌 또는 보안처분을 통해 행위규범준수를 실효성 있게 만든다.

그런데 타인의 형을 대신 집행받는 일은 형법상 범인도피죄나 위계에 의한 공무집행방해죄 등에 해당한다. 실제로 독일에서는 범죄인의 일신전속적인 책임의 정도를 나타내는 벌금을 제3자가 납부한 경우 독일형법상 범인비호죄 또는 처벌방해죄의 구성요건에 해당하는지의 여부가 문제된 적이 있었다. 독일 제국법원은 제3자의 벌금대납행위를 당시 독일 제국형법 범인비호죄로 처벌한 경우가 있었다. 물론 독일연방법원은 이러한 행위가 곧바로 독일형법상 처벌방해죄(§258② StGB)의 구성요건에 해당하는 것은 아니라고 판결한 바 있다(BGH NStZ 1991, 486 Anm. von Wodicka).

다수의 학설도 벌금대납행위가 불가벌이라는 입장이지만, 그럼에도 대납이 무제한으로 허용된다는 것은 아니다. 벌금의 납부는 적어도 본인이 직접하여야 한다는 것이다. 그렇게 함으로써 재산형집행에 있어서 일신전속성의 요구를 어느 정도 충족시킬 수 있기 때문이다.

둘째, 벌금·과료를 신용카드 또는 직불카드 등으로 납부할 수 있는지의 문제이다. 벌금 등을 신용카드로 납부한다는 것은 제3자인 여신전문업체인 신용카드업자가 납부대행기관으로서 그 회원인 범죄인 대신 벌금을 직접 국가에 납입한다는 의미이다. 벌금을 신용카드로써 납부하는 것은 형벌을 제3자가 대신 집행받는 전형적인 경우라고 할 수 있다. 이 경우 국가가 벌금의 신용카드 등에 의한 지급을 위해 납부대행기관을 지정·운영하게 된다면 형집행의 민영화가 이루어지는 셈이다.

비교법적으로 독일이나 스위스는 교통범칙금을 신용카드로 납부할 수 있도록 하고 있으나, 벌금은 형벌인 만큼 현금으로 납부하도록 하고 있는 실정이다. 우리나라에서도 19대 국회가 개원하자 형사소송법 제477조의 개정안이 제출되었다.

즉, 제477조 제6항을 신설하여

- 300만원 이하의 소액 벌과금에 대하여는 국세의 경우와 같이 신용카드 등으로 납부대행기관을 통하여 납부할 수 있도록 하고
- 납부대행기관의 지정 및 운영, 납부대행수수료 등은 「국세기본법」의 예에 따를 수 있도록 하였다.

이와 같은 개정의 취지는 국민생활의 편의를 향상시키고, 납부능력이 부족한 서민의 부담을 완화하며, 노역장 유치집행을 최소화하기 위한 것이라는 것이다. 그러나 문제는 형벌의 일신전속성과 일반예방효과의 실효성 등과의 충돌이다.

생각건대, 자유형은 주요범죄에서는 불가피하지만, 경미범죄와 중간범죄에 대해서는 결코 적절한 제재수단이 못 된다는 점, 재산형이 자유형 대체 및 감소화 노력의 일환인 점, 재산형이 범죄인의 재사회화를 위한 특별예방목적의 우위에서 발전해 왔다는 점 등을 고려할 때 형벌의 일신전속성을 자유형과 마찬가지 정도로 재산형에 물을 필요는 없다고 생각한다. 오늘날 형벌집행에 있어서도 국가의 형벌주권이 상당 부분 공동체나 민간단체, 또는 민간기업에 이양되는 경향이 나타나고 있다. 민영교도소 제도가 바로 그 일례이다. 따라서 벌과금을 제3의 납부대행기관을 통해 신용카드 등으로 납부하게 하는 것은 국민을 위한 사법서비스 차원에서 충분히 수긍할 수 있는 대목이다.

(5) 보호관찰제도

1) 의 의

최근의 형사정책 발전방향에서 보면 보호관찰은 자유형의 대안으로서 가장 각광받는 제도 중 하나이다. 이미 널리 알려진 바와 같이 전통적 의미의 보호관찰은 확정판결을 받은 범죄자에게서 그의 자유를 박탈하지 않은 채 보호관찰관의 감독하에 부과된 준수사항을 이행하면서 사회 안에서 정상적인 사회인으로 복귀하도록 돕는 제도이다.[131] 한국에서는 1988년 소년법의 개정 및 구(舊)보호관찰법의 제정으로 1989년부터 보호관찰제도가 본격적으로 실시되었다.

특히 지난 1997년 형법개정으로 보호관찰이 성인범에게까지 확대되면서 그 수는 점점 더 상승하여, 2008년도 실시건수는 18만여 건에 이르러 총 누계 210만여 건에 달하는 성장을 나타냈다. 처분유형별 실시사건의 영역도 다양해져, 1997년 보호관찰법개정 이후 집행유예에 따른 보호관찰, 사회봉사명령, 수강명령 점유율이 전체 실시건수의 과반수를 훨씬 능가하여 우리나라 보호관찰시스템의 대종을 이루었다. 그 뒤를 이어 소년법상 보호처분이 상당부분을 차지하고 있고, 그 밖에도 가퇴원, 가석방, 가정폭력법상 보호처분, 선도조건부 기소유예 등은 미미한 점유율을 나타냈지만, 우리나라 보호관찰시스템의 다양한 영역 가운데 하나로 자리잡고 있다.

현재 보호관찰제도는 형법의 선고유예, 집행유예조건의 부담부처분으로 자리잡은 외에도 소년법, 치료감호법, 성폭력특별법, 가정폭력특별법, 성매매처벌법, 청소년성보호법, 보호관찰법 등에 산재해 있다.[132] 형사정책적 관점에서 보호관찰제도가 현대형사정책의 꽃이라는 인식과 함께 형사사법실제에서 보호관찰이 투입되어야 할 활동영역은 점점 확대될 전망이다.

주지하는 바와 같이, 보호관찰은 범죄인에 대한 적극적·개별적인 사회내처우라는 점에서 시설내처우인 교정과 본질적인 차이가 있다. 시설내처우로서 자유형집행이 오늘날 가장 문제점 많은 형사정책수단인 점은 이미 주지의 사실이다. 또한 재소자의 탈

131_ 조흥식, "사회복지 측면에서의 보호관찰제도 20년 고찰," 보호관찰 제9권 제1호 (2009), 88면.

132_ 한영수, "보호관찰 관련법률의 제·개정의 역사와 보호관찰제도의 발전," 보호관찰 제9권 제1호 (2009), 23면 참조.

사회화를 촉진시키고, 고비용 · 저효율의 행형제도인 점도 두말할 필요가 없다. 문제는 이러한 시설내처우로서는 범죄인의 사회복귀가 정상적으로 이루어질 수 없고, 그 역작용으로 재범 · 누범 등의 증가를 낳는다는 점이다.

보호관찰은 형벌의 유예 또는 중단을 전제로 실시하게 되지만 선행유지조건인 일정준수사항을 부과하고 이를 스스로 이행하도록 개별상담자(case worker) 내지 독지가(social worker)로서 보호관찰관이 조력한다는 점이 특장이다. 거기에는 시설 내에서와 같은 팽팽한 신경전 대신 연민의 정을 가지고 설득하고 권유하고 세워주는 돌봄이 있다. 이 같은 지도 · 감독 · 원호는 대상자들을 사회 내에 방치하는 것이 아니라 교화 · 개선 · 자립갱생할 수 있도록 국가가 스스로 돕는 자를 돕는 역할에 해당한다.

보호관찰은 바로 그렇기 때문에 자유형의 폐단을 방지하여 예방목적을 실질적으로 내면화시킬 수 있고, 대상자의 갱생의지를 강화시켜 사회적응을 통한 재범억지에 획기적으로 기여할 수 있다. 오늘날 청소년 범죄의 예를 들자면 대부분 청소년범죄자 후보군은 깨어진 가족관계에서 자라난다. 부모가 서로 싸우고 갈라지며, 심지어 어린 자녀들에게 폭력을 휘두르며 아무 애정도, 감화어린 교훈도 주지 못하는 환경에서 자라난 아이들은 훌륭한 지도자가 되기보다는 범죄자가 되기 십상이다. 이미 오랜 삶의 일탈과정에서 범죄의 길로 빠져든 이들을 감금시켜 놓고, 사회와의 화해를 설교해 보았자 빗나간 그들의 심성을 교화시켜 사회화의 길로 들어서게 하기에는 너무 늦었고 힘들기만 하다.

그들에게 필요한 것은 관료적으로 처리되는 것이 아니라 개별적으로 처우되고, 비관료적인 사랑의 관계 속에서 인간과 사회와 심지어 자기자신에 대한 사랑을 느끼고 깨닫게 하는 일이다. 보호관찰은 바로 새로운 사랑과 신뢰의 가교를 놓는 모험을 감행하는 제도이며, 그러므로 비록 실패할 확률은 있지만, 교정보다 무감각하거나 무책임하지는 않다는 점에서 그 성공률을 높일 수 있는 기대감을 준다.[133]

더 나아가 보호관찰은 일찍이 미국의 교정자유화시대의 다이버전(diversion) 프로그램을 활용할 수 있는 가능성이 넓게 열려 있고, 많은 사회적 자원봉사인력과의 교류를 통해 비용을 절감하면서도 화합된 친교분위기를 조성함으로써 사회재통합의 기능을 촉진시킬 수 있다.

2) 문제점과 과제

자유형의 대안으로서 보호관찰이 가지는 이러한 순기능을 현실로 이행하기 위해선 대상자들의 특성에 맞는 재활프로그램을 다양화하고 그 프로그램을 함께 엮어갈 전문인력 및 자원봉사인력의 확충이 중요한 문제이다. 우리는 앞에서 리스트와 마이호퍼의 형사정책적 프로그램을 제시한 바 있다. 그 중에서 특히 보호관찰에 적합한 범죄자군으로 다음 세 가지 양태를 주목할 필요가 있다.

첫째, 속죄가능한 기회범군에 대해서는 속죄의 가능성을 닫아버리는 자유형보다 수강명령이나 사회봉사명령 또는 원상회복제도를 통해 선으로써 악을 극복해 나갈 수 있는 길을 열어주는 것이 좋다. 사회봉사작업은 반드시 육체노동에 한정할 필요는 없으며 대상자의 특성에 적합한 정신적인 작업도 고려될 수 있어야 한다.

133_ 인간을 사회적 존재로 파악하면, 자유형으로 인한 감옥시스템은 명칭이야 형무소에서 교도소로 바뀌었지만, 수형자들로 하여금 인격적 품성의 불완전성 때문이 아니라 사회적 관계의 불가능성 때문에 사회복귀의 목적에 이를 수 없다는 점을 직시할 때, 이 점은 더욱 절실해진다.

또한 피해자에 대한 원상회복을 행형적으로 높게 평가하여 범죄피해자를 형법적 보호와 관심의 영역으로 더 많이 끌어들여야 한다.

둘째, 속죄용의가 없는 기회범군에 대해서는 형벌부과가 불가피하겠지만, 재범위험성이 없다면 자유형을 통한 자유의 직접적 박탈보다는 벌금형이나 특별법상 보호처분 등의 보호처분제도가 우선 고려되는 것이 좋다. 자유의 간접적 박탈로도 재사회화를 촉진할 수 있다면 굳이 직접적인 자유박탈의 고비용구조를 선호해야 할 이유는 없기 때문이다.

셋째, 개선가능한 상태범군에 대해서는 종래 징역형이나 금고형과는 달리 사회복귀를 실질적으로 도울 수 있는 순수한 교육형제도가 도입될 필요가 있다. 특히 과실범과 교통사범에 대해서는 해당 분야의 전문기술과 적성을 다시 함양하고, 피해자에 대해 정신적으로 속죄할 수 있는 길을 열어주어야 한다. 그러기 위해서는 피해자측과의 화해를 위한 형사조정제도 도입, 과실범과 교통사범 전용 교정시설 설치, 전문적 보호관찰시스템의 개발이 필요하다. 물론 이들의 행태와 성격을 교정하기 위한 사회교육적 · 심리치료적 프로그램도 강구되어야 할 것이다.

이러한 원칙 안에서 보호관찰의 다양한 프로그램들이 구체화되어야 한다. 현재의 보호관찰프로그램에 전자감시가택구금제도나 위치추적감시제도의 확충 그리고 독일의 행상감독처분에 따른 집중갱생보호 내지 집중보호관찰제도는 시급히 도입할 필요성이 있다.[134]

그 밖에도 사회봉사명령이나 수강명령의 내실 있는 운영, 특히 피해자원상회복(victim restitution)의 형사정책적 수단으로의 제

134_ 한영수, "강력범죄의 재범방지를 위한 새로운 모색 – 독일의 형기종료 후의 행상감독제도를 중심으로," 범죄예방정책연구 (2008), 67면.

도화가 시급한 과제 중 하나로 보인다. 피해배상프로그램을 민법에 맡긴 법질서나 피해자에 대한 원상회복을 뒤로 제쳐놓고 국가가 범죄인에 대하여 자유형이나 벌금형의 집행에 골몰하는 제재제도하에서는 범죄희생자들이 형사정의 실현을 통해 실제적으로 추가적인 피해를 입는 경우가 많다. 자유형의 집행으로 범죄인의 자력기반이 붕괴되거나 벌금형의 우선집행으로 범죄인의 배상능력이 한계를 드러내기 십상이기 때문이다. 교도소에 앉아 있는 자는 결코 돈을 벌 수 없고, 기존의 자산을 운용할 수도 없다. 따라서 손해를 제대로 배상할 방도가 막히기 쉽다. 또한 많은 돈을 벌금으로 국고에 우선 지급해야 하는 사람은 피해자를 위해서는 정작 아무것도 지급할 것이 없는 경우가 많다. 이러한 점들이 보호관찰제도를 통해 개선되고 보완되어야 할 과제들이다.

3) 보호관찰제도의 활용 확대와 다양화

형사정책은 사회구조의 변화와 범죄에 대한 대응적 가치관에 따라 불가피하게 함께 변화를 겪지 않을 수 없다. 1970년대의 결산으로 그 때까지의 형사정책의 경향은 ① 응보사상의 쇠퇴, ② 재사회화경향, ③ 자유화경향, ④ 합리화경향, ⑤ 인간존중화의 경향이었다.

그러나 1980년대 중반에서 스칸디나비아 여러 나라에서 신고전주의의 등장으로 책임응보 및 소극적 일반예방사상이 재등장했고, 미국에서도 something works의 경향이 두드러지게 나타났다.

1990년대 중반 이후로는 ① 적극적 일반예방사상과 특별예방사고의 재등장, ② 체계의 단절과 개별문제해결을 위한 포스트모던적 형사정책이 두드러지게 나타났다.[135]

21세기 들어와 9·11테러 이후 위험형법적 사고와 공리주의 및 결과론적 정의가 전면에 등장한 바 있었지만, 최근에는 신합리주의적 경향이 다시 나타나고 있다.

이에 따르면 첫째, 형벌은 결코 범죄투쟁에 특별히 적합한 수단이 되지 못 한다는 점이다.

둘째, 자유형은 범죄통제수단 중 가장 문제점이 많고 비용이 많이 드는 대신 효율이 떨어지는 제도라는 점이다.

셋째, 예방은 처벌보다 훨씬 더 효과적이라는 점이다.

넷째, 형벌과 유사한 사회적으로 건설적인 대안적 제재수단들에 의해 현행 형사법제도가 보완되어야 한다는 점이다.[136]

이 같은 추세에 비추어 본다면, 보호관찰은 앞으로 형사제재와 그 집행에서 전통적인 시설내처우라는 교정제도를 훨씬 능가하여 사회내처우로서 그 활용범위를 더욱 확대해 나갈 필요가 있을 것으로 보인다. 우선 형법실현의 각 단계에서 보호관찰의 다양한 활용가능성을 언급해보기로 한다.

첫째, 기소이전단계에서 보호관찰부 기소유예를 통한 신속한 형사절차종결방안이다. 또한 보석요건조사와 보석피고인 법정출석 등 보석조건이행감독을 통한 보석제도의 활성화도 기대된다. 우리 형사소송법에 필요적 보석이 규정되어 있으나 활성화되지 못하고 있는 실정은 이 같은 제도의 미비 때문으로 보인다. 낮은 보석률로 인해 구속기소인원이 상당수 비율을 점하게 되어, 구치소마다 미결구금인원이 넘쳐 과밀수용, 구속의 단기자유형화, 구금비용 증대 등 부작용을 초래하고 있다.

135_ 이에 관한 상세한 논의는 김일수, "보호관찰제도의 과제와 발전방향," 보호관찰 제4호 (2004), 3면 이하 참조.

136_ Roxin, Aktuelle Probleme der Kriminalpolitik, 2000. 9. 22, 고대법학연구원 초청강연 참조.

2002년도 전체교도소 수용자 58,564명 중 35.7%인 20,918명이 미결구금인원이었다. 2003년도는 57,336명 중 21,004명(36.6%), 2004년도는 54,796명 중 19,169명(35%), 2005년도는 47,311명 중 14,342명(30.3%)로 나타났다.[137]

보석을 활성화하려면 법원은 보석결정에 앞서 범죄의 성질과 여러 가지 상황, 범죄인의 과거경력과 특성, 피고인이 석방될 경우 도망칠 위험성과 그로 인해 나타날 사회적 위험성 등을 면밀히 검토할 수 있어야 한다. 이 일은 보호관찰관에게 조사의뢰함으로써 제도적으로 쉽게 해결할 수 있는 상황이다. 최근의 형사소송법 개정논의는 일정한 결실을 거두었지만, 아직도 보석제도와 보호관찰의 연계방안을 모색해야 할 과제를 충족시키지는 못했다. 그러나 만약 위에서 언급한 제도개선이 뒤따라만 준다면 당연히 미결구금의 실질적 감소효과도 가져올 수 있을 것이다.

둘째, 공판단계에서 판결전조사를 통해 양형적정화와 피해자 및 이웃의 의견반영 등 관계인의 사법절차 참여에 기여하는 방안이다. 학계에서는 법원판결의 적정성과 피고인의 승복률 제고, 사회내처우의 적정성확보를 위해서는 성인범에 대해서도 판결전조사가 확대되어야 한다는 주장이 끊임없이 제기되어 왔다.

이전에는 「보호관찰 등에 관한 법률」 제19조(현행 제19조의2)에서 소년에 대하여는 판결전조사를 의뢰할 수 있는 근거 규정을 두고 있었으나 성인범에 대하여는 근거규정이 없는 실정이었다. 다만 보호관찰 등의 합리적인 결정에 유용하다는 실무상의 필요에

137_ 전체교도소 수용자 인원이 점차 감소하고 있는데, 이는 한국이 IMF 경제외환위기를 거치면서 경제관련 사범들이 점차 석방되고 있기 때문이며, 미결 구금인원 역시 검찰의 불구속 수사방침이 지속적으로 시행되면서 다소 감소되고 있는 것으로 판단된다.

의하여 법적 근거는 없지만 성인범에 대하여도 법원의 요구에 따라 판결전조사가 폭넓게 이루어지고 있는 것이 현실이었다.

그 후 2008.12.26.「보호관찰 등에 관한 법률」개정(2009.3.27. 시행)으로 그 법적 근거규정을 마련한 것은 만시지탄이 있지만 다행스러운 일이 아닐 수 없다. 장기적으로는 형사소송법에 규정하여 모든 성인범죄자에게 실시토록 하되, 소년에게는 필요적으로 실시하는 방안을 강구할 필요가 있다.

현재 양형조사관 제도를 두고서, 법원, 검찰, 변호사단체가 대립하는 상황을 보이고 있어 그 귀추가 주목된다. 보호관찰제도를 통해 축적해 온 기존의 판결전조사제도가 활성화되도록 지혜를 모은다면, 오히려 합리적인 법제도로 더욱 발전할 수 있으리라고 전망된다.[138]

또한 보호관찰조건부 선고유예 및 집행유예가 활성화되면 자유형집행으로 인한 탈사회화작용을 최소화하고 범죄인의 특성에 알맞은 조기치료적 개입을 가능하게 할 것이므로, 그 활성화를 위한 제도개혁과 관행의 개혁이 필요하다. 현행 벌금형 선고유예제도를 뛰어넘어 벌금형의 집행유예제도도 도입함으로써 보안처분 활성화의 길을 더욱 넓혀가야 할 것이다. 또한 약물, 음주운전, 주취폭행, 성폭력, 가정폭력 등에 대해 최초 범행시에는 반드시 보호관찰, 수강명령 등을 통해 치료적인 개입이 가능토록 해야 하고, 이를 통해 재범률감소를 도모해야 한다.

셋째, 집행단계에서 준수사항과 제재조치를 더욱 다양화하여 대상자의 기본권제한범위를 분명히 하고, 만약의 경우 이를 위반했을 때 그 처벌범위도 최소화해 나가야 한다. 전자감시제도의 확

138_ 김일수, 바람직한 양형조사제도 – 기관갈등의 분석과 출구, 세창출판사, 2010, 197면 이하 참조.

충으로 사회격리의 피해를 줄이고 구금비용을 절감하는 방안은 더욱 활성화되도록 강구해야 할 사항이다. 다만 이 같은 전자감시제도는 특정범죄자군에 대해서는 아무런 제재효과가 없다는 약점과 다른 한편 과도한 감시로 인한 인권침해논란을 불러일으킬 소지가 있다는 점이 문제이다.

그러나 이 제도는 여가시간에도 집행될 수 있고, 자유로운 생활을 어느 정도 제약하면서도 범죄인을 직업과 가정생활로부터 절연시키지 않는 장점을 갖고 있다. 다만 개인적인 소질・환경에 따라 세분화하여 이 제도를 활용하는 일과 과도한 감시의 위험을 덜어주는 제도의 확립이 선행되어야 할 것이다.

넷째, 보호관찰준수사항 위반자에 대한 집행유예기간을 사후적으로 연장하는 제도도 도입할 필요가 있다. 보호관찰부 집행유예자가 의도적 소재불명상태에서 집행유예기간을 경과하는 경우 법집행불능사태가 생기기 때문이다. 영미는 프로베이션(probation: 유죄결정 후 형선고유예) 형태이기 때문에 사후 준수사항, 일정기간 구금, 기간연장 등을 자유롭게 변경할 수 있고, 프랑스나 독일의 행상감시제도도 원칙적으로 이를 가능하게 하고 있다. 현행 형법 제62조의2 제2항 단서규정을 보완하여, 법원은 보호관찰관의 지도・감독이 더 필요하다고 인정되는 경우, 최초에 정한 집행유예기간의 2분의 1을 초과하지 않는 범위 내에서 집행유예기간 및 보호관찰기간을 연장할 수 있도록 손질했으면 한다.[139]

4) 미래 전망과 과제

앞으로의 형사정책방향에서 세계적인 추세는 교정에 의한 시

139_ 김일수, “한국 보호관찰 20년의 성과와 과제,” 보호관찰 제9권 제1호 (2009), 17면.

설내처우보다 보호관찰에 의한 사회내처우 쪽으로 비중이 쏠릴 전망이다. 한국의 보호관찰은 서구 선진국에 비하면 아직 일천하지만, 동아시아 여러 나라에서는 선진국에 해당한다. 일본보다 앞서 사회봉사명령과 수강명령, 가정폭력범에 대한 보호관찰, 야간외출 제한명령, 상습성범죄자 · 아동유괴범에 대한 전자발찌부착제도(2008년 도입 이후 확대실시), 벌금미납자에 대한 사회봉사명령제 도입(2009.9.26.부터 시행된 벌금미납자의 사회봉사집행에 관한 특례법) 등 각종 선진적 제도를 적극적으로 시행해오고 있기 때문이다.

문제는 앞으로의 방향이다. 앞으로의 전진을 위해 개혁되어야 할 현안은 너무도 많다. 이를테면 독일의 행상감독에 걸맞은 집중보호관찰제도의 도입 · 확충, 전자감시제도의 확대, 전자위치추적시스템의 적용범위확대 등 보호관찰역량을 통한 사회안전망구축의 시급한 과제들이 산적해 있다.

다음으로 선도보호위원회와 같은 민간자원봉사인력을 보호관찰 시스템하에 두는 직제 재조정이 시급하다. 보호관찰은 약물, 청소년범죄, 성폭력, 가정폭력, 음주운전 등 그 영역을 넓혀가고 있어 다양한 사회적 자원봉사인력의 유기적 협조체제를 구축하지 않고는 실효성을 높이기 어렵다. 지금 대검찰청에서 범죄방지대책의 일환으로 통일적인 관리하에 둔 민간위원들을 보호관찰영역에서 전문화하고 유기적인 협력관계에 두는 작업은 시급히 풀어가야 할 과제 중 하나로 보인다.[140]

140_ 신의기, "우리나라 범죄예방정책의 현황과 과제," 범죄예방정책연구(2008), 22면 이하 참조.

(6) 가석방제도

1) 의 의

가석방(Aussetzung des Strafrestes, parole)은 자유형의 집행 중에 있는 자가 수형생활을 통해 현저히 교화·개선되었다고 판단될 때 형기만료 전에 조건부로 수형자를 석방하고, 그것이 취소 또는 실효되지 않고 일정한 기간을 경과하면 형의 집행이 종료된 것으로 간주하는 제도이다(형법 제72조~제76조). 즉 가석방은 형집행 중 개전의 정이 현저한 때에는 형벌의 목적을 이미 충분히 달성하였다고 보고, 수형자의 사회복귀를 앞당겨 이행시키는 제도이다. 또한 행형과정 중 수형자의 갱생(거듭남)과 분발을 촉구하는 제도이기도 하다.

하지만 모든 나라의 형사사법체계에서 가석방(parole)이라는 용어가 통용되는 것은 아니다. 오히려 대륙법계의 전통은 조건부석방(conditional release, Bedingte Entlassung)이라는 용어에 더 친숙하다.

가석방은 수형자의 개전의 정 또는 재사회화의 정도를 전혀 고려하지 않고 미리 정해진 형을 집행하는 정기형제도의 결함을 보완하여, 자유형 집행에 있어서 구체적 타당성을 실현할 수 있다. 그러나 세계의 여러 나라에서 조건부석방에 부과되는 유일한 조건이 범법자가 남은 형기동안 추가적인 범죄를 저지르지 않고, 혹은 당국에 정기적으로 보고하는 일 정도이다. 이 같은 조건부과에 의하는 조건부석방제도의 단점은 이들 조건이 개개 범죄자의 욕구와 구체적으로 관련되지 않거나 교도소 밖에서 법질서에 순응하는 삶으로 변화하는 데 별 도움이 되지 않는다는 점이다.

가석방은 최소 복역기간이나 형기의 일정비율을 복역한 후에 반드시 자동적으로 작동하게 할 수 있다. 수용자를 조건부로 석방하는 결정이 필요하다면 임의적으로 운용될 수도 있다. 수용자가 가석방을 신청해야 하는 사법권(司法圈)에서는 신청이 권면(勸勉)되어야 한다.

가석방도 일종의 조기석방에 해당한다. 그런데 조기석방은 어떤 형태이든 재소자의 과밀수용을 억제하고, 수용인원을 줄이는 효과는 있지만, 판결의 권위를 약화시키고 범법자에게 공식적으로 부과된 것과 다른 형량을 부과하는 셈이 되기 때문에 일반인의 법에 대한 신뢰를 약화시킬 우려가 있다. 이러한 우려를 최소화하려면 판결시점에서 법관은 행위자의 사후 행형성과에 따라 조기석방의 문이 열려 있다는 점, 조기석방의 근거와 조건, 조기석방의 자격을 갖추기 위해 무엇을 해야 할지에 관해 공개적으로 명확히 설명할 필요가 있다.

일반인들은 징역형을 통해 구금된 자가 조기석방됨으로써 사회안전망이 위협받는다는 우려를 가질 수 있다. 그러나 대다수의 범법자는 일정 단계에 이르면 석방되고 또 석방되어야만 한다. 범죄자들만으로 채워진 구금시설에서 재사회화되어 사회의 안전이 보호될 확률보다는, 지역사회에 기반을 둔 사회내처우로 재사회화될 확률이 훨씬 높고, 그 결과 이들이 재범에 이를 가능성을 낮출 수 있어 결과적으로 일반인에게 더 효과적인 안전망을 제공하는 셈이 된다. 위험시되는 범법자가 지역사회로 석방되어 돌아온 후라도 보호관찰관이나 경찰 또는 비정부단체의 감시 내지 도움으로 이들의 행동이 비록 느슨하지만 어느 정도로 통제된 규율 안에 있음을 일반인이 안다면, 이들에 대한 우려를 불식시킬 수 있을 것이다.

반면, 조기석방이 범법자에게 불공평하게 부여되어서는 안 된다. 그것이 교정당국의 임의에 내맡겨지거나 자의적인 판단에 따라 거부되는 경우, 범법자들은 자신이 다시 한번 불공정한 대접을 받는다는 느낌을 가질 수 있다. 이를 피하려면 교정당국의 조기석방 결정은 공정성을 담보할 수 있는 절차와 방식에 따라 객관적이고 투명하게 운영되어야 한다. 가장 간단한 방법은 형기의 일정 비율(예컨대, 3분의 2)을 지나면 전통적으로 조기석방을 허락하는 것이다. 경미한 징계를 받았다는 이유로 조기석방이 거절된다면, 추가적인 구금형과 동일한 고통을 수형자들에 과하는 결과가 될 수 있기 때문이다.[141]

더 나아가 까다로운 석방조건의 부과는 처음 판결 당시 그런 조건을 전혀 예견하지 못했던 수형자에게는 추가적인 부담 내지 두 번 처벌의 고통으로 체험될 수 있다. 그러므로 당국은 석방조건을 신중히 선택해야 할 필요가 있다. 예컨대 애초 판결에 벌금형이 부과되지 않았으면 법원이나 교정당국이 수용자에게 벌금 납부를 조건으로 석방할 수 있다는 결정을 내려서는 안 된다. 이런 우려를 피하려면 당국은 수형자에게 당국이 제시한 조건부 조기석방을 수용할지 여부에 관한 선택권을 주는 것이 좋다.[142]

2) 법적 성질

우리나라 형법상의 가석방은 법무부장관의 행정처분에 의해 수형자를 석방하는 것이므로 그 법적 성질은 행정행위의 일종인 형집행작용이다. 그러나 가석방제도의 실효성 확보 및 형법실현에서 법적 안정성이라는 측면에서 볼 때, 영 · 미 또는 유럽대륙 여러 나라와 같이 보호관찰 등의 보안처분을 이에 접목시키고, 그에 대한 처분도 사법기관으로 넘겨야 할 필요가 있다. 개정형법은 이 같

141_ 한국형사정책연구원, 유엔 형사사법 핸드북: 구금형 대안, 2009, 68면.
142_ 앞의 책, 70면.

은 인식에서 가석방의 조건으로 보호관찰제도를 도입했으나 그에 대한 처분은 아직 행정관청에 맡기고 있다.

하지만 가석방은 자유형 집행과 시설내수용으로 인해 일어나는 수형자들의 사회화와 자기화(인격화)를 장애하는 역기능을 줄이고, 재사회화의 이념에 따라 수형자의 사회복귀에 맞도록 처우하는 수단으로서 특별예방 우위의 행형제도의 한 형태라고 볼 수 있는 측면도 갖는다. 특히 가석방제도를 누진처우제도와 연계시킨 우리나라의 교정처우 시스템은 이런 측면에서 이해할 수 있는 부분이다.

더 나아가 개정형법 제73조의2 제2항에서 가석방된 자에게 보호관찰을 부과하도록 하고, 또한 가석방취소 제도를 둔 것은 가석방제도가 사회방위 차원과도 연계되어 있었음을 보여주는 대목이라 할 수 있다. 그 밖에도 가석방은 모범수형자들에게 국가가 내리는 시혜적 조치라는 견해도 있으나, 오늘날의 수형자 권리에 관한 국제인권규정의 정신에 비추어 보면 시대정신에 맞지 않는 견해임을 알 수 있다.

요컨대, 가석방제도는 사회방위와 행형제도로서의 성격도 내포하고 있는 교정 행정처분의 일종이라고 보아야 할 것이다.[143]

3) 연 혁

가석방제도는 1790년경 영국의 식민지이자 유형지였던 오스트레일리아에서 필립(A. Philip) 주지사에 의해 창안된 것이라고 한다. 영국은 미 대륙 발견 후 버지니아주 메릴랜드 지역을 유형지로 삼았으나, 1776년 미국 독립으로 이 유형지를 잃게 되자 오스트레

143_ 남상철, 교정학개론, 2005, 337면.

일리아 노포크(Norfolk) 섬을 새로운 유형지로 사용하기 시작했다. 당시 호주 총독은 1790년까지 절대적 사면권을 행사하여 일정한 조건없이 유배된 수형자들에게 사면을 실시하는 정도였다.

그러나 당시 유형지들은 가혹한 강제노동에 반대하는 폭동 등을 자주 일으켰다. 필립 주지사가 이를 피하기 위해 조건부 은사의 형식으로 이들 유형수형자 가운데 특히 행상이 양호하고 개전의 정이 있는 자에 대해 그 형기를 일부 단축하고 잔형기간 동안 본국으로 돌아가지 않을 것을 조건으로 방면하는 가출옥 허가장(ticket of leave)을 발급해 주었다. 이것이 오늘날 가석방제도의 효시라고 한다.

이 허가장은 일정지역에서 자유롭게 취업할 수 있는 권리를 인정해 줌과 동시에 그 뒤로는 결혼을 허가하는 증서로도 활용되었다고 한다. 1821년경에 이르러서는 이 허가장이 일정형기를 경과한 자에게만 주어지도록 제한규정이 만들어졌다. 그 후 1840년에서 1844년 사이에 노포크 섬 교도소장으로 부임한 마코노키 해군대령의 누진제 시행에 따라 누진처우의 마지막단계가 이 허가장에 의한 가석방제도로 규정되기에 이르렀다.[144]

그 후 영국은 1853년에 유형제도를 대신하여 강제노역법을 제정하고, 누진제를 가석방제도와 결합시켰다. 마키노키와 크로프톤의 점수제와 아일랜드제[145]에 입각한 가석방제도는 이후 영국과 미국의 행형제도에 영향을 미쳤다. 미국에서는 1876년 뉴욕의 엘마

144_ 박상기 외, 형사정책, 한국형사정책연구원, 477면; 남상철, 앞의 책, 338면 참조.

145_ 행형제도에서 아일랜드제란 수형자의 행형점수를 매월 계산하여 그 등급에 따라 누진적 처우를 시행하는 누진처우의 일종이다. 1854년 영국의 월터 크로프톤(Walter Crofton)이 아일랜드에서 채택한 4단계제도[독거→혼거→중간감옥→가석방]를 말한다.

이라 감화원을 시작으로 모든 주가 가석방제도를 채택하기에 이르렀고, 그 중 미시시피 주가 1944년 이 제도를 가장 늦게 도입했다.

유럽대륙에서도 1862년 독일의 작센 주가 가석방제도를 처음으로 도입했다. 그러나 독일 가석방제도의 특징은 영국과 달리 행형상 누진제와 상관없이 또한 보호관찰과도 연계시키지 않고 가석방을 인정하는 데 있다. 영·미에서는 조건부석방과 보호관찰제가 밀착하여 발전해 온 반면, 독일 등 유럽대륙 국가들은 크로프톤의 누진제 등에 관심을 기울인 가석방제도를 채택하되, 보호관찰관에 의한 보호관찰이 수반되지 않는 단순한 조건부 가석방제도만을 채택하는 것이 일반적 경향이었다.

이 같은 유럽대륙 국가들의 전통이 일본에 전해졌고, 그것이 우리나라에도 전래되었다. 일본은 세계 제2차 대전 종전 후 바로 영·미식으로 전환하였으나, 우리나라는 1989.7.1.부터 보호관찰법이 시행되었으나 가석방된 소년수형자, 가퇴원한 소년원 수용자 및 가출소된 피보호감호자에 대해서만 보호관찰이 실시되었다. 따라서 가석방된 성인수형자의 경우에는 일정한 준수사항을 부과하고, 필요한 경우 갱생보호기관의 보호를 받게 하는 등 체계적인 처우가 행해지지 못했다. 그 후 1994.4.1. 성폭력법 시행으로 성폭력범죄자인 성인에 대해 보호관찰이 전면 실시되기에 이르렀다.

4) 현행법상 가석방의 요건

가. 징역 또는 금고의 집행 중에 있는 자가 무기에 있어서는 20년, 유기에 있어서는 형기의 3분의 1을 경과한 후일 것

가석방은 징역 또는 금고의 집행 중에 있는 자에 대해서만 인정된다. 그러나 문제는 벌금을 납입하지 않아 노역장유치가 된 경우 가석방을 할 수 있느냐에 있다. 벌금형에 대하여는 가석방을 인정할 수 없다는 이유로 이를 부정하는 견해도 있으나, 노역장유치가 대체자유형에 불과하고 자유형을 선고받은 자에 비하여 벌금을 선고받은 자를 차별할 까닭이 없으므로 이 경우에도 가석방을 인정해야 할 것이다.

무기의 경우에는 20년, 유기의 경우에는 형기의 3분의 1을 경과하여야 한다. 이 때 형기는 선고형이며, 사면 등에 의하여 감형된 때에는 감형된 형을 기준으로 한다. 위의 기간을 계산함에 있어서 형기에 산입된 미결구금일수는 집행된 기간에 산입한다(형법 제73조 제1항).

수개의 독립된 자유형이 선고되어 있는 경우 각 형을 분리하여 기간을 계산할 것인가, 아니면 이를 종합하여 계산할 것인가가 문제된다. 현저한 뉘우침의 정이 있는 경우에 되도록 수형자의 사회복귀를 앞당김으로써 특별예방적 효과를 거두기 위해서는 수개의 형을 종합하여 가석방의 요건을 판단함이 타당하다.

나. 행상이 양호하여 개전의 정이 현저할 것

수형자에게 잔형을 집행하지 않아도 재범의 위험성이 없다는 예측이 가능해야 한다. 이에 대한 판단은 순수한 특별예방적 관점을 기준으로 해야 하며, 교도소 내에서의 규율준수·생활태도 등도 참작해야 할 것이다.

다. 벌금 또는 과료의 병과가 있는 때에는 그 금액을 완납할 것

다만 벌금 또는 과료에 관한 유치기간에 산입된 판결선고 전 구금일수는 그에 해당하는 금액을 납입한 것으로 간주한다(제73조 제1항, 제2항).

5) 가석방의 기간 및 보호관찰

가석방의 기간은 무기형에서는 10년, 유기형에서는 남은 형기로 하되 그 기간은 10년을 넘을 수 없다(형법 제73조의2 제1항). 개정 전 형법은 가석방의 효과(제76조 제1항)에서 이를 간접적으로 규정했으나 개정형법은 본조를 신설하여 가석방의 기간을 직접 명시했다.

가석방된 자는 가석방기간 중 보호관찰을 받는다(제73조의2 제2항 본문). 가석방자의 재범방지와 사회복귀를 위한 체계적인 사회내처우로서 최소한 보호관찰이 필요하기 때문이다. 다만 가석방을 허가한 행정관청이 필요가 없다고 인정한 때에는 그러하지 아니하다(제73조의2 제2항 단서).

가석방자에 대한 보호관찰은 선고유예·집행유예의 보호관찰(probation)과 성질을 달리하는 지도·감독으로서의 보호관찰(parole supervision)이다.

6) 가석방의 효과

가석방의 처분을 받은 후 처분이 실효 또는 취소됨이 없이 가석방기간(무기형은 10년, 유기형은 잔형기)을 경과하면 형의 집행을 종료한 것으로 본다(제76조 제1항). 이 경우 형집행이 종료되었을 뿐 유죄판결 자체의 효력이 없어지는 것은 아니다.

7) 가석방의 실효·취소

가. 가석방의 실효

가석방 중에 금고 이상의 형을 선고받아 그 판결이 확정되면 가석방처분은 효력을 잃는다. 다만 과실로 인한 죄로 형의 선고를 받았을 때에는 예외로 한다(형법 제74조).

나. 가석방의 취소

가석방의 처분을 받은 자가 감시에 관한 규칙을 위배하거나, 보호관찰의 준수사항을 위반하고 그 위반 정도가 무거운 때에는 가석방처분을 취소할 수 있다(형법 제75조). 종전 행형법 시행령에 따르면 “가석방된 자는 가석방기간 중 선행을 하고 정상적인 업무에 취업하여야 하며 기타 다른 법령에서 정하는 가석방자가 지켜야 할 사항을 준수하여야 한다”(행형법 시행령 제157조)고 규정되어 있었다. 그러나 현행 「형의 집행 및 수용자의 처우에 관한 법률 시행령」 제140조는 단지 “소장은 법 제122조 제2항의 가석방 허가에 따라 수형자를 가석방하는 경우에는 가석방자 교육을 하고, 준수사항을 알려 준 후 증서를 발급하여야 한다”는 포괄적인 내용만 담았다. 이 준수사항에는 위에서 언급한 종전 행형법 시행령 제157조의 내용이 참고가 될 것으로 보인다. 그러나 가석방된 자가 이러한 감시규칙을 위배한 때 또는 보호관찰 준수사항을 위반하고 그 정도가 무거운 때에는 가석방을 취소할 수 있다.

다. 가석방의 실효 및 취소의 효과

가석방이 실효 또는 취소되면 가석방 당시의 잔형기의 형을 집행한다. 이 때 가석방의 익일부터 실효・취소로 인하여 구금된 전일까지의 가석방 중의 일수는 형기에 산입하지 아니한다(제76조 제2항).

8) 제도의 문제점

가석방은 사법권에 의한 확정판결을 행정기관이 사후에 재량으로 변경하는 것으로, 삼권분립의 정신에 어긋난다는 비판이 있을 수 있다. 하지만 가석방은 법원에 의해 확정된 형기 자체를 단축시키는 것이 아니라 다만 재사회화를 위한 합목적적 고려에서 자유형의 집행방법만 일정한 조건하에 변경시키는 것이므로, 수형자의 인권보장 차원에서 보면 실질적으로 삼권분립의 본지와 상치되는 것은 아니라고 본다. 왜냐하면 삼권분립도 그것 자체가 자기목적적인 것이 아니라 국민의 기본권보장을 위한 수단에 불과하기 때문이다.

문제는 행정처분으로서 가석방 심사의 기준이다. 현행 가석방 심사의 기준으로는 개전의 정이 현저할 것이 요구된다. 그런데 이 개념은 우선 그 내용이 분명치 않다는 약점을 안고 있다. 개전의 정은 수형자의 내심에 속한 성향개념으로서 외부로부터 객관적인 검증이 쉽지 않은 개념이다. 현대 정신과학의 도움으로 인격탐지가 불가능한 것은 아니지만, 그것도 인간의 존엄성 요구와 충돌할 수 있어서 한계에 봉착하지 않을 수 없다는 점이다. 결국 개전의 정은 외부적인 몇 가지 징표에 의해 추론될 수밖에 없는데, 그 과정에 자의성이 개입할 소지가 많다는 점은 부인하기 어려울 것이다.

더 나아가 이 같은 기준의 주관성과 모호성 때문에 가석방 대상자로 하여금 통제당국이 요구하는 요건을 내심의 변화 없이 형식적으로만 충족시킴으로써 가석방을 유도할 수 있는 여지가 많다는 점이다. 즉 연기를 통해 얼마든지 판단자의 시선을 현혹시킬 수 있다는 점이다. 따라서 사회화와 인격화의 학습과정을 교정처우기간 동안 계속·반복하며, 그에 따라 행상변화를 종합하여 판단하되, 육감이 아닌 인지과학적 기법에 의한 평가가 정착할 수 있도록 전문가층의 인프라를 구축할 필요가 있다는 점이다.

어쨌거나 가석방은 교정시설내처우에서 사회내처우에로의 집행방법의 변경이다. 이것은 사회 내에서 사회화를 촉진시키는 장점을 갖고 있기 때문에 그 가능성의 길을 넓혀가는 것이 수형자 인권보장의 관점뿐만 아니라 장기적으로는 재범 없는 사회통합의 관점에도 유익이라는 점을 간과해서는 안 될 것이다.

(7) 전자감독제도

1) 의 의

전자감독(electronic supervision)은 범죄인에 대하여 전자적 감독기술을 적용하여 감독하는 여러 형사정책수단과 프로그램을 통칭하는 말이다. 그러나 아직도 대부분의 법제와 문헌에서는 이 같은 전자감독이란 용어보다는 전자감시(electronic monitoring)라는 용어가 널리 사용되고 있는 실정이다. 전자감시란 범죄인의 신체에 위치확인을 위한 신호장치를 부착시키고 특정한 장소에서의 출입여부나 이동경로를 탐지하여 감독하는 전자적 기술 및 그 기술을 적용한 프로그램이다.

전자감시는 범죄인의 위치를 실시간 추적할 수 있는 위치추적기술(location tracking technology)을 의미하기도 한다. 그러나 현대의 전자기술 발달에 따라 원격지에서 범죄인의 금지된 알코올이나 약물복용 여부를 확인하는 장치 등도 범죄인 감독에 사용되고 있다. 따라서 전자감독은 위치추적전자감시제도를 포함하여 보호관찰관 등이 대면적 접촉을 통해 범죄인을 지도・감독하고 치료・교정 프로그램을 병행하는 처우적 측면을 포괄하는 상위개념으로 사용된다. 이 양자를 구별하기 위해 전자감시를 좁은 의미의 전자감독이라고 말하기도 한다.[146]

사회내처우의 한 양태로서 전자감독제도가 특별히 주목을 받

146_ 김일수, 범죄인 전자감독에 관한 연구, 2005년 법무부용역과제, 56면 이하 참조.

는 것은 범죄인의 소재확인이나 위치추적과 같은 통제기술 외에도 이것이 가택구금이나 외출제한 그리고 집중보호관찰과 같은 사회내처우의 기법과 상호연계되어 자유형 대체수단뿐만 아니라 널리 구속 내지 미결구금의 대체수단 내지 가석방의 합리화와 보호관찰의 집행력 담보에도 효과적인 제도로 활용될 수 있다는 점이다. 더 나아가 자유형의 대안으로서 독립된 새로운 형사제재수단 내지 특정범죄에 대한 보안처분으로서도 활용가능성이 높다는 점이다.[147]

2) 전자감독의 발달사

형사사법체계에서 범죄인을 감독할 목적으로 전자기술을 처음 사용한 것은 1964년 미국에서였다. 미국 하버드 대학교의 심리학적 실험을 위한 과학위원회의 일원이었던 랄프 슈비츠게벨(Ralph Schwitzgebel) 박사가 매사추세츠 주의 케임브리지와 보스턴에서 가석방자, 정신장애자, 조사연구를 위한 자원봉사자들을 대상으로 전자감시를 최초로 시험실시하였다. 이 실험에 참가한 사람들은 약 1kg의 장치를 착용했는데, 이 장치는 400m 범위 안에서는 미사일추적장치를 응용하여 만든 수신기에 신호를 송출할 수 있었다. 이 기술을 사용하여 감시자는 수신기가 설치된 감시구역을 설정하고 이를 벗어났는지를 모니터를 통해 확인하였다.

이 시스템 개발자들은 특정한 범죄행위가 정확히 예측될 수 있고 범죄인이 자신의 현재 환경에서 통제될 수 있다면, 행위를 통제하고 사회를 방위하기 위하여 굳이 구금할 필요는 더 이상 없을 것이라고 기대했다. 그러나 초기 선구자들의 높은 기대에도 불구하고 실험참가자의 다수가 실험에서 이탈하는 등 실험결과는 그다

147_ 이진국, 사회내 제재수단의 도입 및 활성화 방안, 2004, 170면 이하.

지 만족스럽지 못했다.

1983년 미국 뉴멕시코 주 지방법원 판사였던 잭 러브(Jack Love)는 전자감시의 개념을 다음 단계로 발전시켰다. 1970년대 후반 그는 범죄인이 집에 있는지 여부를 확인하기 위해 유선전화를 사용하는 아이디어를 고안했다. 즉 전화기와 연결되는 주거지 모니터링 장비와 범죄인에게 착용되는 발신기의 조합을 통해 범죄인을 감독하는 아이디어가 등장한 것이다. 그리하여 1983년 앨버커키(Albuquerque)에서 최초로 가석방 보호관찰의 준수사항을 위반한 범죄인에게 이러한 형태의 가택구금(home arrest)을 실시하게 되었다.

1986년 미국 가석방위원회는 조기석방자들에 대한 실험적인 외출제한 가석방프로그램(curfew-parole program)을 개발하였다. 초기의 이 프로그램은 밤 9시부터 아침 6시까지 주거지에서의 외출을 금지하고, 전화를 걸거나 직접 방문하여 그 여부를 확인하는 것이었다. 그러나 한정된 인력과 집행상의 어려움으로 인해, 1988년이 되어서야 외출제한 프로그램에 사용하기 위한 전자장치가 개발되었고, 이를 평가하기 위한 시범연구(pilot study)가 실시되었다.

이 연구의 평가결과 그 효용성이 인정되어 이듬해 적용대상범위가 보호관찰부 집행유예자와 재판 전 단계의 구금피고인에게도 확대적용되었다. 그 후 1991년부터는 연방차원에서 전자감독을 전국적으로 실시하게 되었다.[148]

3) 전자감독의 기술적 운영시스템

지금까지 통상적으로 사용되어 왔고 우리가 알고 있는 전자감

148_ 김일수, 앞의 책, 59면 이하 참조.

독 기술은 주로 제1세대 시스템이다. 제1세대 시스템의 전형적인 형태는 범죄인의 특정장소(주거지) 이탈여부를 파악하기 위하여 '근접 탐지기술'(proximity detection techniques)을 사용하는 것이다. 제1세대 시스템은 그 기술방식에 따라 '수동적(passive) 감독방식'과 '능동적(active) 감독방식'으로 나눌 수 있다.

수동적 방식은 단속적 감시방식이라고도 하는데 주로 중앙감시컴퓨터가 무작위로 또는 지정된 시간에 대상자를 전화로 호출, 그 응답여부를 통해 지정된 장소에의 소재여부를 확인하는 방식이 사용된다. 이 경우 본인 여부를 확인하기 위하여 음성인증이나 지문확인 등 바이오측정기술을 적용한 신원인증장치를 필수적으로 사용한다.

한편 능동적 방식은 지속적(계속적) 감독방식이라고도 한다. 대상자의 발목 또는 손목에 소형 전파발신기를 착용시켜 발신기가 일정한 시간 간격으로 무선신호를 자동 발신하여 중앙감시컴퓨터에 전송함으로써 실시간으로 지정된 장소에 소재여부를 감독하는 전파식별(RF) 방식이다.

그러나 제1세대 방식은 대상자가 지정된 주거지에 머무르고 있는지 여부, 즉 일정 지역에서의 소재유무를 확인하는 통제기능만 가능할 뿐 대상자가 집밖에 있는 경우에는 통제할 수 없다는 단점이 있었다.

이러한 문제점을 개선하기 위해 개발된 것이 제2세대 방식이다. 위성위치확인(GPS: global positioning systems) 방식은 제2세대 시스템 중에서 진보된 위성통신 기술을 사용하는 비교적 최신의 감독방식이다. 이 방식은 대상자에게 부착된 발신기(tag)에서 발신한 위치 신호를 역시 대상자에게 부착된 수신기가 받아 이를 중계기로 전송하고, 중계기는 대상자 신호를 중앙감시컴퓨터로 전송하

여 대상자의 위치를 확인하는 방식이다.[149]

4) 전자감독에 사용되는 장치

전자감독에 사용되는 장치로서 가장 기본적인 것은 위치확인과 관련된 장치이다. 가택구금 및 외출제한, 위치탐지 등에 공통적으로 사용되는 전자신호 송신기 또는 발신기는 범죄인이 착용하는 지속적 신호장치(continuous signaling devices)로서, 신체로부터 분리하거나 파손하기 어렵게 제작되며 통상 범죄인의 손목 또는 발목 관절에 부착되도록 만들어진다. 한편 가택구금, 외출제한 등에 사용되는 수신기는 범죄인의 집에 설치되며 전화기에 부착된다. 수신기는 송신기의 신호를 탐지하고 전화기를 경유하여 중앙컴퓨터에 메시지를 전달한다.[150]

지역사회 내에서 활동하는 범죄인의 행적을 확인하기 위하여 초기에 사용한 장비는 기존의 전파식별(RF) 방식을 응용한 '현장모니터링장치'(field monitoring devices)이다. 일부 최근 기술은 실시간으로 범죄인의 움직임과 위치를 추적할 수 있는 능력을 제공해주기 위해 개발되었다. 위성위치확인장치 또는 GPS라 불리는 현재의 위치탐지시스템은 지구를 수천 마일 떨어져 돌고 있는 24시간 위성에 의존한다. 한편 휴대전화 시스템을 통해 능동적(active) 방식으로 범죄인을 실시간으로 추적하는 것도 가능하다.

한편, 위치확인장치의 변형된 형태인 피해자 경보장치는 스토킹이나 가정폭력 피해자에게 주로 사용된다. 수신기는 피해자와 범죄인의 주거지 모두에 위치하고, 피해자와 범죄인은 모두 송신기를 착용한다. 만약 범죄인이 피해자의 집에 접근하면, 그의 송신

149_ 김일수, 앞의 책, 12면 이하 참조.

150_ 김일수, 앞의 책, 13면 이하.

기 신호는 피해자의 수신기에 탐지되고, 피해자는 자신이 착용하고 있는 장식형 송신기의 버튼을 눌러 보호관찰관에게 범죄인이 접근하거나 피해자의 집에 들어온 것을 알릴 수 있다.

범죄인에 대한 전자감독을 위해서 자동보고시스템 및 장치가 그 구성요소의 일부가 되기도 한다. 현재 자동보고시스템에는 두 가지 장치가 주로 사용된다. 하나는 전화기를 이용한 것이고, 다른 유형은 비교적 새로운 전자감독장치인 무인정보단말기(Kiosks)를 이용하는 것이다.

이 밖에 신원인증장치는 자동보고시스템을 활용하거나 가택구금 및 외출제한을 위한 수동적(단속적) 감독방식의 전자감독을 실시할 경우에 사용되는 범죄인 본인임을 확인하는 인증장치이다. 본인의 동일성을 보다 정밀히 확인하기 위하여, 최근에는 바이오측정을 통한 인증기술들도 활용되거나 개발되고 있다. 지문・홍채・음성 등 신체의 특정한 생물학적 특징을 활용하는 바이오측정 기술들로 사람의 동일성을 확인할 수 있다.

원격 알코올검사장비의 경우 원격 알코올탐지를 위한 장치는 주거지에 설치되며, 범죄인은 자동전화시스템에 의한 무작위 테스트 요구에 따라 이에 응하게 된다. 원격지에서 전자장치를 통해 알코올음용 및 이것이 범죄와 연결되는 것을 방지하기 위한 또 다른 유형의 전자감독 장치로서 시동잠금장치가 있다. 이 장치는 혈중 알코올농도가 사전에 정해진 수준을 초과하는 경우 차량 등 운송수단을 출발시키는 것을 통제하는 장치이다.

이러한 전자감독장치를 선택할 때 중요한 것은, 이들 장치는 단지 도구일 뿐이라는 점을 상기하는 것이다. 도구들 자체만으로는 할 수 있는 것이 많지 않다. 숙련된 전문가에 의해 도구들은 범죄인을 효과적으로 감독함에 있어 유용한 정보를 제공할 수 있게 된다. 프로그램의 목적을 달성하는 것은 전자도구를 사용하는 사람들이지 도구 자체가 아니다.

5) 각국의 전자감독 운용 현황

가. 미 국

전자감독이 최초로 고안되고 가장 활성화된 미국에서는 형사사법의 거의 모든 단계에서 범죄인 감독을 위하여 전자적 기술을 다양하게 활용하고 있다. 미국에서의 전자감독 발전과정을 살펴보면, 1984년 12월 미국 최초로 전자감시 프로그램을 개시한 비영리기업 Pride사(社)가 설립된 이래, 1987년에는 미국의 21개 주에서 54개 전자감독 프로그램이 실시되었고 1989년에는 37개 주와 콜롬비아 특별구 및 푸에르토리코에서 약 6,500명에게 확대 실시되었으며, 1995년에 이르러서는 미국 전역의 50개 주가 각자 고안한 독자적인 프로그램을 운영하게 되었다.

미국 전역에서 시행되고 있는 모든 전자감독의 법제화 형태를, 형사사법단계에서의 역할을 기준으로 크게 구분해 보면 대략 4가지 형태로 유형화할 수 있다.

우선, 재판전단계의 대표적 프로그램으로는 인디아나 주 매리언(Marion) 카운티에서 실시했던 보석 조건의 전자감독(electronic monitoring)이 있다. 그러나 미국에서의 전자감독은 재범위험성이 높은 대상자에게 강화된 집중보호관찰을 하는 형태가 보다 일반적이다.

이러한 유형의 입법례는 각 주마다 다소 차이가 있다. 보호관찰의 준수사항으로 가택구금을 규정하고 다시 이에 대한 부수처분 내지 보완조치로서 전자감독을 할 수 있도록 제한적으로 규정(뉴햄프셔 주법)한 경우도 있고, 일반 보호관찰의 준수사항으로 폭넓게 전자감독이 활용될 수 있는 길을 열어 놓고 있는 경우(뉴욕 주 통합법률)도 있다. 한편 자유형의 집행단계에서 수형자를 조기에 석방하거나 특정한 조건에 달한 수형자에 대한 형기집행을 지역사회로 전환하는 형태를 띠기도 한다(미시간 주 등). 또한 귀휴, 외부통근작업, 외부병원진료 등 구금시설에 수용되어 있는 범죄인이 일시적으로 지역사회에 복귀할 때, 전자감독을 받게 하는 경우도 있다. 보호관찰 집행단계에서는 일반 보호관찰의 기술적 준수사항을 위반한 대상자에 대한 단계적 제재수단(graduated sanctions)으로 전자감독을 하는 법제도 다수 존재하고 있다(텍사스 주와 미시간 주 등).

효과성 평가와 관련하여 교정비용의 절감 측면의 경우에는 대부분 긍정적인 평가를 받고 있는 것으로 나타났다. 재범률 측면에서는, 인디아나주 레이크 카운티(Lake County)에서 1989년 1월부터 5년 동안에 걸쳐 진행된 연구에 의하면, 전자감독 프로그램이 적용된 소년비행자 중 초범의 93%가 성공적으로 전자감독 프로그램을 종료하였고, 성인범의 경우에는 초범 및 재범자의 78%가 각각 성공적으로 프로그램을 마친 것으로 보고되었다. 또한 미국 뉴저지 주의 전자감독 프로그램 평가연구 결과는 1년의 기간 동안 전자감독 집단의 재범률이 약 10%임에 반해, 일반 재소자의 재범률은 25%에 육박한다는 증거를 제시하고 있다.[151]

나. 영 국

영국에서 전자감독제도의 도입논의를 야기한 것은, 1987년 내무위원회(the Home Affairs Committee)의 세 번째 보고서「교도소의 상태와 사용」(state and use of prisons)에서 미국 전자감독제도에

151_ 김일수, 앞의 책, 15면 이하,

대한 연구와 영국에서의 적용가능성에 대한 고찰을 권고한 이후부터이다. 그 후 전자감독제도에 대한 시범실시가 1988년 중반에 결정되고, 그 첫 번째 시도가 1989년 여름에 시작되었다.[152]

전자감독제도에 대한 관심이 새롭게 부각된 것은, 1991년 「형사사법법」(Criminal Justice Act 1991)의 개정이 그 직접적 계기가 되었다. 이와 함께 철저한 사전준비 후, 1999년 1월 마침내 가석방단계에 전자감독 가택통금(home detention curfew)과 16세 이상의 범죄인에 대해 독립적 형사제재의 형태 혹은 다른 사회내 형벌과 함께 선고하는 형태의 전자감독 외출제한명령(curfew orders forced by electronic monitoring)을 전국적으로 시행하였다. 한편 2004년 9월부터는 영국의 세 도시에서 위성위치탐지장치(GPS)를 통한 전자감독이 상습누범, 가정폭력 사범, 성범죄인 등을 대상으로 시범실시되고 있다.

영국에서의 법제화 형태를 보면, 미결구금단계의 경우 가장 먼저 전자감독제도가 시범실시된 단계로서, 1989년 여름에 성인들을 대상으로 한 파일럿 프로젝트가 시작되었다. 이후 12~16세에 해당하는 소년을 상대로 한 보석제도가 2002년 4월부터 영국 11개 지역에서 소개되었고, 같은 해 6월에 영국과 웨일즈 전역에서 전격 시행되었다. 1999년 1월에는 형사제재수단의 하나로서 16세 이상 범죄인을 대상으로 한 외출제한명령이 전국적으로 정식 시행되었으며, 가석방 단계에서도 18세 이상의 가석방 대상자를 상대로 한 전자감독 가택통금(home detention curfew)이 시행되었다. 한편 2002년 5월부로 우리나라의 가퇴원과 유사한 형태의 '구금-훈련명령'(detention and training order)의 일환으로 18세 미만의 가퇴원자

152_ 김일수, 앞의 책, 17면 이하.

를 상대로 한 전자감독도 시행되었다.

전자감독의 운영시스템과 관련하여 영국은 전자감독장치의 운영을 전적으로 민간 경비업체에 위임하고 있는 것이 특징이다.

영국의 전자감독의 효과성을 살펴보면, 우선 미결구금단계 프로그램에 대한 한 평가연구의 결과는 대상자의 약 6%가 도주하였다고 보고하고 있는데 이 수치는 전국적으로 시행되고 있는 조건부 보석의 도주율에 비하면 상당히 낮은 수준이다. 한편 형사제재수단으로서의 전자감독에 대한 한 평가연구 결과에 의하면, 전반적인 명령 이행률은 약 83%로서 보호관찰명령 이행률(81%)과 사회봉사명령 이행률(71%)보다 높았다. 또 가석방단계의 프로그램의 경우에도 동 명령에 처해진 대상자 중 약 2%만이 외출제한명령기간 중 재범을 범하였고, 아울러 비용효과성과 참여자들의 만족도도 높은 것으로 평가되었다.

다. 호 주

1992년 6월부터 1994년 3월까지 2년여 동안 버우드 등 7개 지역에서 집중 보호관찰명령의 준수사항으로 전자감독 프로그램이 시범실시된 후 전국적으로 확대되어, 1995년 이후 호주의 여러 주는 「양형법」을 개정하여 형사제재수단의 하나로써 전자감독을 활용한 가택구금, 외출제한, 집중보호관찰명령 등을 차례차례 도입하였다.

호주의 법제화 형태를 살펴보면, 재판전단계의 경우 웨스턴 오스트레일리아(WA) 주(州)의 「보석법」(Bail Act 1982)에 의한 것이 대표적인데, 이 법은 17세 이상의 피고인을 대상으로 법관에 의한 가택구금의 부과를 인정하고 있다. 형사제재수단의 일종으로 법제화한 곳은 노던 테리토리(Northern Territory)와 웨스턴 오스트레일리아(Western Australia)의 2개 주이다. 형집행 이후의 단계를 살펴보면, 웨스턴 오스트레일리아 주(州)의 1995년 「형집행법」과 퀸즈랜드 주(州)의 2000년 「행형법」 등 2개 주에서 교도소 이후의 형집행에 있어서 전자감독을 사용할 것에 관한 명문의 규정을 두고 있다.

호주의 전자감독에 관한 효과성 평가결과를 보면 대체로 호의적인데, 예를 들면, 뉴사우스웨일즈 주(州)의 1996년 집중적 지역사회감독(ICS) 시범실시 대상자들은 이 프로그램을 마치는 동안 5% 정도의 낮은 범죄율을 기록하였으며, 교도소 수감보다는 비용효과적이었고, 특히 특정 범죄유형에 대해서는 사회복귀 성공률이 높다는 점이 도출되었다고 한다.[153]

라. 스웨덴

스웨덴의 경우 전자감독제도 도입을 둘러싸고 전문가들과 사회민주당정부 사이에 많은 논란이 계속되다가, 1993년 보수당 정권하에서 최초로 시도되어 1994년부터 시범 실시되었다. 전자감독제도 도입 청문회에서 스웨덴 자료조사위원회(Swedish Data Inspection Board)만이 전자감독제도가 가정(家庭)이라는 사적 영역에까지 개입할 가능성이 있다는 이유로 반대하였을 뿐 좌·우파 정당간 이견은 없었으며, 언론도 전자감독제도에 대하여 긍정적 평가를 하고 있다.[154]

한편 법제화의 과정을 살펴보면, 스웨덴 의회 법제위원회에서 제안된 「전자감독에 의한 집중관찰법」의 안이 만장일치로 통과되어 1994.8.1.부터 발효되었다. 1994년에 5개의 보호관찰구역에서

153_ 김일수, 앞의 책, 18면 이하.

154_ 김일수, 앞의 책 19면 이하.

2개월의 징역형을 선고받은 자들에 대하여 가정에서 구금형을 대신하도록 전자감독에 의한 집중보호관찰을 시범적으로 실시하였는데, 이 시범실시가 매우 성공적으로 나타나자 1997년 1월 1일부터 전국의 3개월 이하 징역형 선고자로까지 확대되었고, 1999년 1월 1일부터 행형법에 근거를 가지게 되었다. 대상자 선정과 관련하여서는 스웨덴 「전자감독에 의한 집중관찰법」 제1조는 "3개월 이하의 단기자유형을 선고받은 사람은 누구든지 전자감독에 의한 집중보호관찰을 신청할 수 있다"고 규정하고 있고 전자감독 기간은 법원으로부터의 선고 형기로 정해진다.

스웨덴에서의 실시결과를 전반적으로 살펴보면, 상당히 긍정적인 결과를 얻고 있음을 알 수 있다. 즉, 1994년 전자감독의 도입 이래 교도소 수용인원이 전자감독 적용대상자의 수만큼 감소하여 전자감독을 통하여 부당하게 형사사법망이 확대되지는 않았다. 오히려 전자감독의 도입으로 교도소 수용자 수를 감소시켜 과밀수용을 해소하고 재소자들에 대한 보다 질 높은 서비스를 제공하여 범죄인에게 수준 높은 사회복귀를 위한 기회를 제공하고 있다는 평가를 받고 있다.

6) 형사정책적 문제점

전자감독의 도입타당성을 논하기 위해서 검토해 보아야 할 다른 측면은 이 제도가 과연 효과적이며 합리적인 형사정책인가라는 문제이다.

전자감독제도의 시행에 있어서 손목이나 발목 등 신체의 일부분에 부착되는 기계장치로 인해, 일반시민에게 비인도적 처우방식으로 이해되거나 낙인효과가 크다고 비추어질 가능성이 있다. 그러나 일반적으로는 전자감독은 시설내 구금보다는 범죄로 인한 낙인효과를 회피할 수 있는 가능성이 높다고 평가된다. 왜냐하면 교정시설 구금에 따라 지역사회에서 '갑자기 사라지는' 일이 발생하지 않기 때문이다.

물론 일부의 경우 전자감독장비가 외부적으로 노출됨으로 인해 이웃 등 주변사람들로부터 범죄인이라는 낙인을 받을 가능성을 전혀 부인할 수는 없는 것이다. 그러나 설령 그렇다고 하더라도 그러한 문제는 본인이 부주의한 경우에만 나타날 수 있는 문제이며 전자감독장치를 착용함에 따라 필연적으로 수반되는 현상이 아님을 감안할 때, 시설내 구금과 비교하여 그 비인도성을 논할 것은 아니라고 본다.

한편 전자감독제도는 사실상 전자감독장비를 이용하여 범죄인의 위치를 확인할 수 있을 뿐 구체적 행동까지는 통제할 수 없다는 점에서 사회방위와 범죄인의 재사회화에 일정한 한계가 있다는 비판도 있다. 그러나 시설구금을 통한 수동적인 행태 변화는 진정한 내적 통제능력의 신장과는 관계가 없는 경우가 많은 반면, 전자감독제도는 전자기술과 장치에 의한 외부적 통제와 함께 범죄인 스스로의 내부적 통제가 동시에 작용할 수 있는 기반을 마련하여 준다는 측면에서, 국가기관에 의한 외부적·공식적 통제를 본인이나 가족의 내부적·비공식적 통제로 이행하는 데 도움을 줄 수 있는 것이다. 또한 전자감독의 경우, 교정시설에 구금됨으로 인해 발생할 수 있는 폐해, 즉 직업의 상실, 가정의 해체, 악풍의 감염 등을 회피할 수 있어 사회와의 단절 없이 일상적인 사회생활을 영위함으로써 보다 쉽게 사회에 재적응할 수 있도록 할 수 있다.

비인도적 처우가능성에 대한 일반시민의 거부감과는 달리 또 다른 한편에서는 전자감독이 오히려 가벼운 처우라는 인식으로 인해 범죄 피해자와 일반시민의 반발이 있을 수 있다. 그러나 이와 관련해서는 1980년대 이후 미국 형사정책과 형벌제도의 전반적인 강경화가 미국사회의 범죄문제 완화에 별다른 도움이 되지 못했던 사실을 재음미할 필요가 있다.

즉 범죄 및 범죄인에 대한 지나친 강경대응은 범죄인의 사회 재통합(reintegration)에 어려움을 가져올 가능성이 높고, 종국엔 이러한 일련의 결과가 지역사회의 부담으로 다시 돌아오게 된다는 '순환성(循環性)의 함정(陷穽)'을 상기할 필요가 있다. 또한 비록 대상자가 구금시설 밖에서 생활하지만, 전자감독 가택구금 등을 통해 지정된 시간에 지정된 장소에만 머물러야 하는 자유제한적 성격이 강할 뿐 아니라, 그러한 제약조건을 성실히 이행하는 데에는 많은 노력과 자기반성이 필요하다는 점에서 충분히 처벌적이라고 할 수 있다.

한편 전자감독을 통한 가택구금을 찬성하는 사람들은 일반적으로 전자감독의 운영비용이 시설내구금의 비용에 비하여 저렴하기 때문에 전자감독을 통해 상당한 구금비용을 절감할 수 있다고 주장한다. 특히 최근 수 년간 정보통신(IT)산업의 눈부신 발달로 인하여 종전과는 달리 초기 개발 및 설치비용이 상대적으로 감소하여 훨씬 경제적인 비용으로 전자감독 프로그램을 설치・운영할 수 있게 되었고, 교정시설 수용비용과 비교한 상대적 비용효과성은 이미 전자감독을 실시하고 있는 각국의 평가결과들이 공통적으로 제시하는 것이다.

전자감독 도입논의와 관련하여 가장 기본적으로 제기될 수 있는 또 하나의 이슈는 전자감독장비 및 기술적 운영시스템에 대한 신뢰성의 문제이다. 1990년대 중반까지도 전자감독 프로젝트의 주요한 실패원인 중 하나는 전자감독장비의 신뢰성 문제와 관련되어 있었다. 그러나 최근 수 년간 정보통신기술의 급격한 발전으로 현재는 전자감독장치의 오류 가능성은 매우 감소되고 있다.

7) 우리나라의 현황

우리나라에서는 2007.4.27. 제정된 위치추적 전자감독 법률이 첫 시행에 들어가기 전 제1차 개정을 맞았고, 그 시행일도 2008.9.1.로 애당초 예정되었던 시행일보다 한 달 앞당겨졌다. 당시 아동에 대한 성폭행 유괴사건이 빈발하자 기술적으로 가능한 범위 안에서 그 시행일을 앞당긴 것이다.[155] 또한 위치추적 전자장치 부착기간도 이 법률 제정 당시 5년에서 10년으로 상향조정되었다(제9조 제1항).

위치추적 전자감독 법률은 이른바 위험한 특정 성폭력범죄자를 대상으로 한 '위치추적 전자장치 부착명령'을 세 가지 유형으로 구별하여 적용하고 있다:

① 징역형 종료 이후의 전자장치 부착명령
② 형법상의 가석방자와 치료감호법상의 가종료자에 대한 전자장치 부착명령
③ 집행유예 조건부 전자장치 부착명령

첫째, 징역형 종료 이후의 전자장치 부착명령은 함께 부과된 징역형의 형기만료에 따라 출소한 후에 집행된다는 점에서 순수한 보안처분의 성격을 지니고 있다.[156] 즉 위험한 성폭력범죄자로부

155_ 한영수, "보호관찰 관련법률의 제·개정의 역사와 보호관찰제도의 발전," 보호관찰 제9권 제1호 (2009), 46면 이하 참조.

156_ 한영수, 앞의 논문, 46면; 김혜정, "특정성폭력범죄자에 대한 위치추적 전자장치부착에 관한 법률에 관한 검토," 형사정책연구 제20권 제1호

터 사회를 방어하기 위한 보안처분의 성격이 강하다. 또한 징역형 종료 이후의 전자장치 부착명령은 그 자체 독립적인 처분이라는 점에서 앞서 언급한 ②, ③의 전자장치 부착명령과는 다르다. 집행유예 대상자나 가석방(가종료)자에 대한 위치추적 전자장치 부착명령은 본형의 집행을 처음부터 전부 또는 나중에 일부를 유예하면서 그 조건으로 부과한 것이므로 기존의 보호관찰, 사회봉사명령, 수강명령과 법적 성격이 비슷하다.

둘째, 전자장치 부착명령은 검사의 지휘를 받아 보호관찰관이 집행하며(제12조 제1항), 보호관찰관은 피부착자의 재범방지와 건전한 사회복귀를 위하여 필요한 지도와 원호를 하고, 전자장치 부착기간 중 피부착자의 소재지 인근 의료기관에서 치료, 상담시설에서의 상담치료 등의 조치를 할 수 있다(제15조). 또한 검사가 그 청구 전에 판결전조사를 요청할 경우, 보호관찰관은 피의자의 범죄동기, 피해자와의 관계, 심리상태, 재범의 위험성 등에 관한 조사를 하여야 한다(제6조).

셋째, 부착명령의 실효성 제고와 사회내처우의 기능강화 차원에서 준수사항(제9조의2)이 이후 신설·개정되었다. 이에 따라 법원이 피고인에게 징역형 종료 이후의 부착명령을 선고하는 경우 i) 야간 등 특정시간대의 외출제한, ii) 특정지역·장소에의 출입금지, iii) 주거지역의 제한, iv) 피해자 등 특정인에의 접근금지, v) 특정범죄 치료 프로그램의 이수, vi) 그 밖에 부착명령을 선고하는 자의 재범방지와 성행교정을 위하여 필요한 사항을 준수사항으로 부과할 수 있게 되었다. 또한 iv)의 접근금지명령이나 v)의 치료프로그램 이수명령을 정당한 사유없이 준수하지 않으

(2009), 646면; 박혜진, "소위 전자장치부착법에 대한 비판적 고찰," 형사정책 제20권 제2호 (2008), 234면 이하 참조.

면 3년 이하의 징역 또는 1천만원 이하의 벌금에 처할 수 있다. 그 밖에도 i)의 외출제한명령, ii)의 출입금지명령, iii) 주거지역의 제한, vi)의 기타 준수사항을 정당한 사유없이 위반한 때에는 1천만원 이하의 벌금에 처할 수 있다(제39조).

2009.5.8. 위치추적 전자감독 법률의 명칭은 「특정성폭력범죄자에 대한 위치추적전자장치부착에 관한 법률」에서 '성폭력'을 뺀 「특정범죄자에 대한 위치추적전자장치부착 등에 관한 법률」로 변경되었다. 전자장치 부착명령의 대상을 기존의 특정성폭력범죄자에서 미성년자를 대상으로 한 유괴범까지 확대하였기 때문이다. 성폭력범죄와 함께 미성년자를 대상으로 한 유괴범죄 등은 그 결과가 중대하고 반복될 개연성이 높아 전자감독의 대상을 확대한 것이다. 이 변경된 법률은 2009.8.9.부터 시행에 들어갔고, 이후 2010.4.15.에 다시 개정되었다.

흥미있는 사실은 전자감독시스템이 각국에서 자유형 대체방안으로 고안되고 시행된 것이지만, 이것이 일단 사회내처우의 다양한 기법 중 하나로 편입되자, 부착명령 수령자는 물론 일반인까지도 이 제도를 자유속박의 메커니즘으로 인식하게 되었다는 점이다. 다시 자유화 요구를 극대화하려면 처분대상자의 동의가 전제되도록 입법화하는 방안도 고려해 볼 수 있을 것이다.[157]

(8) 그 밖의 대안들

우리나라보다 사회내처우 제도에 일찍 눈을 돌린 미국의 경

157_ 이에 관한 비교적 상세한 논의는 이진국, 앞의 연구보고서, 166면 이하 참조.

우, 1970년대까지 보호관찰을 중심으로 범죄자 재활과 사회재통합에 초점을 맞추었다. 따라서 당시의 사회내처우 프로그램의 목표는 유죄로 확정된 범죄자가 사회에 재통합(reintegration)하는 데 필요한 기술을 향상하도록 기회를 만들어 주는 데 있었다.

그러나 1980년대와 1990년대를 거치면서 미국에서 사회내처우 정책은 변화를 겪게 되었다. 즉, 범죄율 급증과 재범률 상승에 따른 범죄통제 및 지역사회 안전에 대한 주민들의 불안감이 증폭되자 종래의 불간섭원칙이나 회복적 사법의 정신에서 벗어나 중간적 개입수단들이 불가피하다는 인식이 일반화되었다. 그에 따라 지역사회 안전을 도모하고 실효성 있는 재범률 통제를 위하여 집중감독, 전자감시, 가택구금, 금전적 원상회복과 사회봉사명령, 약물남용치료와 강한 개입, 주간치료센터, 지역사회교정, 치료시설수용, 병영훈련체험(Boot Camp) 등의 중간적 제재수단들이 등장하기 시작했다.

이들 중간적 제재수단들은 일면 교도소의 과밀구금을 완화하는 수단일 뿐만 아니라 전통적 보호관찰 대상자 중 특히 재범위험성이 높은 범죄자들을 더욱 밀착하여 감시하거나 사회 내에서도 통제된 자유 안에서 활동할 수 있도록 감독하는 작용이다. 다른 한편 전통적인 교정수단에 대한 대체수단으로 다이버전 프로그램들이 확대 투입되었다. 중간적 처우의 확산과 다이버전의 확대실시로 사회내처우는 보호관찰과 가석방 외에도 중간적 처벌과 다이버전을 융합시킨 복합적인 기제들을 동원하였다.

물론 연방차원에서 마련한 「1984년 양형개혁법」 제정과 개별주 차원의 「삼진아웃 법률」의 제정 이후 중범죄에 대하여는 엄벌주의 경향이 우세를 점하고 있지만, 많은 법원에서 여전히 중간정도의 범죄군, 경한 범죄군에 대해서는 보호관찰, 중간적 처벌 등

사회내 교정수단들을 교도소 수용구금에 비해 선호하는 편이다. 이 같은 제재수단의 다양화는 범죄유형과 정도가 실로 다양하며 범죄인도 단순한 초범에서부터 습벽적 상습범에 이르기까지 다양한데 상응한 것이다. 이들 다양한 범죄양태와 범죄자의 개인적 성향 등에 비추어 비례성의 원칙에 입각한 적정수준의 처벌(just deserts)을 부과하려면, 그만큼 다양한 처벌수단을 필요로 하지 않을 수 없다.

결국 사회내처우가 범죄인의 재활(rehabilitation)과 재사회통합(reintegration)을 목표로 한다면 적정처벌의 이념 외에도 범죄자에게 긍정적이고 의미있는 영향을 주는 사회내 교정프로그램들을 적시・적소에 따라 투입할 수 있어야 한다. 그러려면 무엇보다 범죄자를 지역사회 내에 머물 수 있도록 허용해야 하고, 사회 내에서 정상적인 관계를 유지・강화하도록 해야 하며, 가족과의 유대를 회복할 뿐만 아니라 직업을 갖도록 지도・알선하여 건전한 사회생활로 유도하는 일이 중요하다.

사회내처우 프로그램이 재사회통합의 목표를 달성하려면 다음과 같은 몇 가지 조건들을 충족시켜야 한다.[158]

- 일반적으로 범죄자의 고향마을 또는 유사한 환경을 가진 지역사회 내에 범죄인이 거주하며 범죄자의 삶의 요구를 충족시킬 수 있어야 한다.
- 범죄자의 집이나 지역사회 내에 위치한 주거시설 등 최소한의 신체적 구속만 수반하는 비보안적 환경을 유지할 수 있어야 한다.

158_ 이형재, "미국 보호관찰제도 연구 – 최근 동향과 정책적 시사점을 중심으로," 보호관찰 제4호(2004), 242면 이하 참조.

- 사회 내 교육, 직업훈련, 상담과 지원서비스를 받을 수 있어야 한다.
- 시민 또는 가족구성원이나 학생 또는 취업자로서 정상적인 역할을 할 수 있는 기회가 보장될 수 있어야 한다.
- 교육과 훈련, 각종 서비스를 통하여 책임성과 능력을 기르고, 긍정적으로 개인적 성장과 변화의 기회를 가질 수 있어야 한다.

이 같은 조건하에서 앞에서 열거한 사회내처우의 여러 가지 제도들 외에 여기에서 특별히 언급할 것은 먼저 가택구금제도이다. 가택구금은 전자감시를 통해 범죄자를 일정한 기간동안 가택에 머물게 한 채로 자유형의 일부 또는 전부를 집행하게 하는 제도이다. 이는 보호관찰과 병행하거나 보호관찰 없이 독립처분으로 과할 수도 있다.

가택구금은 직장, 학교, 교회 기타 교정프로그램 등 미리 허가된 외출 외에는 집에서 수용생활을 대신하도록 하는 것이지만, 범죄에 대한 정당한 처벌의 메시지를 전달하며, 감금을 통한 무해화와 가택에서의 구조화된 생활을 영위하게 함으로써 사회복귀를 용이하게 하는 이점이 있어 자유형을 완화한 변형된 구금형태의 일종이다.[159]

가택구금에 대해서는 그것이 공공의 안전에 적합한가, 가택구금이 진정한 의미에서 구금형의 대체수단이라고 할 수 있는가, 국가의 공권력이 개인의 사적 공간인 가정에까지 간섭할 수 있는가라는 의문이 제기되기도 한다.[160] 하지만 다른 지역사회 내 교정프

159_ 남상철, 앞의 책, 354면; 박영규, "현행 구금제도의 새로운 형태로서의 전자감시제도와 가택구금의 도입가능성 문제," 보호관찰 제4호(2004), 145면.

로그램처럼 별도의 시설을 마련하거나 특별한 준비 없이도 즉시 시행될 수 있고 그 부작용도 상대적으로 적다는 장점을 갖고 있다.

또한 범죄인 각자의 집에 구금함으로써 처벌에 의한 범죄예방 및 억제, 무해화, 사회복귀 등 제반요소들을 충족시킬 수 있다. 전자감시장치를 수반한 가택구금을 강력범죄를 제외한 일부 재산범이나 일부 만성적인 음주운전자 등에게 선별적으로 실시한다면, 대상자의 사회복귀를 용이하게 하는 효과 외에도 시설내 과밀수용의 문제점을 해결할 수도 있을 것이다.[161]

또 하나 여기에서 언급할 것은 성인 형사범에 대한 독립된 제재조치로서 사회봉사명령의 법제화이다. 원래 사회봉사명령(community service order, gemeinmützige Arbeit)은 유죄가 인정된 범죄자에게 일정한 기간 무보수로 사회적으로 가치 있는 공익적 사업에 노동급부를 제공할 의무를 지우는 제재를 말한다. 이것은 범죄인이 자신의 범죄로 손해를 본 사회에 대해 자신의 노력으로써 그 손해를 배상하고 봉사를 통한 사회적 책임감과 근로의식을 배양함으로써 사회복귀와 재사회화를 촉진시킬 수 있다는 의미를 갖는다.

보통 피해자원상회복제도(victim restitution)가 범죄피해자에 대한 직접적인 피해복구를 꾀함으로써 가해자와 피해자의 화해를 추구하는 제도라면, 사회봉사명령은 직접적인 피해자의 차원을 떠나 규범위반의 피해자라고 할 수 있는 사회일반의 법적 정의감의 만족에 초점을 맞춘 것이라 할 수 있다. 이런 의미에서 사회봉사명령을 상징적 원상회복(symbolische Wiedergutmachung)의 일종으로 보기도 한다.[162]

160_ 남상철, 앞의 책, 355면 이하 참조.

161_ 박영규, 앞의 글, 155면.

162_ 이진국, 사회내 제재수단의 도입 및 활성화 방안, 2004, 126면.

형사절차에서 사회봉사명령이 투입되는 방식에는 몇 가지 유형이 고려될 수 있다:

- 독자적인 형벌로서 기능하는 방식(영국)
- 기소유예, 선고유예, 가석방 등의 조건에 부수적으로 부과되는 처분의 방식(독일, 우리나라)
- 벌금미납에 따른 환형유치를 대체하기 위한 수단으로 활용하는 방식(독일)

우리나라에서 사회봉사명령은 소년법이 1988.12.31.자로 개정되면서 소년보호사건에서 보호처분의 일종으로 보호관찰, 사회봉사 · 수강명령제도를 도입하여 1989.7.1.자로 시행하면서 시작된 것이다. 그 후 이 제도는 보호관찰관의 노력에 힘입어 단기간에 괄목할 만한 성과를 거두는 한편 사회봉사활동에 대한 일반의 관심고조에 따라 점차 그 긍정적인 측면이 부각되었다. 이런 분위기에 편승하여 1995.12.29.자 개정형법에서 형의 집행유예의 부담부조건으로 보호관찰과 사회봉사 · 수강명령(형법 제62조의2)을 도입하여 1997.1.1.자로 시행에 들어갔다.

그 후 형사특별법에도 이 제도가 등장했다. 즉 성폭력특별법 제16조 제2항은 성폭력범죄자에 대해 법원이 형의 집행을 유예할 경우, 그 집행유예기간 안에서 일정기간 보호관찰을 받을 것을 명하거나 사회봉사 또는 수강을 명할 수 있다고 규정했다. 또한「가정폭력범죄처벌 등에 관한 특례법」제40조도 사회봉사와 수강명령을 보호처분의 한 유형으로 정하고 있다.

최근 들어 2009.9.26.자「벌금미납자의 사회봉사집행에 관한 특례법」은 경제력이 없이 벌금을 못내는 서민들이 노역장에 유치되어 벌금형이 사실상 단기자유형화하여 경제적 불평등이 형벌집행 불평등으로 이어지는 결과를 해소하고 노역장 유치로 인한 폐해를 없애자는 취지로 제정된 법률이다. 그 주요내용은 다음과 같다:

- 불법의 정도가 중한 고액벌금자를 제외하고 경제력이 없는 300만원 이하의 벌금미납자에게 사회봉사의 기회를 부여한다.
- 사회봉사의 부과절차는 검사에게 당사자가 사회봉사를 신청하고 검사의 청구로 법원에서 사회봉사를 허가하면 보호관찰소에서 집행한다.
- 벌금납부 명령일로부터 30일 이내에 주거지 관할 검찰청에 신청한다.
- 사회봉사를 전부 또는 일부 이행한 경우에는 이행시간에 상응하는 벌금을 낸 것으로 간주하고, 사회봉사 중 언제라도 나머지 벌금을 납부하면 사회봉사를 면할 수 있다.

재사회화 이념을 통한 실질적인 범죄인의 사회화가 사회방위의 기초를 튼튼히 쌓는다는 점을 직시한다면 우리나라의 형법개정 작업에서는 영국과 같은 독자적 사회봉사명령이 새로운 제재수단으로 도입될 필요가 있어 보인다. 그 밖에도 선고유예부 사회봉사명령제도의 도입도 필요해 보인다. 가석방의 조건으로 사회봉사명령제도를 도입할 필요성도 높아 보이나 이것이 가능하려면 가석방도 행정처분에서 독일과 같이 법원의 결정에 의해 부과되는 사법작용의 일환으로 손질해야 하는 문제가 남는다.

또한, 일정가액 이하(예컨대, 2만원 이하)의 경미한 재산범죄라든가 감시망의 한계가 있어 항상 절취유혹에 대한 유발요인이 상존하는 슈퍼마켓 또는 대형상점에서 벌어지는 경미한 재산범죄에 대해서는 경영사법(Betriebjustiz)을 도입하여, 그 경영기관의 합리적이고 자율적인 문제해결능력을 인정하고, 형법의 규율로부터 자유로운 영역을 확대하는 방안도 시도되고 있다.

끝으로, 원상회복과 형사화해 및 형사조정과 같은 다이버전(diversion) 방식에 의한 문제해결방안도 사회화 내지 자기화의 이념 및 사회통합이념의 실현에 가까이 다가가는 새로운 형사정책방향임에 의문의 여지가 없다.

3. 사회내처우에 대한 반작용과 합리적인 형사정책

(1) 사회내처우에 대한 문제제기

사회내처우는 교정학적 관점에서 몇 가지 장점을 갖고 있고, 그 때문에 오늘날 엄벌주의 경향의 파고를 뛰어넘어 구금형의 대안으로 국제사회의 지지를 받고 있다.[163]

그 장점으로 다음과 같은 것들을 꼽을 수 있다:

첫째, 구금의 범죄 배양효과 내지 낙인효과를 피할 수 있어 재범예방에 도움이 된다는 것이다. 구금이 경미한 범죄를 저지른 사람들과 특정 취약집단의 사회복귀와 재통합의 측면에서 역효과를 내기 때문이다.

둘째, 시설내처우에 비해 재사회화 목적달성에 더 효과적이고, 열악한 교도소 환경과 다른 사회 내에서 사회화학습을 함으로

163_ 형사정책연구원, 유엔 형사사법 핸드북, 2007, 13면 이하 참조.

써 사회적응력 향상에서 더 효과적이라는 점이다.

셋째, 과밀수용과 수용경비의 경감을 들 수 있다.[164]

그러나 그 단점으로 지적되는 사항도 간과할 수 없다:

첫째, 사회내처우가 지역기반의 처우기법이지만, 지역이기주의와 결합하여 부득이 시설내처우에 회부된 범죄자들에 대한 낙인효과를 더 심화시킬 수 있다는 점이다.

둘째, 사회내처우는 구금형태만 바뀌었을 뿐 본질적으로 형벌요소를 내포하고 있기 때문에, 급진적 폐지주의의 관점에서 보면 그 자체 처우의 비인격성과 강압성이 불식되지 않고 있다는 점이다.[165]

셋째, 사회내처우는 범죄인의 교화개선을 위한 것이라기보다는 오늘날의 사회구조를 배경으로 하여 과밀구금문제를 해소하기 위해 등장한 새로운 사회통제전략에 지나지 않는다는 점이다.[166]

물론, 연구자들 사이에는 미국의 경우 1975년을 기점으로 사회내처우의 내면적 특성의 변화가 일어났다는 점에 주목함으로써, 이들 제도에 대한 비판의 관점을 끌어내는 예도 없지 않다. 즉 1975년까지 미국에서 사회내처우는 범죄자의 교화개선을 위한 사회교육적 효과에 목표를 정했던 반면, 그 이후의 새로운 사회내처우는 종래의 사회내처우에 형벌적 요소를 가미하는 형태로 나아갔다는 것이다. 용어적으로 전자의 경향을 치료모델(treatment model), 후자의 경향을 정의모델(justice model)이라고 지칭하기도 한다. 치료적 처우모델은 재범률 낮추기에 초점을 맞춘 처우의 효율성에

164_ 남상철, 앞의 책, 315면.

165_ 이에 관해서는 정승환, "폐지주의의 형사정책적 의미," 고려법학 제55권(2010), 162면 이하 참조.

166_ 남상철, 앞의 책, 316면.

중점을 둔 것이라면, 정의모델은 범죄자의 책임에 비례하여 얼마나 공정한 죄값을 물리느냐에 중점을 둔 것이다.

그러나 이 같은 관점을 양자 모순관계나 대립적 택일관계로 보아서는 안 된다. 처우이념의 역사적·문화적 진화과정에서 사회복귀를 위한 치료적 처우 관점으로부터 비례적 정의에 입각한 처우 관점으로의 진화라고 파악해야 할 것이다. 형벌이념에서 책임관점과 예방관점은 서로 변증론적 관계에서 지양되고 합일하면서 발전하기 때문이다.

이러한 과정 속에서 불간섭원칙과 엄벌주의의 반작용이 등장하기도 한다. 현대 과학기술의 발전을 응용한 새로운 사회내처우 기법들은 종래의 구금과 사회내처우의 시각에서 보면 양자의 요소가 일정한 농도로 응축된 중간제재로서의 성격이 강하게 나타난다고 할 것이다.

그 성격에서 정도의 차이가 어떠하든 사회내처우의 보다 큰 문제는 그것에 포기할 수 없이 내포되어야 할 처벌로서의 교육적 개념이 형법을 한계지우는 법치국가사상을 공동화시킬 수 있는 잠재성을 갖는다는 점이다.[167] 이 같은 잠재적인 위험을 '법치국가에서 트로이 목마'라고 지칭하는 연구자들도 있다.[168]

대부분의 사회내처우가 확정재판에 의한 선고형량을 행정처분에 의해 변경을 가함으로써 이루어지기 때문이다. 사회내처우에 따른 집행비용의 변경 그리고 조건과 효과를 행정처분의 권한에

167_ W. Deichsel, Nichtintendierte, nicht so intendierte, nicht so unintendierte Folgen von diversion. diversion als Botschaft, dass Strafe sein muss, in: H. Peters (Hrsg.), Muss Strafe sein? 1993, S.174.

168_ Gerken/Schumann (Hrsg.), Ein trojanisches Pferd im Rechtsstaat, 1988, S.3.

맡기다 보니, 예측가능성과 최소성·최후수단성을 지녀야 할 법치국가형법의 비정형화(Informalisierung)를 초래한다는 것이다.[169] 사회내처우가 구체적인 개별사례 내지 구체적인 개별 범죄자의 필요에 상응하는 기준을 쫓다보니 전통적인 형사사법에서 추구해 왔던 정형화와 예측가능성의 기준들이 흔들리게 된다는 점이다.

이를 루만(Luhmann)의 법사회학적 용어를 빌려서 말하자면, 사회내처우에 수반되는 행정처분적 조치들은 조건프로그램(Konditionalprogramm)보다는 목적프로그램(Zweckprogramm)에 의해 수행되는 경향을 나타낸다.[170] 목적프로그램은 사회내처우에 수반되는 행정처분적 조치들의 목표를 한정하지만, 그 목표에 도달하는데 필요한 적절한 수단의 선택을 전문적인 국가기관 봉사자들에게 맡긴다.

이렇게 하여 개념화된 이른바 집행형법(exekutives Strafrecht)은 규율의 과제들을 사법권에서 행정권으로 이양시키는 목표를 지향한다. 그에 상응하여 전통 법치국가의 권력분립의 원칙, 적법성의 원칙, 평등의 원칙, 죄형법정원칙 등은 점차 이완되고 상대화되는 경향을 나타낸다.[171] 형법의 비정형화와 물화(物化) 및 그의 집행의 행정처분화는 결국 사회내처우를 형법개혁에서 하나의 화려한 정

169_ 이를 규범적 정신과학인 형법의 물질화(Materialisierung)라고 칭하는 학자도 있다. 이에 관하여는 J. Savelsberg, Materialisierung des Strafrechts : Funktionen, Folgenprobleme und Perspektiven, in : Zeitschrift für Rechtssoziologie 10, 1989, S.6.

170_ Luhmann, Zweckbegriff und Systemrationalität, 1968, S.101f.

171_ 이에 관한 상세한 논의로는 P. A. Albrecht, Exekutives Recht, 1990, S.7ff: Rottleuthner (Hrsg.), Alternative Rechtsformen und Alternativen zum Recht, 1980, S.165ff; M. Voss, Jugendstrafrechtliche Konsequenzen aus jugendkriminologischer Forschung: Walter/Koop (Hrsg.), Die Einstellung des Strafverfahren im Jugendrecht, 1984, S.26ff.

책적 택일안으로 내세우고 형법프로그램을 비공식적, 개방적, 유동적, 정치적 도구의 대상으로 만든다. 형법의 비공식화와 그의 집행관할권을 사법작용으로부터 행정작용으로(from adjudication to administration) 전환시키는 정도가 많아질수록 사회통제의 그물망을 확장시킬 위험과 법치국가 원리의 침융화 현상도 점점 높아질 수밖에 없다.

이 같은 사회내처우의 점증으로 형법에 의한 공식적인 사회통제의 폭이 좁아진다. 또한 비공식적인 행정조치에 의한 목적합리성의 추구가 강화되면서 불기소처분이나 형의 선고유예·집행유예 판결 및 가석방의 빈도가 정상적인 사법작용에 의한 공식적 사회통제의 빈도를 압도해 나갈 수 있다.

그렇게 되면, 위에서 언급한 법치국가형법원리의 잠식뿐만 아니라 또 다른 역작용도 예상할 수 있다. 즉 형법의 질서유지기능과 법적 안정성에 대한 법수범자인 일반인의 신뢰상실이 누적되고, 범죄자들의 처벌을 요구하는 범죄피해자들의 법감정이 천박한 복수감정으로 폄하됨으로써, 범죄피해자들의 트라우마와 재(再)트라우마 현상이 심화되고, 형법의 적극적 일반예방기능이 약화될 수 있다. 국민의 법성실성(Rechtstreue)과 법준수의식이 약화되면서, 형법을 통한 사회통합과 법적 평화질서의 확립이 곤란에 처할 수 있기 때문이다.

그 밖에도 사회내처우는 그 집행의 종류와 양태에 따라서도 법치국가원리를 위태롭게 할 수 있다는 문제점이 제기된다. 사회내처우의 비정형화 과정이 형사제재를 제한하는 책임원칙이나 비례성의 원칙, 무죄추정의 원칙, 공판중심주의와 증거재판주의와 같은 법치국가적 장치들을 우회하거나 생략·대체시킬 수 있기 때문이다.[172]

사회내처우가 구조적인 특징으로 삼는 개별 범죄자의 특성에 맞는 처우, 등급화, 교육이념, 탈사회화 예방에 의한 정당성 확보 등은 통상적인 경우 긍정적인 효과를 낳지만, 경우에 따라 범죄자 개인이나 그의 가족 그리고 그와 사회적 관계 속에 얽힌 사람들에게까지 개입의 폭을 넓혀나갈 소지가 있다. 특히 과학기술적인 예방장치들이 등장함으로써 그들의 사생활과 자유의 영역에 예방조치라는 명목으로 이 같은 기술적 장치들이 필요 이상으로 지나치게 전진배치(Vorverlagerung)되어 사생활에 대한 과도한 개입이 일어날 수 있다.

사회내처우가 예방수단으로 전환되면, 예방이라는 목표지향이 사회내처우의 중간제재적 성격을 넘어 개인의 프라이버시 영역까지 깊숙이 파고 들어갈 위험이 있다는 것이다.

사회내처우 이념의 유형과 더불어 현대형법은 한때 "왜 형법이어야 하느냐?", "왜 형벌이어야 하느냐?"라는 질문 앞에 기능상실(Funktionsverlust)의 위기에 처한 적도 있었다. 그것은 마티센(Mathiesen)과 같은 극단적인 폐지주의자이건 크리스티(Christie)와 같은 온건한 폐지주의자들이건 다같이 시도한 바이기도 하다.[173] 마티센은 기존의 형법에 의한 문제해결이나 자유형에 대한 이른바 '긍정적' 대안은 현존하는 체계의 정당화로 이어지기 때문에 철저히 부정되어야 한다는 입장이고, 크리스티도 고통을 부과하는 공식적 통제기구를 포기하고 형벌을 가해자와 피해자간 중재의 방법

172_ W. Deichsel, Ebd., S.177: W. Heinz, Neue Formen der Bewährung in Freiheit in der Sanktionspraxis der BRD, in : Jescheck-FS Ⅱ, 1985, S.955ff; H. Cornel, Gemeinnützige Arbeit als Sanktion, in : Lüderssen-FS, 2002, S.828ff.

173_ 폐지주의의 형사정책적 논의에 관하여는 정승환, 앞의 논문, 162면 이하 참조.

으로 대체할 것을 주장하기 때문이다. 이들이 공통적으로 요구했던 것은 총체적 통제시설인 현재와 같은 형태의 구금시설의 폐지였다. 그들이 중점적으로 의도했던 바는 사회적 갈등해결의 탈제도화와 비공식화였던 것이다. 탈공식화를 위해 법치국가적 절차를 회피하는 것은 그만큼 자의적 사법으로 흐를 위험이 높다는 의미도 된다.

이렇게 본다면, 자유형의 주형화(主刑化) 고수는 오늘날 자유화와 인간화된 형사정책의 관점에서 볼 때 문제가 있지만, 이를 근본적으로 대체하고자 하는 사회내처우의 탈공식화 정책도 문제가 없지 않다. 사회내처우의 강화로 기능상실의 위험에 처한 형법이 그 변형을 통해 오히려 '새 옷으로 갈아입은 형벌'(Strafe in neuen Gewand)로 등장하고 있다는 사실이다.[174]

그러면 사회내처우의 발전과 그 수단의 증대 및 예방적 조치의 강화 등으로 인한 현대적 형사정책의 흐름에서 공식적인 형법통제와 비공식적인 사회통제의 중간을 조화롭게 헤쳐 나갈 합리적인 법정책과 인간의 얼굴을 가진, 즉 인간을 위한 형사정책의 방도는 무엇일까? 수형자들의 낙인효과를 그 얼굴에서 벗겨내기 위한 이른바 낙인이론의 정신으로부터 우리가 인간을 위한 형사정책, 인간의 얼굴을 가진 형사정책의 지평으로 이미 저만큼 발걸음을 내디딘 지도 상당한 세월이 흘렀다.

자유형 대체노력과 형사사법의 부담과 비용을 줄이려는 노력의 일환으로 등장한 사회내처우는 전략적으로 사회사업과 형사사법의 숙명적인 동맹관계 속에서 처벌받아야 할 범죄자들을 지금보다 강화된 조치로 통제하려는 경향이 있다. 또한 재사회화라는

174_ W. Ludwig, Diversion : Strafe im neuen Gewand, 1989, S.11ff.

명분으로 교육과 처벌을 혼합시킨 제재수단을 투입함으로써 본디 교육적인 목적의 수단들이 너무 쉽게 형벌수단으로 전환하는가 하면 새 옷으로 갈아입은 형벌이 교육이라는 형식으로 등장하기도 한다.

그러므로 사회내처우에서 구체적인 교육목표들(특히 수강명령에서 다루어지는 교육프로그램)은 교육이념에 따라 준법교육에 국한하여 사용될 때 비로소 정당성을 획득할 수 있을 것이다. 그리고 이 같은 교육목표가 성취될 수 없는 경우에는 형벌이 뒤따른다는 경고음은 살아 있어야 한다.[175] 결코 형벌이 교육적 필요와 사회화 이념의 실현을 위한 압력수단으로 전용되어서는 안 되지만, 그럼에도 불구하고 형벌이 최후수단의 원칙에 따라 교육적 전략의 버팀목으로서의 의미를 잃어버려서는 안 될 것이다.

생각건대, 사회내처우는 결코 형벌을 회피하는 수단이 아니라 보다 인간다운 형벌을 배양하고, 최후적으로는 반드시 형벌이 간다(Strafe muss sein!)는 잠재적인 메시지를 매개하는 의미를 지닌 제도이다. 그것은 사회적인 갈등, 비행, 반사회적인 범죄행위에 대해 형벌로 대응해야 할 목표를 결코 혁명적으로 포기시키지 않는다. 단지 처벌강화적인 형사정책의 조류에 맞서 완화된 처벌의 퇴로를 열어주는 출구 역할을 하는 셈이다. 그것은 또한 침해에 대해 반응하는 규범과 그 효력을 확인시키는 제재수단들을 송두리째 의문시하는 어떤 이데올로기도 아니다. 단지 규범침해에 대해 보다 더 완화된 제재수단들의 투입으로 규범안정을 회복·유지시키려는 인간화된 노력의 일환이다.

사회내처우가 사회적 통제의 확장에 기여할 수 있고, 그것이

175_ E. Schlüchter, Der Erziehungsgedanke im Jugendstrafrecht, GA 135, 1988, S.106ff.

처분의 당사자들에게는 때때로 추가적인 형벌로 체험될 수도 있다. 그것이 형사제재 발동조건에 신축성과 예측불가능성을 제공할 수 있다. 또한 항상 새로운 통제기법을 경우에 따라서는 소급적용함으로써, 입법적인 조치 아래서이기는 하지만 사법작용을 배제하고 행정작용화하는 경향도 띤다. 하지만 사회내처우는 그의 의도와 사실상의 결과에 있어서도 최후의 방편으로는 형벌이 버티고 있다는 사실을 알리는 중간처벌의 의미를 결코 잃지 않는다. 그것은 현대의 예방적 형사정책, 회복적인 국가형벌권이 어느 수단이 더욱 인간다운 것인지를 합리적으로 선택할 수 있는 폭을 넓혀주고 넌지시 그 길을 안내하는 몫을 담당하고 있는 셈이다.

(2) 합리적인 형사정책의 방향은 어디인가?

한 사회가 그 역사의 희망찬 순간에 자유롭고 평등한 사회, 공정한 사회와 같은 보다 더 나은 미래를 기획한다면, 현재의 정치체제와 사회환경 그리고 다양한 관계 속에서 어떤 과정과 어떤 지평을 바라보고 점진적으로 진화해 나가야 할 것인지를 숙고하지 않으면 안 될 것이다. 이 과정에서 중요한 것은 법률과 정책의 관계이다. 법률이란 정책의 산물이고 정책을 수행하는 기관들은 법률을 통해 사회를 통제하고 조정한다는 점이다. 사회의 진화에는 법률의 진화가 수반되지 않을 수 없는 까닭이 여기에 있다고 생각한다.

형사사법과 관련하여 한 사회는 범죄에 대하여 정당하게도 복수의 법(Racherecht)으로서의 형법을 선택·결정할 수 있다. 그러나 복수의 법 속에는 임의적인 제재수단들이 동원될 수 있다. 벌금으로부터 신체형, 자유박탈을 넘어서 종신징역과 사형까지 말이다. 그러나 근대 계몽주의 사상의 세례를 받은 출애급(出埃及)의 자유사회에서 이 같은 복수법의 실현으로서 형법은 곧바로 자기모순에 봉착하고 만다.

형의 집행 속에서 최대한 자유를 보장해야 한다면서도 자유를 박탈하고 억누르는 것이 자유형이다. 재사회화 내지 사회복귀의 기회를 극대화해야 한다면서도 사회화를 막는 것이 일체의 구금형이다. 수형자의 유익을 위한다고 하면서도 수형자에게 아픔과 고통을 제공하는 곳이 교도소이다. 복수사회의 복수의 법으로서 형법은 복수를 위한 자유박탈의 과정을 수행하기 위해 다른 제재보다 얼마나 더 많은 수용비용을 지급해야만 하는가?

물론 범죄 없는 사회는 이 세상에 하나도 없다. 그러므로 범죄에 대한 대응수단인 제재 없는 사회도 상상할 수 없다. 한 사회의 유지 · 존속 · 발전에는 반드시 규범이 필요하고, 그 규범 중 두드러진 것이 법규범이다. 규범의 위해행위에 대해서는 규범의 한계설정을 존중하도록 강제하기 위한 제재 또한 필수적이다.

문제는 당사자에게 피할 수 없는 고통과 부수적으로 낙인효과를 낳는 자유형은 사형이라는 극한상황을 제외한다면 모든 제재수단 중 최후수단이어야 한다. 그것은 민사적인 그리고 행정법적인 제재수단만 가지고서는 실효성을 담보할 수 없고, 원상회복조치를 완강히 거부하는 고집스러운 범법자들이나 규범을 심각한 정도로 침해하여 사회적 유해성이 감내할 수 없을 정도에 이른 중한 범죄자들에게나 강제수단의 최후방편으로 투여될 수 있을 것이다. 자유형이 결코 응보의 수단이나 속죄의 수단으로까지 남용되어서는 안 될 것이다. 그것은 수형자의 탈사회화를 심화시킬 뿐만 아니라 비인격화를 초래할 위험이 높기 때문이다.

범죄자도 자유로운 인격의 주체이며 인간의 존엄성과 행복추구의 주체라고 한다면, 그를 피해자 또는 잠재적 피해자의 복수의 대상물로 전락시킬 것인가 아니면 열린 사회의 구성원의 일원으로 회복시켜 고개를 들고 사회라는 숲 속을 함께 걸어가게 할 것인가. 사회내처우는 폐쇄된 공간에서의 자유박탈적 처벌에 대한 인도주의적 대안으로 출발한 것이다.

형법개정작업이 막바지에 접어든 지금, 우리는 다시 원점으로 돌아가 형법개정에서 가장 본질적으로 중요한 부분이 무엇인가를 숙고해야 할 필요를 느낀다. 가장 중요한 부분은 두말할 것도 없이 형사제재제도를 어떻게 확립하느냐에 있다. 세간의 관심은 개개 죄형법규를 어떻게 손질하느냐에 쏠릴 수 있다. 이를테면 간통죄의 존치여부나 낙태죄의 자유화, 동성간・부부간 강간죄의 인정여부에 쏠리는 경향이 있다. 하지만 본질적으로 중요한 부분은 형법개정이 형법의 미래를 열어가는 개혁적 작업이 될 것인가 아니면 전통적인 형법사고의 숨막히는 공간 속에 아무런 변화없이 정체되어 있을 것인가의 선택이다. 그 선택은 바로 형사제재를 둘러싼 형사정책적 방향에 달려 있다. 그것은 더 나아가 바로 형법의 인간상과 국가관 및 사회체계와 직결되어 있다.[176]

범죄라는 사회의 그늘만 바라보고 인간을 비관적으로 파악할 때, 우리는 범죄박멸을 위한 과도한 국가작용을 쉽게 용인하고, 복수감정을 분출하는 소박한 일반인의 요구에 쉽게 부응하는 값싼 법의 포퓰리즘(legal populism)에 빠지기 쉽다. 리스트(v. Liszt)가 1892년에 행한 「형법의 장래」라는 강연에서 "우리가 이해하는 형사정책은 인간, 즉 개인 및 사회의 개선능력에 대한 신앙에 의해 조건지어져 있다"고 말했던 것처럼, 현대사회의 어둡고 음침한 범

176_ 이에 관하여는 Jescheck, Das Menschenbild unserer Zeit und die Strafrechtsreform, 1957; Maihofer, Menschenbild und Strafrechtsreform, 1964 등을 대표적인 단행논문으로 꼽을 수 있다.

죄의 골짜기를 지나면서도 인간의 자기개선과 자기발전 능력에 대한 신뢰를 잃지 않는다면, 범죄인을 박멸하고 사회로부터 배제할 것이 아니라 오히려 수용하고 포섭하여, 보다 유리한 삶의 조건하에서라면 범죄 없이 살아갈 수 있는 잠재력을 가진 사회의 일원으로 인정하는 안목을 잃지 않아야 할 것이다.[177]

이런 관점에서 라드브루흐(Radbruch)도 1929년 그의 강연에서 "형법발전의 끝없는 목표는 형벌 없는 형법전일 것이다. 그 목표는 형법의 개선이 아니라 형법을 형법보다 더 좋은 어떤 것에 의해 대체하는 것이다"라고 말했다. 여기에서 그가 상정했던 '더 좋은 어떤 것'이란 개선하고 치료하는 데 중점이 놓인 오늘날의 사회내처우의 다양한 형태의 수단들을 암시한 것으로 보인다.[178]

우리나라의 임박한 형법개정에서 사회내처우의 법제화 내지 체계적인 자리매김을 바르게 하는 작업은 이런 맥락에서도 중요한 과제 중 하나로 보인다. 그런데 지난해 형법일부개정에서 유기징역·금고형의 상한선을 1월 이상 15년에서 1월 이상 30년으로, 가중할 경우에는 종전 25년에서 50년으로 두 배까지 상향한 것은 오히려 자유형 강화의 신호탄일 수 있다는 우려가 크다. 반면에 사회내처우에서 중요한 수단인 사회봉사명령 등은 아직도 독립된 형사제재의 수단으로 자리매김하지 못하고, 종전처럼 유예제도의 부담부조건으로만 남아 있는 실정이다.

앞에서 살펴본 사회내처우의 다양한 수단들은 아직도 우리나라 형법문화에서는 형사제재의 주역으로까지 자리잡지 못하고 있는 형편이다. 다른 형사제재의 부담부조건이거나(사회봉사명령, 수

177_ Il-Su Kim, Das Liebesstrafrecht hinterm Berge des Feindstrafrechts, 고려법학 제49호, 2007, S.19ff.

178_ A. Wiertz, Strafen-Bessern-Heilen?, 1982, S.139f.

강명령・보호관찰, 원상회복 등) 아니면 개별 형사특별법에 흩어진 모양새로 산재해 있어(보호관찰, 전자감시, 형사화해・조정 등) 형사제재제도로서는 비체계적이고 또한 비효율적이기도 하다.

사회내처우가 형사제재로서 형법전 속에 체계적인 자리매김을 바로 할 때, 그 형사정책적 의미와 기능도 살아날 수 있을 것으로 기대하는 바이다. 자유형의 주형화(主刑化)정책이나 과도화를 '인간의 얼굴을 지닌 형사정책'이나 '한계지움의 형법학'(Strafbegrenzungswissenschaft)의 관점에서 걸러내는 몫을 제대로 하려면 형법총칙의 제재제도 속에 각종 사회내처우의 수단들의 자리매김이 선행되어야 한다.[179]

그러려면 무엇보다도 먼저 개정형법의 형사제재제도는 형벌과 보안처분의 두 레일시스템(Zweispurigkeit)의 선명한 구축이 반드시 필요해 보인다. 따라서 일반형법전 밖에 흩어져 있는 보호관찰과 치료감호 처분을 형법총칙 속으로 끌어들이고, 종전의 보호감호처분도 그 사이 인권신장의 의식 수준에 알맞게 새로 손질하여 전체적으로 보안처분의 새로운 틀을 갖추게 해야 할 것이다.[180]

그렇게 해야만 전자감시・가택구금과 같은 새로운 사회내처우도 보안처분의 일종으로서 형법전 속에 제자리를 찾아갈 수 있을 터이기 때문이다. 또한 그때에야 비로소 형벌과 보안처분제도에 공통된 유예제도와 가석방제도 등도 형법전 속에 자기 자리를 찾아 바로 설 수 있을 것으로 본다.

이런 문제점들이 해결되지 않는다면 형법개정작업은 유감스

179_ Il-Su Kim, Der Gesetzlichkeitsgrundsatz im Lichte der Rechtsidee, FS-Roxin, 2001, S.143.

180_ 이에 관하여는 김일수, "보호감호처분의 재도입 및 보안처분제도의 형법전 편입," 고려법학 제58호, 2010, 385면 이하 참조.

럽게도 여전히 미완의 장으로 남게 될 것이다. 이 같은 새로운 변화를 수용하는 형사정책이야말로 우리가 형사사법에서 복수와 응보감정을 포기할 준비가 되어 있는지, 보다 인간다운 사회를 위한 형법철학의 안목을 추구할 의지가 있는지에 관한 시금석이 되리라고 본다.

Ⅳ. 한국의 경제위기와 형사정책: 새로운 도전과 패러독스

1. 한국의 경제위기 극복과 형사정책의 진취적 대응

현대사회의 생활상의 변화는 경제구조, 경제변동과 밀접한 연관을 갖고 있다. 그리하여 세계경제 위기를 맞이할 때마다 새로운 범죄양상과 다양한 사회변화를 경험하게 된다. 1970년대 초 석유파동(Oil-shock) 이후, 영연방, 미합중국 및 다른 서구 국가 내에서는 신자유주의 이데올로기가 급부상하기 시작하였다. 이와 같은 신자유주의는 공공복지의 축소 등 모든 사회적 관계를 자유시장경제에 종속시키는 결과를 야기하였다. 예를 들어 단순 제조업 등이 해외로 아웃-소싱되거나, 공영서비스가 민영화되었고, 복지예산삭감과 제한입법 및 정책 등으로 인하여 폭넓은 영역에 대한 사회안전망의 접근이 어렵게 되었다. 결국 이와 같은 복지접근성의 제한으로 인하여 시민들의 경제적 그리고 사회적 위치는 '최하위층'으로 몰락할 수 있는 위기를 맞이하였고,[1] 종국적으로 신자유주의 체제하에서 자유시장경제에 의하여 사회에서 주변영역으로 밀려난

1_ Laura Huey, Homelessness and the 'Exclusive Society' Thesis : Why it is important to 'Think Local' to 'Act Local' on homelessness issues, European Journal of Homelessness, vol. 3, 2009, pp261-262.

주변화된(marginalized) 계층이 발생하게 되었다. 이러한 주변화된 사회배제계층의 출현은 장기적인 사회문제로 잔존하게 되었고 범죄발생률에까지 영향을 미친 것으로 추측된다.

지난 10년 동안 경제위기를 경험한 선진국들은 범죄율의 변화와 형사정책의 변화를 경험하였다. 2001년부터 2010년 기간 동안, 선진국들(특히 미국, 영국, 독일, 프랑스, 일본)은 주요 지표범죄(index crime)에 대한 범죄율이 감소하였으며, 그 비율은 20-30%에 이르고 있다고 한다. 이러한 감소추세는 범죄형량추세에도 변화를 가져왔다. 예를 들어 미국의 경우, 1970년대부터 2000년에 이르기 까지 지난 30여 년 동안 "강력한 처벌"(tough on crime)을 강조하여 범죄자들에 대한 시설 내 수용(institutional treatment)을 선호하여 왔다. 그러나 지난 10년 동안 이와 같은 정책은 여전히 테러리즘, 조직범죄, 경제범죄, 성범죄와 같은 몇몇 사안을 제외하면 대체적으로 "덜 처벌적"(less punitive)이고 비용적인 측면에서 "더 합리적인 처벌"(more rational sentencing)로 전환되었다.[2]

특히 2001년부터 2010년 사이에 불경기(economic recessions)를 두 차례나 겪으면서 미국의 형사정책은 다음의 몇 가지 변화를 겪게 되었다. 첫째, 범죄에 대한 정의를 재정립하면서 심각한 처벌은 감소하고 선고형량의 기간은 줄어들었다. 둘째, 시설 내 구금을 지양하고 새로운 대처방안을 강구하였는데, 특히 마약사범에 대한 치료를 위해 법원이나 지역사회가 투자를 증가시켰다. 셋째, 교도소 수감기간을 감소시키는 정책을 시도하였다. 마지막으로 기존의 강제적 최소형량(mandatory minimum sentence)보다는 선고된 형량

2_ Adrienne Austin, Criminal Justice Trends: Key Legislative Changes in Sentencing Policy, 2001-2010, Center on Sentencing and Corrections, Institute of Justice, 2010, p.2.

을 마칠 수 있는 가능성을 높이기 위한 시스템을 권장하였다.

이러한 변화는 지난 10년간 미국에서만 발생한 것이 아니라 세계화 추세로 보편화되기 시작하였다. 그 좋은 예가 바로 회복적 사법의 실행(practice of restorative justice)이다. 2000년 비엔나에서 개최된 제10차 유엔범죄방지 및 형사사법 총회에서는 회원국들과 참가자들은 회복적 사법이 기존의 재판과 처벌방식(modes of trial and punishment)을 대처할 새로운 형사사법 절차(criminal justice practice)라는 데 동의하였다.[3] 회복적 사법의 철학적 근저는 형사사법 절차에서 가해자와 피해자 그리고 지역사회가 함께 참여하여 범죄로 교란된 사회공동체의 평화를 회복시킨다는 사상을 포함하고 있다. 그리고 이는 새로운 형사정책의 대안으로써 부상하고 있다.

우리나라의 경우도 이러한 동향과 크게 다르지 않다. 글로벌화의 영향으로 세계경제와 한국경제는 더욱 긴밀한 관계를 유지하게 되었고, 그 결과 세계경제의 위기는 곧 한국경제의 위기를 가져왔다. 다만 그 위기에 대처하는 방법과 그 회복의 시기에 약간의 차이가 있었을 뿐이다. 이미 알려진 바대로 한국경제는 압축적 성장이 그 특징이다. 그런 만큼 사회 환경도 빠르고 다양하게 변동해 왔다. 범죄양상의 변화 또한 그 일부다. 이에 대응하여 우리나라의 형사정책 연구와 실무도 빠르게 변화해 왔다. 무엇보다도 우리나라의 형사사법체계는 경제성장과 민주화에 발맞추어 사회안전의 확보와 국민인권의 보장을 위해, 법제도와 정책을 지속적으로 개혁하고 있다. 과거 권위주의 시대에는 사회적 갈등 상황에 대하여 획일적, 진압적인 대처 자세를 고수하여 왔다. 그러나 현재는 범죄

3_ UN Commission on Crime Prevention and Criminal Justice, Restorative Justice: Report of the Secretary-General, document E/CN.15/2002/5, 2002, pp.2-3.

의 예방, 제재에 있어 사회적 현상을 반영하여 이에 대한 보다 다양화된 안전과 보호 정책을 구체적인 실천에 옮기고자 노력하고 있다.

즉, 화이트칼라범죄나 권력남용범죄에 대해서는 엄정하게 대응하되, 사회경제적 약자에 속하는 저소득층의 범죄자나 범죄피해자에 대해서는 회복적 사법이나 치료적 사법과 같은 정책모델을 탄력적으로 수용함으로써, 범죄원인의 치료와 범죄피해의 회복을 강조하고 있다. 위기는 곧 기회라는 널리 알려진 말은, 경제위기상황에 효과적으로 대처하기 위해 노력해온 우리 형사사법체계의 진취적 성과를 지칭하기에도 적절한 표현이라 할 수 있을 것이다.

2. 한국의 경제위기와 사회적 변화

(1) 한국의 경제위기

1) 1997년 아시아의 금융위기

1997년 아시아에서는 경제구조의 취약성과 자금순환의 일시적 장애로 인해 금융유동성 위기를 겪게 됐으며, 이로 인하여 여러 나라가 국가적 파산상태에 빠지게 되었다. 아시아에서는 우리나라를 비롯해 태국, 필리핀, 인도네시아, 말레이시아, 싱가포르, 홍콩, 대만 등이 이런 금융위기를 겪게 되었다. 국제통화기금(IMF)은 우리나라, 태국, 인도네시아의 외환위기를 구제하기 위해 자금지원을 하게 되었다. 이러한 IMF 구제금융 전후로 도래된 한국의 경제위기는 여러 가지 사회문제를 유발하였다. 먼저 IMF 구제금융 양해각서 체결 전후로 국가신용등급이 큰 폭으로 하락하였고, 이와 같은 평가하락은 외국투자에 악영향을 미쳤으며,[4] 환율폭등으로

인한 거래 중단 및 기업어음(CP) 금리의 폭등 등으로 금융시장 전반에 마비 현상이 나타나게 되었다.[5]

IMF 구제금융 위기 당시 우리나라에서는 대우 · 기아 · 쌍용과 같은 대표 자동차 기업들의 파산 등, 20여 개의 대기업이 도산하였다. 이를 비롯하여 수십여 개의 중견기업들이 잇달아 파산하였으며, 5개의 은행이 퇴출되고 4개의 생명보험사가 영업정지를 발표하였다. 다음으로 도산하지는 않았지만 심각한 경제적 타격을 받은 대기업들이 부도위기를 모면하기 위하여 대량의 구조조정을 시행하였고, 이는 중소기업들의 연쇄부도와 대량 구조조정 사태를 연달아 발생시켰다. 이와 같은 근로자의 조기퇴직 문제와 임금삭감을 수반하는 대량 실업사태의 발생으로 인하여 개인자영업자들 또한 잇따른 파산을 하게 되었다. 이와 같은 중산층의 붕괴는 몰락한 중산층과 부유층 사이에서 사회계층간의 불평등을 심화시키는 한편 결식아동 · 노숙인 · 독거노인 등 절대빈곤층의 급격한 증가를 초래하기에 이르렀다.[6] 결국 이러한 연쇄파산은 중산층의 몰락

4_ 1997년 12월 22일 미국 무디스사는 한국 국가신용등급을 투자부적격 등급으로 하향조정하였다.

5_ 1997년 12월 10일, 5개 종금사에 업무정지명령이 내려졌으며, 나라종금 등 5개 증권사에 추가 업무 정지가 이루어졌다. 환율이 3일 연속 1일 변동폭 상한선까지 폭등하여 외환시장이 개장 40분 만에 거래 중단되었고, 기업어음(CP) 금리가 6일째 법정 상한선까지 치솟으며 회사채 유통수익률은 법정 발행금리 상한선인 연 25%를 초과하게 되는 등 금융시반 전반이 마비되기에 이르렀다. 이에 미국 무디스사는 한국국가신용등급을 준Junk 수준으로 하향조정하였다.

6_ 노숙인들을 대상으로 한 조사에서 응답노숙인들이 처음 노숙을 하게 된 계기는 실직으로 인한 빈곤이 가장 높은 비율(25명 : 50%)이며 다음으로 가정해체(이혼포함)는 11명(22%), 범죄의 결과로 노숙인이 된 경우(전과로 인한 가정해체와 구직실패 포함)는 6명(12%) 확인되었다. 이 외에 알코올 중독이나 건강악화, 가정학대, 도박으로 인한 가산탕진 등의 요인이 있었

과 절대빈곤층의 확대라는 심각한 사회문제를 야기하게 되었다.[7]

2) 2009년 세계 경제위기

1997년 IMF 구제금융 사태 이후 심화되기 시작한 경기침체는 2000년에 이르러 회복세를 맞이하면서 2000년대 중반에 호황국면을 맞이하였다. 그러나 2008년 세계 경제위기의 발생여파로 인하여 한국의 경제와 사회는 또다시 커다란 악영향을 받게 되었다. 2008년 9월 15일 미국의 투자은행 리먼 브라더스의 파산으로 시작된 글로벌 금융위기는 부동산 시장의 폭락사태와 더 나아가 유럽경제에 금융위기를 도래하기에 이르렀다. 우리나라는 정부의 적극적인 재정운용, 한국은행의 공격적인 금리인하 정책, 기업의 자산건전화 노력 등 경쟁력 강화 노력으로 OECD 국가 중에서 가장 빠르게 금융위기를 극복하였으나, 세계 금융위기의 후유증은 우리사회 곳곳에서 나타나기 시작하였다. 1997년 경제위기 때와 동일한 사회적 불안정이 도처에서 발생했다.

(2) 사회적 환경의 변화

1) 경제성장률의 하락

우리나라는 경제위기 때마다 경제성장률, 실업률 등을 비롯한 이혼율, 자살률 등 사회 각 분야에서의 지표가 뚜렷하게 변화하였

다. 한국형사정책연구원, 노숙인의 사회부적응 연구, 2011.

7_ 한국형사정책연구원의 1999년 보고서 "IMF시대에 따른 범죄양상과 대책"에 따르면, 1997년 경제위기의 결과는 경기침체와 대량실업, 기업부도, 주가폭락, 실질소득 감소다. 사회적으로는 인구구조의 변화, 가정의 해체, 사회계층간 갈등심화, 노동조건의 악화, 일탈 등 사회병리현상의 증가를 가져왔다.

다. IMF 외환위기 이전 해인 1997년에는 연간 경제성장률이 5.8%이었으나 IMF 외환위기가 발생한 1998년에는 -5.7%로 급격히 하락하였다. 이런 현상은 2009년 세계 경제위기 때도 동일하게 나타났다.

[그림 1] 경제성장률

* 통계청, e-나라지표 참조

2008년도의 경제성장률은 2.3%였으나 세계 경제위기 발발 당시인 2009년에는 0.3%로 상당한 하락세를 나타냈다. 다음으로 이와 같은 2차례의 경제위기 이후, 급격한 경제성장률이 나타나는 것도 경제위기시 경제성장률의 한 특징으로 나타나고 있다.[8]

2) 실업률의 증가

실업률은 IMF 외환위기 전 해인 1997년에는 2.6%였으나 당해 연도인 1998년에는 7.0%로 급증하였다. 이 수치는 계속해서 감소해 2000년대 들어서는 3%대를 유지하게 되었다. 그러나 두 번째 경제위기 전인 2008년에는 3.2%에서 당해 연도인 2009년에는

8_ 1999년 경제성장률 10.7% ; 2010년 경제성장률 6.2%.

3.6%로 증가하였으며 2010년에는 조금 더 증가하여 3.7%대를 유지하였다.

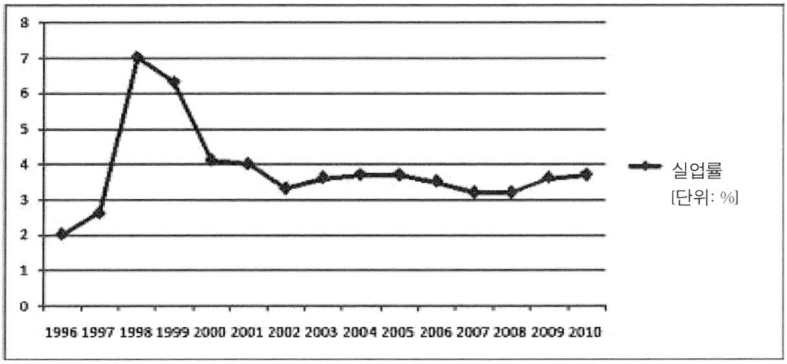

[그림 2] 실업률

* 통계청, e-나라지표 참조

이와 같은 실업률의 증가는 단순 노숙자 발생 문제를 떠나 대량의 실직형 노숙자가 발생하게 되었다. 1997년 외환위기 발생 당시부터 1998년까지 잠정 집계된 실업자 수는 200만 명에 가까웠으며, 이들 중 6천 명이 넘는 실직형 노숙자가 발생하였다.[9] 또한 실업으로 인한 경제적 곤궁으로 인하여 생계형 범죄가 증가하는 등 범죄율 증가에도 영향을 끼친 것으로 보인다.

3) 자살률의 증가

경제적 위기로 인하여 실직하거나 감당하기 힘든 가계부채를 부담하거나 이로 인해 가족관계에서의 불화 및 해체 등을 경험하였던 국민들의 박탈감과 상실감은 더욱 가중되었다.[10]

9_ 유석재, "사진으로 본 건국 60년, 60대 사건", 인터넷판 조선일보. 2008년 8월 18일.

[표 1] 자살률 (인구 10만 명당)

	1996	1997	1998	1999	2000	2001	2002	2003	2004	2005	2006	2007	2008	2009
전체 사망자	523.5	520.6	519.2	520.2	517.9	504.5	509.7	506.1	503.7	501	495.6	498.4	498.2	497.3
자살자	12.9	13	18.4	14.9	13.5	14.4	17.9	22.6	23.7	24.7	21.8	24.8	26	31

* 통계청「2009년 사망원인통계」

IMF 외환위기가 발생하기 전에는 인구 100,000명당 자살자가 13명 수준이었으나 당해 연도인 1998년에는 18.4명으로 급증하였다. 이런 현상은 2009년 세계경제위기 때에도 발생하여 인구 100,000명당 자살자 수가 31명으로 급등하였다.

4) 가족해체의 증가

앞서 살펴본 대량실직 또는 부도 등으로 인한 경제적 몰락으로 인하여 가족관계 구조의 해체는 빠른 속도로 가속화되었다. 통계청 자료에 의하면 한국의 이혼율은 IMF 외환위기 당해 연도인 1998년에는 전년 대비 28.0%가 증가하여 사상 최고치를 기록하였음을 알 수 있다.[11]

2008년 세계경제위기 당시에도 이와 같은 이혼율의 급증현상은 동일하게 나타났다. 이와 같은 이혼율의 급증은 경제위기 전년도인 2008년에는 이혼율이 전년대비 -6.1%를 보인 반면, 당해 연도인 2009년에는 7.5%로 급증한 것으로 확인된다. 결과적으로 이

10_ 최인섭 · 이상용 · 기광도, IMF시대에 따른 범죄양상과 대책, 한국형사정책연구원, 1999.

11_ [매일경제, 2008.7.9] "세계 최고 이혼율의 진실" (http://news.mk.co.kr/v3/view.php?year=2008&no=428703,최종검색일, 2011. 4. 18); 인구 1천 명당 이혼율은 1997년에 91.2건이었던 것이 2003년에는 167.1건으로 무려 83%나 증가하였다.

혼율의 증가는 사회기본구성 단위인 가족의 해체 현상을 촉진시켰으며, 경제적 곤궁과 더불어 서민층 및 절대적 빈곤층을 확대시키게 되었다.

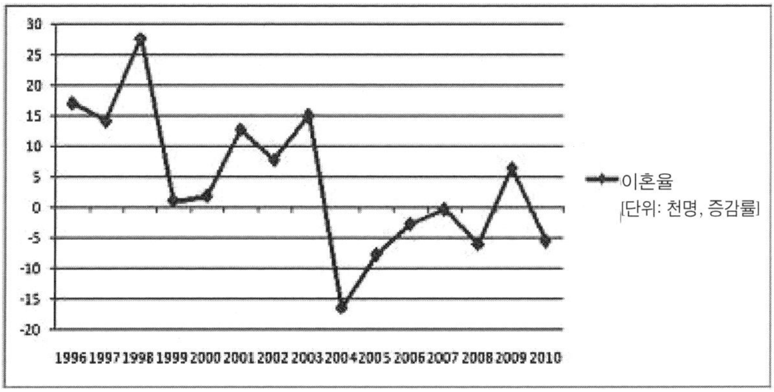

[그림 3] 이혼증감률 변동추이

* 통계청, e-나라지표 참조

5) 사회계층 간의 갈등 심화

이처럼 경제위기로 인한 경제성장률의 하락으로 대량의 실업자가 발생하고 이혼율이 증가하는 등의 현상은 사회구성원들 사이의 갈등을 심화시켰다. 이와 같은 빈곤층의 확대 및 사회계층 간의 갈등 심화는 2001년 IMF 구제금융 사태 종료가 선언된 이후에도 우리사회에서 고질적 문제로 남게 되었다. 실제 1997년 IMF 구제금융 지원 이후 빠른 상환을 통해 경제문제를 해결하였음에도 불구하고 외환위기로 몰락한 중산층은 구제금융 이전처럼 복구되지 못하고, 잠재적인 빈곤층으로 잔존하게 되었다.

3. 경제위기와 범죄양상의 변화

(1) 범죄율의 변화

경제위기에 따른 불황은 국가통제력의 약화, 사회해체, 실업과 빈곤층의 급격한 증가 등과 같은 현상을 야기한다. 이와 같은 경제위기에 기한 사회불안은 범죄기회를 증가시킬 수 있는 가능성을 높인다. 일반적으로 경제불황 시기에는 실업자를 비롯한 사회빈곤계층이 늘어나면서 재산범죄와 강력범죄가 증가하는 경향이 나타난다.

한국형사정책연구원의 1999년 보고서[12]에 따르면, 경제위기 상황과 관련한 범죄양상의 특징은 다음과 같이 정리할 수 있다. 첫째, 각종 재산범죄의 증가가능성이 높아졌다. 생계곤란으로 인한 소규모 강도, 절도가 증가하는 이른바 생계형 범죄가 늘어난다. 둘째, 폭력성 범죄의 증가가능성 또한 높아진다. 다양한 형태의 사회적 좌절감, 분노, 상실감으로 인한 폭력범죄가 늘어난다. 또한 초범자들 비율 역시 증가하게 되며, 악화된 신용관계로 인해 채권관계 청부폭력사건도 늘어난다. 셋째, 화이트칼라의 경제범죄, 금융범죄가 증가한다. 특히 부패한 정치와 부정한 기업을 경제위기의 원인으로 보는 인식이 확산됨에 따라 일반인들의 부패범죄에 대한 죄의식이 약화되면서 화이트칼라 범죄가 증가한다. 넷째, 마약 및 도박사범이 증가하는데, 이는 경제불황과 실직 등으로 인한 좌절감과 불안감, 현실도피욕구 내지 일확천금으로 상황을 반전시키려는 욕구가 중독과 사행심리를 자극하기 때문인 것으로 추측된다.

12_ 한국형사정책연구원, IMF시대에 따른 범죄양상과 대책, 1999 참조.

다섯째, 청소년 비행과 범죄가 증가한다. 보고서는 경제위기로 인한 가정의 붕괴와 사회에 대한 불만이 만연하면서 청소년들에게 악영향을 미친 것으로 보았다.

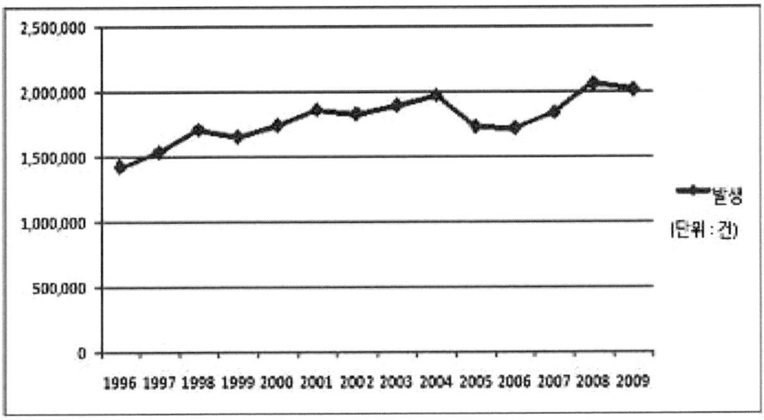

[그림 4] 범죄발생률

* 통계청, e-나라지표 참조

1997년과 2009년 경제위기는 범죄발생률에도 영향을 끼친 것으로 나타났다. 범죄발생률을 살펴보면 1996년 이후 증가하던 범죄발생률이 경제위기 이후 일정 기간 동안에도 계속 증가한 것을 확인할 수 있다. 이와 같은 범죄발생률의 증가는 신용사기범죄의 급증 및 구제금융 사건 이후 많은 경제사범이 나타난 것에 영향을 받은 것으로 추측된다.

다음으로 전체범죄 추세에 따르면, 경제위기가 본격화된 1998년도가 다른 어느 해보다 범죄증가율이 높은 것을 확인할 수 있다. 1994년 이후 전체범죄의 전년대비증가율은 1995년 1.7%, 1996년 6.8%, 1997년 6.3%였다. 1998년에는 11.2%로 크게 증가하였다. 이와 같이 1998년도의 전년도대비 범죄증가율은 경제위기 이전 전년대비범죄증가율보다 훨씬 높게 증가했음을 알 수 있고, 이는 경제위기 이후 경기침체와 고실업상황이 범죄율 전반을 높였음을 확인할 수 있다.

(2) 범죄동기의 변화

1) 생계형 범죄

한편 중산층의 몰락으로 빈곤층이 확대되면서 다수 나타나기 시작한 생계형 범죄 역시 범죄발생율의 변화에 영향을 준 것으로 나타났다. 1997년부터 2007년까지 제공되고 있는「범죄자 범행동기별」통계자료를 살펴보면 생활비를 목적으로 범행을 저지른 경우가 외환위기 직후인 1998년에 61,742건으로 전년대비 24.3% 급증한 것을 확인할 수 있다.

[표 2] 범죄자 범행동기별 범죄건수

(단위: 건수)

죄종별(1)	범행동기별(1)	범행동기별(2)	1997	1998	1999	2000	2001	2002	2003	2004	2005	2006	2007
총범죄	이욕	소계	185,785	226,853	241,986	207,681	220,235	213,188	217,442	83,540	73,513	79,960	83,286
		생활비	49,671	61,742	58,235	46,576	45,494	40,852	42,100	54,856	49,708	58,121	61,967
	가정불화	소계	3,679	6,131	11,404	11,930	12,076	9,976	10,686	10,636	8,693	7,890	7,286
	현실불만	소계	12,468	12,341	18,950	14,365	14,305	12,845	12,621	12,423	10,962	11,283	12,470

* 통계청「범죄자 범행동기별」참조.

2004년 이후 증가추세를 나타내던 범죄발생률은 큰 폭으로 하락하였으나 2009년 경제위기 당시까지 큰 폭으로 다시 상승세를 나타내었다.[13] 이와 더불어 상대적 빈곤율 또한 1998년에 큰 폭으로 증가한 것을 확인할 수 있다.[14] 이와 같은 통계자료에 근거하여 볼 때, 경제위기 상황이 전체적인 범죄율에 영향을 주었다. 1997년과 1998년 외환위기 직면 당시에는 생활비를 목적으로 하는 범행동기가 늘어났고, 외환위기 이후인 1999년에는 어려워진 경제사정 및 불안한 사회적 상황에 영향을 받아 현실에 대한 불만을 동기로 하는 범행이 늘어난 것으로 추측된다.

2) 화이트칼라 범죄

화이트칼라 범죄란 "높은 사회적 지위를 가진 자들이 의욕적 동기에서 자신의 직업 활동과 관련하여 행하는 범죄"라고 정의된다.[15] 이후 화이트칼라 범죄는 그 개념이 확대되어, 오늘날에는 "존경받는 합법적인 직업활동 과정에서 개인이나 집단에 의해 저질러진 법률위반행위"라고 정의되고 있다.[16] 이러한 화이트칼라 범죄의 경우 법률의 공백 및 허점을 교묘히 이용하거나 권력층과 연계하여 조직적으로 은밀하게 행하여지기 때문에 잘 드러나지 않는 반면, 그 피해규모가 큰 특징이 있다. 또한 일반 형사범과 달리 직접 피해자뿐만 아니라 국민 대다수에게 영향을 미침에도 그 심각성을 국민들이 제대로 인식하지 못하거나, 건전한 시장경제질서를 해함에도 이에 대한 인식이 낮은 편이다.

이와 같은 화이트칼라 범죄 중 통화위조범죄를 살펴보면 경제

13_ 통계청 범죄발생 현황 자료에 의하면 2005년까지 전년대비 범죄발생 증감률이 큰 폭으로 하락하다 2005년을 기점으로 발생률 1%에서 20%까지 증가하고 있는 추세를 확인 할 수 있다. 통계청, 범죄발생통계 참조.

14_ 통계청, 빈곤율 통계자료 참조.

15_ Edwin H. Sutherland, White Collar Crime: the Uncut Version, 1983, p.7.

16_ 박상기 외, 형사정책, 제7판, 233면.

위기 때마다 범죄율이 급증했음을 확인할 수 있다. 위조범죄의 유형 중 형법 내 통화에 관한 범죄는 1990년대 후반에 접어들면서 폭발적으로 증가하는 추세를 보이고 있다.[17] 또한, 2011년 금융감독원의 자료에 따르면, 화이트칼라 범죄의 한 유형인 보험사기의 경우에도 경제위기를 전후한 2008년 시점부터 적발건수가 지속적으로 증가하는 것으로 나타난다.

[그림 5] 통화에 관한 죄, 발생비 추이 (1997년-2009년)[18]

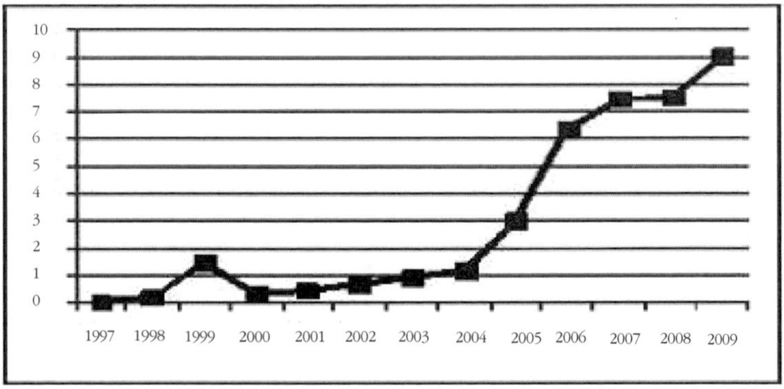

[표 3] 보험사기 적발건수 (2006년-2010년)

연 도	2006	2007	2008	2009	2010
적발건수 (건)	34,567	30,922	41,019	54,268	54,944

* 금융감독원, 보험사기 통계 현황 자료

1997년 경제위기를 전후해서도 유사한 현상이 나타난 바 있다.

17_ 황지태, 위조범죄의 실태 및 유형별 대처방안에 관한 연구, 한국형사정책연구원, 2011, 223-234면 참조.

18_ 한국형사정책연구원, 범죄통계 시스템, 2010.

[표 4] 보험사기 적발건수 (1997년-2001년)

	1997	1998	1999	2000	2001
적발건수	1,951	2,684	3,876	4,726	5,749

* 금융감독원, 보험사기 통계 현황 자료

화이트칼라 범죄의 원인과 그 증가 경향은 잡히지 않는다는 잘못된 확신, 도덕적 불감증, 기득권층의 특혜축소, 과도한 경쟁에 따른 스트레스 등으로 설명된다. 특히 과거 전문직종사자나 공무원 등은 기득권과 특혜를 악용해 음성적으로 범죄를 저지를 수 있었으나, 경제위기를 겪으면서 우리사회의 투명성이 높아지고 특혜가 많이 사라지면서 암수가 줄어들고 범죄로 잡히는 숫자가 늘어나는 데 기인한 결과로도 볼 수 있다.

(3) 새로운 형태의 범죄현상 증가 : 노숙인 관련 범죄의 증가

경제위기와 더불어 발생하는 또다른 사회적 현상의 하나로 노숙인이라는 사회적 일탈계층의 출현이다. 1997년 IMF 경제위기와 같이 기업의 부도, 명예퇴직, 실업대란, 등으로 노숙인의 수가 급격히 증가하였고, 2001년부터 2007년까지 노숙인의 수는 감소추세를 보이다가 글로벌 경제위기가 시작되는 시점인 2008년에는 노숙인 수가 4,796명으로 2007년 4,544명보다 약 6% 증가하였다.

[표 5] 시설수용 부랑인

년도	1998	1999	2000	2001	2002	2003	2004	2005	2006	2007	2008
노숙인	4,500	5,500	5,046	4,838	4,439	4,540	4,466	4,722	4,613	4,544	4,796

* 보건복지부 내부자료[19]

19_ 보건복지부 (http://www.mw.go.kr) 참조.

대다수 열악한 환경에 처하는 노숙인들은 사회에 대한 불신, 소외감을 학습하게 하며 이로 인한 분노표출 등 사회에 대한 적개심을 발산하는 '증오범죄'(hate crime) 등의 문제를 야기하고 있다.[20] 노숙인과 경제적 빈곤층은 사회에 대한 불신을 표출하는 새로운 범죄의 주체가 되기도 하였으며, 사회제도 내에서 배제되어 있다는 점을 이용한 범죄 피해자의 위치에 처하기도 하였다. 경제위기 이후 대량으로 발생한 노숙인들과 빈곤층들이 각종 범죄를 저지르거나 혹은 범죄에 이용되는 현상이 증가하고 있는 현실을 바라볼 때, 이들에 대한 장기적 · 거시적 측면에서의 대책이 요구될 것으로 생각된다.[21]

외환금융 위기 이후부터 현재까지의 판례상(court precedent cases)에 나타난 노숙인 범죄의 모습은 크게 네 가지 정도로 분류가 가능하다. 첫째, 장기간의 노숙생활로 인한 생활고(허기, 추위 등)를 면할 목적으로 저지른 사소한 범죄들,[22] [23] 둘째, 장기간 노숙으로 인한 알코올 중독 습성 등에 의한 폭력행위 등으로 인한 중범죄들, 셋째, 경제위기로 몰락한 경제빈곤층이 범죄에 이용되거나 피해자

20_ "이른바 노숙인에 의한 묻지마 범죄현상이 나타나고 있다." [동아일보, 2005. 1. 19] "노숙자대상 편견 확산"(http://news.naver.com/main/read.nhn?mode=LSD&mid=sec&sid1= 001&oid=020&aid=0000281376, 최종검색일 2011.4.20)

21_ [연합뉴스, 2005.1.4] "범죄 사각지대 놓인 노숙인 …경찰도 고민" (http://news.naver.com/main/read.nhn?mode=LPOD&mid=sec&sid1= &oid=001&aid= 0000872649, 최종검색일, 2011.1.4.)

22_ 대구지법 2003고단7451, 울산지법 2010고단3236, 부산지법 2010노1430, 청주지법 2007노336, 서울지법서부지원 2004고단334, 창원지법 2006고단 418 등.

23_ 서울고등법원 98노2101, 수원지법 98고단8722, 98고단10215(병합), 부산지법 99고단765, 서울중앙지법 99노4178, 서울중앙지법 99고단4849 등.

가 되는 경우, 마지막으로 노숙자 등이 의식주해결이 가능한 교도소에 가기 위하여 저지르는 범죄이다.

첫째, 생계형 범죄 사례는 일반적으로 절취, 주거침입, 사기, 강취 등으로 나타난다. 절도 및 절도미수, 주거침입의 범죄를 저지른 한 노숙인의 경우 절취금액이 600원, 700원 등으로 시작하여 빵이나 소시지 등의 식료품 절취로 발전하여 결국 타인의 주거에 침입하여 절취하다 체포되었다.[24] 다른 사례에서는 생활고에 시달리며 배고픔을 참지 못하다 대형 마트에 들어가 육포 등의 식료품을 절취하다 체포되었다.[25] 사기죄와 관련해서는 겨울철 추위를 피하기 위해 PC방 사용료를 지불할 의사 없이 PC방을 사용하여 체포된 노숙인의 사례가 있다.[26]

둘째, 노숙인 등의 경제적 빈곤층이 범죄에 이용되거나 피해자가 되는 사례로는 유인 및 약취, 명의차용으로 이루어지는 조직적인 사기범죄 등이 나타난다.[27] 먼저 범죄에 이용되는 사례로는 얼마 정도의 용돈과 잠자리 제공으로도 쉽게 자신의 명의를 빌려주는 노숙인들 또는 경제적 빈곤층의 습성을 이용하여 일명 대포폰, 대포통장 등을 사용하여 금융사기 거래에 이용하거나, 혹은 이들의 명의로 제3금융권에서 손쉽게 대출을 받아 이를 편취하는 방법 등의 문제가 심각하게 드러나고 있다. 특히, 현재 고질적인 문제가 되고 있는 보이스 피싱(voice phishing) 등 신용사기 범죄 등에

24_ 창원지법 2006고단418

25_ 서울서부지법 2004고단334

26_ 부산지법 2009고단1723

27_ 인천지법 2001고단699(분리), 2001고단1442(병합), 2001고단1614(병합), 인천지법 2011고단653, 서울중앙지법 2010노4125, 부산지법 2010고합597, 서울중앙지법 2000고단5438, 2000고단5938(병합), 서울고등법원 2009노769 등.

이들을 이용하기 위하여 조직적으로 감금, 관리를 시도하던 사기 조직 문제 등도 나타나고 있다.

셋째, 범죄의 피해자가 되는 경우로, 장기간의 노숙생활로 인하여 판단능력이 저하된 노숙인이 약취·유인되거나 살해된 사례이다.[28] 스트레스를 푼다는 명목하에 정신지체 2급장애 노숙인을 폭행하여 사망케 한 사건 등 증오 범죄(hate crime)의 피해자가 된 사례가 있다.[29] 반면에 집으로 귀가하던 가정주부를 이유 없이 지하철 철로로 밀어 사망케 하는 사건 등, 노숙인에 의한 증오범죄 발생 역시 커다란 사회적 위협으로 나타나고 있다.[30]

마지막으로, 어려운 환경을 벗어나기 위해 절도, 손괴 등의 범죄를 저지르는 경우이다. 실제 사례 중 배고픔에 시달리며 추운 겨울을 보낼 방법을 궁리하던 중 의식주가 보장되는 교도소에 가기 위하여 백화점 유리창을 손괴한 사례,[31] 불우한 가정형편 때문에 전과자가 된 이후로 자립이 힘든 전과자가 다시 교도소로 돌아가기 위해 범죄를 저지른 사례[32] 등이 나타나고 있다. 이 외에도 여러 노숙인들이나 빈곤층들이 겨울을 지내기 어렵거나 혹은 배고픔

28_ 일반인들이 꺼려하는 닻배에 월수입 250만원을 보장해준다고 속여, 선주로부터 소개비 명목의 250만원을 취득하고 인계한 사례(부산지법 2010고합597), 장기간 노숙 생활로 사리분별 능력이 떨어지는 노숙인을 약취·유인한 사례(서울고등법원 2009노769) 등.

29_ [파이낸셜 뉴스, 2009.12.30] "스트레스 푼다며 노숙인 살해 10대…항소심서 징역 10년 선고"(http://www.fnnews.com/view?ra=Sent1201m_View&corp=fnnews&arcid=00000921861171&cDateYear=2009&cDateMonth=12&cDateDay=30, 최종검색일 2011.4.20).

30_ [연합뉴스] "'범죄 사각지대' 놓인 노숙자…경찰도 고민"(http://news.naver.com/main/read.nhn?mode=LSD&mid=sec&sid1=102& oid=001&aid= 0000872649, 최종검색일 2011.1.4).

31_ 서울지법 북부지원 2005고단2601.

32_ 서울지법 북부지원 2003고합43, 2003감고(병합).

등을 피하기 위하여 교도소에 가기 위해 범죄를 저지르는 현상이 나타나고 있는 실정이다.[33]

33_ 1. "교도소로 보내주오 – 30대 노숙인 절도 후 자수" (1998년, 연합뉴스) (http://news.naver.com/main/read.nhn?mode=LSD&mid=sec&sid1=102&oid=001&aid=0004314082)
2. "〈현장〉 '교도소 보내주세요' – 강도혐의 노숙인" (1999년, 연합뉴스) (http://news.naver.com/main/read.nhn?mode=LSD&mid=sec&sid1=102&oid =001&aid=0004434086)
3. "'감옥가고파' 파출소 간판부순 노숙인"(2004년, 한겨레) (http://news.naver.com/main/read.nhn?mode=LSD&mid=sec&sid1=102&oid=028& aid=0000043541)
4. "교도소에 더 있게 해주세요" (2006년, 세계일보) (http://www.segye.com/Articles/News/Society/Article.asp?aid=20061025000861&ctg1=01&ctg2=00&subctg1=01&subctg2=00&cid=0101080100000&dataid=200 610251028001101)
5. "〈세상 만사-나라 안〉30대 노숙인, 교도소 가려고 절도"(2006년, 문화일보)(http://news.naver.com/main/read.nhn?mode=LSD&mid=sec&sid1=103&oid=021&aid=0000165775)
6. "노숙인 '따뜻한 교도소가 그리워' 상습절도" (2007년, 헤럴드경제) (http://biz.heraldm.com/common/Detail.jsp?newsMLId=20070129000233)
7. "불황 때문에 교도소 '콩나물 시루'" (2008년, 국민일보 – 쿠키뉴스) (http://news.kukinews.com/article/view.asp?page=1&gCode=kmi&arcid= 0920958228&cp=nv)
8. "따뜻한 교도소 가고파… 노숙인이 일부러 절도" (2008년, 문화일보) (http://www.munhwa.com/news/view.html?no=2008120101032343058002)
9. "노숙하느니 교도소 … 절도미수범 검거" (2008년, 매일경제) (http://mbn.mk.co.kr/pages/news/newsView.php?news_seq_no=393870 &category=mbn00009)
10. "이틀 굶은 노숙인, 교도소 가려 경찰서서 행패" (2009년, 세계일보) (http://www.segye.com/Articles/NEWS/SOCIETY/Article.asp?aid=2009010500 1702&subctg1=&subctg2=)
11. "추운 날씨… 차라리 감옥갈래요" (2009년, 수원일보)

4. 경제위기 시기의 범죄현상에 대한 형사사법적 대응

(1) 화이트칼라 범죄에 대한 처벌 강화

경제위기에 따른 경제환경과 범죄양상의 변화에 대응하여 우리 형사사법체계는 이른바 생계형범죄에 대해서는 탄력적이고 관용적으로 처리하되, 경제위기를 초래하거나 이에 편승한 권력형범죄나 화이트칼라 범죄에 대해서는 엄격히 제재하기 위하여 노력하였다. 예를 들어, 1997년 12월 대검찰청의 '경제난국극복을 위한 특별조치', 1998년 6월 '생계형 범죄의 탄력적 처리' 방안에 따르면, 급격한 경제환경의 악화에 따른 부득이한 법률위반에 대해서는 관대한 조치를 하되, 경제상황의 악화에 책임 있거나 이를 악용한 범죄에 대해서는 엄중한 처분을 명시하고 있으며, 특별조치의 대상범죄유형은 수표부도사범, 임금체불사범, 행정법규위반사범, 외환사범, 경제폭력사범 등으로 지정되었다.

그리고 2011년 검찰의 4대 중점단속대상 부정부패범죄에는 정책수립・인허가 등 업무관련 금품수수, 이권개입, 이권청탁 등 공직자의 직위를 이용한 부정행위 등의 고위공직자비리, 공사발주・물품조달 등 이권관련 금품수수 등 공기업 및 정부투자기관

(http://www.suwon.com/news/articleView.html?idxno=44117)

12. "제 발로 유치장 찾는 노숙인들 숨은 사연은…" (2010년, 매일신문) (http://www2.imaeil.com/sub_news/sub_news_view.php?news_id=39122&yy=2010)

13. "춥고 배고파서…지명수배 노숙인 혹한에 자수" (2011년, 매일경제) (http://news.mk.co.kr/v3/view.php?year=2011&no=62647)

14. "서울역서 10대 흉기 난동…1명 다쳐" (2011년, 매일경제) (http://mbn.mk.co.kr/pages/news/newsView.php?category=mbn00009&news_seq_no=1038512)

임직원 비리, 지방자치단체장, 지방의회 의원 및 지방공무원의 직무 관련 금품 수수행위, 지역토호세력의 이권관련 불법 청탁·알선 명목의 금품수수, 불법건축물, 형질변경, 산림훼손 등 단속 묵인 관련 비리 등 지역토착비리, 변호사, 전문브로커 및 사무장의 사건수임·알선 관련 금품수수, 판·검사 교제비 명목 금품수수 행위 등 법조비리를 포함시켰다. 또한 이를 위하여 대검찰청 중앙수사부가 총괄하는 검찰 반부패특별수사부를 중심으로 조직적, 체계적 단속활동을 하며, 특히 고위공직자, 사회지도층 비리 및 도덕적 해이가 극심하여 국민적 공분을 일으키는 분야에 수사역량을 집중 투입하였다.

그러나 이와 같은 노력에도 불구하고 경제위기로 야기된 범죄의 처벌에 있어서 생계형 범죄라 하더라도 절도와 강도 같은 범죄는 무겁게 처벌되는 반면, 경제위기를 이용한 횡령, 배임과 같은 화이트칼라 범죄에 대해서는 비교적 경미한 처벌이 가해진다는 문제점이 지적되었다. 실제로 2000년부터 2005년까지 부정부패 혐의로 재판을 받은 143명의 기업인, 정치인, 고위공직자, 언론사주 등에 대한 1심재판 선고형량 분석 결과, 징역형 118명에 대한 집행유예의 비율이 72%에 이르는 것으로 나타났다. 이는 일반형사범에 대한 집행유예 선고율보다 8.8% 높은 수치이다. 특히 이들 중 기업인들의 경우 징역형이 선고된 53명 중 50명이 집행유예를 선고받아 94.3%의 집행유예율을 보이기도 했다. 또한 143명 중 항소심까지 진행된 피고인은 96명이며 이들 중 59명의 항소심이 파기되어 항소심 파기율도 일반 형사재판의 48.1%보다 13.4% 높은 61.5%에 이르고 있다. 마지막으로 항소심이 파기된 59명 중 78%인 46명은 1심보다 형량이 줄었으며, 집행유예가 선고된 경우는 징역형 40명 중 29명으로 그 비율은 72.5%에 이르는 것으로 나타

났다.[34]

화이트칼라 범죄의 경우, 일반적인 범죄와 달리 범죄의 계획성과 타산성이 높다는 점, 동 범죄의 피해 대상이 선량한 일반 국민이라는 점, 약한 처벌로 인하여 사법당국에 대한 국민들의 불신을 야기함으로써 사회구성원 간의 갈등을 심화시킨다는 등 그 죄질이 매우 불량하다 판단할 수 있다.[35] 따라서 이들에 대하여는 단호한 처벌과 부패 척결을 통하여 범죄는 반드시 처벌받는다는 원칙을 관철함으로써 일반 국민으로 하여금 사법부에 대한 신뢰를 고양하고, 공정한 법질서 확립을 통해 적극적으로 사회통합을 지향해야 할 필요가 있다.[36]

미국에서도 2008년 금융위기 이후 내부자거래를 비롯하여 주가조작・분식회계 등 금융범죄에 대한 처벌강도를 점점 높여가는 추세이다. 뉴욕 맨해튼 연방법원은 워렌 버핏(Warren Buffett) 버크셔 해서웨이(Berkshire Hathaway) 회장이 2008년 9월 골드만삭스(Goldman Sachs)에 50억 달러를 투자한다는 등의 내부정보를 활용해 이익을 올린 헤지펀드 설립자 라즈 라자라트남(Rajaratnam)에게 11년 징역형과 함께 벌금 1,000만 달러와 5,380만 달러 몰수명령을 내렸다.[37] 또한 2009년에는 다단계 금융사기 사건의 주범 메이

34_ 본 조사 결과가 단기간에 소수의 표본을 대상으로 특정법원에서 이루어진 판결을 분석한 것으로 대표성이 다소 부족할 수 있을 것이나, 우리 법원의 지나치게 관대한 입장과 결과적으로 화이트칼라 계층과 일반 국민들과의 사법 형평성을 저해하고 있다고 보기에는 무리가 없어 보인다. KBS 스페셜, "법은 평등한가," 2006.7.16, 자료집 86-89면; 이승준, "화이트칼라범죄에 대한 집행유예," 연세대학교 법학연구 제16권 제3호 (2006), 113-115면 재인용.

35_ 전병재, "산업사회와 화이트칼라 범죄론," 현대사회 제4권 제1호(1984), 164-172면 참조.

36_ 전병재, 앞의 논문, 173-177면 참조.

도프(Madoff) 전 나스닥 증권거래소 이사장에게 71세의 고령임에도 법정최고형인 150년 징역형을 선고했다. 2011년에도 다른 다단계 금융사기범 아가페 월드 사(Agape World Inc.)의 코스모(Nicholas Cosmo) 전 대표에게 징역 25년과 1억 7,900만 달러의 배상판결을 내렸다. 이처럼 미국법원은 금융범죄의 경우 테러나 마약범죄와 같은 기준에 따라 영장을 발부하고 있다. 라자라트남 사건 수사에서는 법원이 검찰에 1년 이상 전화감청을 허용했고, 45개 감청 테이프가 범죄를 입증하는 데 결정적 역할을 했다.

우리나라 자본시장법(자본시장과 금융투자업에 관한 법률)에는 내부자거래나 주가조작에 대해 10년 이하 징역이나 5억원 이하 벌금에 처하고, 차액이 50억원 이상인 경우에는 무기 또는 5년 이상 징역으로 가중처벌토록 하고 있다. 법률상으로는 우리나라도 비교적 엄한 처벌을 예고하고 있지만, 실제 우리법원의 판결관행은 화이트칼라 범죄자에 대해 온정적으로 흐른 경향이 없지 않았다. 그래서 사회상류층인 화이트칼라 범죄자들에게 엄격하게 처벌을 가함으로써 법이 공정하다는 점과 강자에게도 법의 지배는 살아 있음을 보여주어야 하다는 목소리가 높았다.[38]

(2) 민생범죄에 대한 회복적 사법의 수용

2009년 한국형사정책연구원의 보고서에 따르면,[39] 일시적 경

37_ 인맥을 활용해 회사정보를 빼낸 후 주식투자로 거액을 벌어들이는 '내부자거래'에 대한 형벌로는 미국 사상 최고형이라고 한다.

38_ 조선일보 2011.10.17.자 사설 "금융범죄, 법원부터 '온정적 처벌' 관행 바꿔야"

39_ 김한균, 자유무역협정에 따른 경제환경과 형사정책의 변화, 한국형사정책연구원, 2009 참조.

제위기 이후 형사정책의 긍정적인 방향설정은 첫째 법률운영상의 탄력적 대응, 둘째 사회적 약자에 대한 배려라 할 수 있다. 반면 부정적 측면도 있을 수 있다. 경제위기로 인한 사회불안을 과장하거나 범죄예방 내지 진압을 구실로 범죄통제기구와 형사사법자원을 확대하거나 남용하는 것이다. 이는 그 자체로서 사회적 계층적 갈등을 증폭시키는 문제점을 가져올 수 있다. 국가의 제도와 정책에 대한 국민적 신뢰의 상실이 경제위기의 한 원인이 된다. 반면 신뢰감의 회복은 경제위기를 극복하는 중요한 길이 된다. 경제위기상황에 대처하는 약자배려적이고 탄력적인 형사정책은 합리적이고 공정해야 하며, 사회정의에 대한 국민의 일반적인 법감정을 종합적으로 고찰할 필요가 있다. 그래야만 국민의 신뢰에 기초한 국가정책의 필수불가결한 일부가 될 수 있을 것이기 때문이다.

이러한 맥락에서 경제위기에 따른 사회적 갈등상황에서 한국사회는 회복적 사법모델을 수용하여 약자로서의 가해자와 피해자 모두를 배려하고, 처벌보다는 피해회복을 도모한다. 특히 한국형사정책연구원은 회복적 사법모델을 통해 사회변화양상에 부응한 형사사법체계의 발전방안을 제시한 바 있다.[40] 법무부와 검찰도 범죄피해자보호와 소년선도보호에서 회복적 사법이념의 정책적 수용에 지속적 관심을 기울여 왔다. 특히 범죄피해자보호법을 제정하고 대검찰청에 피해자인권과를 설치하여, 형사조정위원회와 피해자전담검사 제도를 운영하고 있다. 비행소년들을 위해서는 소

40_ 2006년 보고서인 교정단계에서 회복적 사법의 가능성, 보호관찰단계에서 회복적 사법이념의 실천방안, 형사사법체계상 회복적 사법의 실천방안, 학교폭력 대응방안으로서 회복적 소년사법 실험연구, 2008년 보고서인 21세기 소년사법 개혁의 방향과 과제(II) – 회복적 소년사법 실천방안 등이 그것이다.

년보호선도제도를 운영하여 처벌보다는 지원과 보호를 통해 재범을 방지하고 성숙한 시민으로 성장할 수 있도록 돕고 있다.

(3) 노숙인 범죄에 대한 치료적 사법의 접근

대다수의 노숙인들이 각종 전염성 질병과 알코올 중독 및 정신질환을 앓고 있다.[41] 관련 연구에 따르면 조사된 노숙인들을 대상으로 한 설문조사에서 상당수가 알코올 중독상태, 신체적 또는 정신적 건강이상, 마약류 복용경험이나 마약복용에 따른 신체이상을 경험하였다는 응답을 나타내었다.[42] 이러한 열악한 노숙인의 경험은 사회에 대한 불신과 분노를 학습하게 하는 동시에 중독상태 등에 의한 범죄를 초래하고 있다.[43]

대다수의 노숙인 범죄 문제가 신체적·정신적 문제로 야기된다는 점에서, 이와 같은 범죄의 처벌에 대하여 단순한 처벌이 아닌

41_ 노숙인의 1/5가 일반인에게 전염시킬 수 있는 각종 감염 또는 전염병을 갖고 있으며, 오랜 노숙인 생활을 한 사람의 3/4가 알코올 중독자로, 그리고 이들의 1/3이 정신질환자로 나타나고 있다. 또한 노숙인의 대부분이 신체적 질병과 더불어 약물 및 알코올 중독과 정신적인 장애가 통상 복합적으로 나타나고 있다고 보고된다. Wright, J. D., Poor People, Poor Health: The Health Status of the Homeless. In Shinn, M., & Weitzmann, B. C. (Eds), Urban Homelessness, Journal of Social Issues, Vol.46(4), 1990, pp.49-64; 김영만, 이훈구, 이혜주, "노숙자들의 심리적 상태 및 생활에 관한 현장연구," 한국심리학회지 제5권 제2호, (1999), 159면 재인용.

42_ 김영만 외, 앞의 논문, p.162 참조.

43_ 이른바 노숙인에 의한 증오범죄가 다수 나타나고 있다. [YTN, 2011. 5. 24] "노숙인, 지하철서 '묻지마' 소화기 분사"(http://www.ytn.co.kr/_ln/0103_201105241958031751, 최종검색일 2011.6.28); [노컷뉴스, 2010. 6. 23] "'묻지마 살인' 기도, 노숙인이 길가는 학생에 흉기 휘둘러", (http://www.nocutnews.co.kr/show.asp?idx=1507724, 최종검색일 2011. 6. 28).

노숙인들이 건전한 사회구성원으로 재사회화할 수 있는 '치료적 사법'(therapeutic jurisprudence) 관점의 접근이 필요할 것이다. 치료적 사법이란 알코올이나 약물 중독 등과 같이 범죄자의 습벽을 사법절차를 통해 보다 적극적으로 치유하고 해결하려는 사법이념이다.[44] 이는 단순한 법적용과 기계적 처벌 위주의 전통적 형사사법의 한계를 노정하고 있는 데 따른 반성으로부터 출발하고 있다. 예를 들어 약물중독의 경우 전통적인 형사사법 시스템 내에서의 통상적인 형벌 부과만으로는 중독사범에게 내재하고 있는 범죄발생요인을 근본적으로 치유하지 못하여 형벌 집행 이후에 재범하여 교도소로 다시 들어오는 회전문 현상(revolving door syndrome)을 보이고 있다는 사실에 대한 반성이다.[45]

이와 같은 '치료적 사법' 관점의 접근은, 노숙자들의 범죄발생요인을 근본적으로 다루어 노숙인 누범범죄 문제 등을 해결할 수 있을 것으로 기대된다. 이는 사법절차를 통한 적극적인 개입으로써 궁극적인 문제해결을 지향하는 치료적 사법 이념의 장점이기도

44_ 치유적 사법(therapeutic jurisprudence)은 법을 치유행위자(therapeutic agent)로 보는 관점에서 법학과 법개혁에 학제적으로 접근하는 입장이다. 법령과 법실무, 그리고 법관을 비롯한 법전문가들이 처분대상자의 정신적 치유를 위해 역할을 나누어 맡게 된다. 의학적 모델이 치료를 유일한 가치로 상정하는데 비해, 치유적 사법모델은 법체계의 반치유적인 영향을 줄이고 적법절차원칙을 비롯한 법원칙을 훼손하지 않는 한에서 치유적 효과를 늘리고자 한다. 즉 법이 정신적 건강의 가치를 인정하고 법원칙과 가치에 부합하는 한에서 치유에 반하는 결과를 피하고 정신적 건강을 도모하기 위하여 노력해야 한다고 본다. 따라서 치유적 사법모델은 법의 발전과 개혁에서 정신치유의 시각을 끌어들이려는 학문적 시도라고 할 수 있다. 김한균, 김혜정, 외국의 보안처분제도에 관한 연구: 미국의 수용치료 사법처분 및 독일 보안처분의 최신동향, 법무부, 2007, 69면.

45_ 이승호, "문제해결법원의 도입에 관한 검토," 형사정책연구 제18권 제1호(2006), 68면.

하다.[46] 우리나라에서도 이 같은 '범죄인에 대한 치료적 개입'의 영역은 날로 다양해지고 있으며 최근 국회에 제출된 형법개정안 내에는 집행유예의 조건으로 '치료명령'의 도입을 시도하고 있다.[47] 이러한 치료명령 도입 노력은 향후 성폭력 치료 및 약물·알코올·도박 등의 중독 치료를 포함하는 사회내처우의 일종으로 발전할 것으로 보이며,[48] 이와 같은 중독 치료를 위한 치료명령의 실효성을 높이기 위하여 검찰에서 기소유예 조건부로 치료보호제도를 적극적으로 검토하여야 할 필요가 있다는 의견도 있다.[49]

노숙인 범죄의 재범률이 증가한다는 현실을 고려할 때, 이들에 대한 단순한 강벌주의적 접근은 노숙인들의 건전한 재사회화에 큰 효용성을 나타내지 못하는 것으로 판단된다. 따라서 노숙인들이 건전한 사회 구성원으로서 재사회화됨으로써 잠재적인 재범위험을 예방하기 위해서라도 이들의 중독문제 등을 근본적으로 해결할 수 있는 국가적 차원의 지원이 필요할 것이다.

5. 위기극복과 형사사법의 발전적 변화

우리경제의 성장규모와 세계화 수준이 높아질수록 세계적인 경제위기의 영향을 크게 받고 있다. 경제위기는 곧 사회갈등과 범죄증가로 인한 사회적 해체의 위기로 이어지기 쉽다. 하지만 우리나라는 1997년 아시아 금융위기와 최근 세계적 경제위기를 짧은

46_ 한영수, "범죄인에 대한 치료적 개입의 법적 현황과 개선방안," 한국보호관찰학회 춘계학술대회 자료집 (2011), 43-45면 참조.

47_ 형법 일부개정법률안 의안번호 11304, 2011.3.25 참조.

48_ 한영수, 앞의 논문, 29면.

49_ 한영수, 앞의 논문, 37면.

시일 내에 성공적으로 극복했듯이, 갈등완화와 범죄대처에도 상당한 성과를 거두고 있다.

특히 우리나라의 형사사법과 형사정책은 경제위기와 사회위기상황에 대면하여, 제재와 배제와 진압이라는 일방적인 방향으로 나간 것이 아니라, 회복과 치유의 형사사법에 눈을 크게 뜨게 되었다는 점이 특징이다. 재소자들을 극한상황으로 몰아넣었던 권위주의시대의 산물이었던 "청송 보호감호소"가 문민시대에 접어들어 폐쇄되었고, 대신 2010년 12월 교정법인 아가페에서 운영하는 민영교도소인 "소망교도소"가 10여 년의 준비 끝에 드디어 문을 열었다. 그 곳에서는 일방적인 교정이 아니라 선택적이고 협동적인 교화작업이 시행되며, 사회와 피해자 · 범죄자 자신 및 하나님과의 화해와 화목이 시도되고 있다. 물론 경제위기를 초래하거나 이에 악의적으로 편승한 부패범죄나 화이트칼라범죄에 대해서는 엄격한 제재와 제도적인 범죄방지 노력을 집중하였다. 반면 경제위기 상황에서 초래된 실업자, 노숙인을 비롯한 사회적 소외계층의 생계형 범죄나 범죄피해자에 대해서는 회복적 사법이나 치료적 사법과 같은 이론과 정책모델을 수용하여 사회적 갈등해소와 재범방지를 위해 노력하였다. 물론 경제변동에 크게 영향을 받지 않는 일반 형사범의 영역에 대해서는 전통적인 형사사법적 대응을 유지하였다.

다음과 같은 요약이 가능할 것이다: 첫째, 부패 범죄 및 화이트칼라 범죄에 대하여 온정주의보다는 강벌주의(punitivism)적 관점에서 엄정한 대응정책을 쓸 필요가 있다는 점이다. 사법적 정의에 대한 국민의 신뢰와 공정한 법집행을 통한 법질서의 안정에 기여할 수 있기 때문이다. 둘째, 경제위기로 말미암은 생계형 범죄의 경우에는 온정주의적 관점에서 완화된 제재수단 내지 다이버전 조치만으로도 충분히 법적 평화회복에 기여할 수 있다는 것이다. 대다수의 범죄자들이 경제적 곤궁으로 인해 일시적으로 범행으로 나아갔다는 점과 재사회화와 사회복귀에 대한 기대가능성이 높다는 점을 고려할 때 회복적 사법이념에 입각한 재통합이 우선적으로 고려될 수 있을 것이다. 셋째, 노숙인 범죄에 대한 접근에 있어서는 이들의 열악한 생활환경과 이로 인하여 비롯된 정신건강 문제에 의한 범죄가 반복적으로 발생한다는 점을 고려하여 근본원인에 대한 치료적 개입이 필요하다는 점이다. 이와 같은 치료적 사법 이념에 근거한 접근은 중독 문제로 사회 일탈 현상이 계속되고 있는 노숙인들에 대하여 처벌을 통한 배제보다 포섭과 사랑의 정신에 입각한 사회적 치료를 통해 보다 효과적으로 그들의 재통합과 재활을 도울 수 있기 때문이다.

이처럼 한국의 형사사법과 형사정책은 경제위기와 사회변화에 대처하면서, 부패・화이트칼라 범죄－일반범죄－생계형범죄－노숙인범죄의 범죄유형 영역을 구분지어 각각의 특성에 맞추어 제도화된 형사제재와 다이버전으로 크게 구분되는 대응책을 수립했다. 전자의 방법으로는 그 정도에 따라 강화된 형사제재와 통상적인 형사제재를, 그리고 후자의 방법으로 회복적 사법과 치료적 사법을 투입하는 다원적 체계를 구축하였다.

V. 결 론

체계로서의 형사정책은 오늘날 그 자리에 더 이상 머물러 있지 않다. 이미 어디론가 흘러가 버렸다. 근대주의의 '체계로서의 법' 이념은 구체적인 문제를 더 일반적이며 일관된 논리적 평가관련성과 효력관련성 양 측면에서 파악하여 법적 안정성과 예측가능성을 높이려는 시각이지만, 그것이 구체적인 문제해결의 방안을 찾는 데는 한계에 부딪힐 수밖에 없다는 점은 오늘날 이미 잘 알려진 사실이다.[1]

그렇다면 다양한 문제해결에 가장 적합해 보이는 다양한 정책프로그램들의 난립과 혼재는 후기현대주의의 새로운 문화현상이라고 치부하고 말 것인가? 정책다원주의(Politikpluralismus) 내지 정책복합중심주의(Politikpolyzentrismus)가 후기현대적 사회문화현상을 읽어내는 코드임을 부인할 생각은 없다. 그러나 그것은 긴 정신사적 발전과정에서 보면 단지 과도기적 현상에 불과하다는 점을 간과해서는 안 될 것이다. 나는 혼돈 속의 조화를, 나타난 현상이 아닌 시간 개념에 비추어 역사적인 관점으로 끌어갈 때 얻을 수 있다는 점을 경기도 양평의 양수리에서 그리고 독일 땅 바이에른 주

1_ 이에 관하여는 젤만(Seelmann), 법철학 제2판(윤재왕 역), 2010, 87면; 김일수, 한국형법 I 개정판, 68면 이하 참조.

(州)의 파싸우(Passau)에서 깨달은 적이 있다.

「전환기의 형사정책: 패러독스의 미학」이라는 이 논제는 더 정확히 말하자면, 후기현대사회의 형사정책과 그 다양한 흐름 중에서 큰 두 가닥, 즉 엄벌주의와 온정주의의 이중주(二重奏)라고 해야 맞을 것 같다. 그 이중주는 조화로운 화음이라기보다 긴장감 속에서 벌어지는 불연속선의 마주침이나 불협화음의 공명에 비유할 수 있을 것이다. 이 모순과 갈등의 난기류들을 하나의 구도 속에 엮어 흘러가게 함으로써 후기현대사회에서 다양한 모습을 띤 형사정책의 전체적인 흐름을, 비록 느슨한 조합이기는 하지만, 한 눈에 조망하게 하려는 것이 저자의 의도였다. 그리고 그 가능성을 우리나라가 경제위기시에 취했던 다양한 얼굴의 형사정책에서 찾아내 서로 다른 요소들을 지평의 융합으로 끌어올리고자 시도했다.

강벌주의의 끊임없는 되풀이 속성 때문에 강·온 이중성의 긴장과 대결은 피할 수 없는 국면이지만, 장기적인 형사정책의 발전방향에서 본다면 그것은 단지 과도기적인 현상에 불과한 것이라고 나는 생각한다. 후기현대사회의 형사정책이 강·온 두 얼굴을 지닌 것은 부인할 수 없는 사실이지만, 그것은 결코 야누스의 얼굴일 수가 없다. 형사정책이 최소한 인격으로서의 인간에게 봉사해야 할 가치합리적 요구에 합치하려면, 궁극적으로는 포용과 사랑의 정신이 이끄는 물흐름을 타고 흘러가야 한다고 나는 생각한다. 물론 강벌주의가 일시 위력을 발휘하는 시대상황 속에서도 인도주의와 인간존중의 정신이 그것과 끊임없는 정신적 대결을 벌여야 한다는 사실을 전제하고서 하는 말이다.

21세기의 출발을 전후하여, 그 전환기의 사회문화적 상황을 특징짓는 징표가 후기현대주의(postmodernism), 후기구조주의, 후기경험주의, 후기합리주의, 후기실용주의라는 언어였다. 후기현대주의는 유럽 계몽주의의 현대성 프로젝트가 후기자본주의 사회에서 곤경에 처한 인간의 현실적 삶의 중요한 문제들에 대한 해답을 줄 수 없는 사고유형으로서 결과적으로 단지 지식에 의한 지배와 이용을 가능케 하는데 기여했을 뿐이라고 비판한다. 그 결과 관료지배주의, 형식적 법률 및 근대사회와 경제의 각종 공식화된 제도만 양산했다는 것이다.

이 같은 후기현대주의는 법학분야에서도 자기 목소리를 내기 시작하여 형식적·합리주의적 법이론과 보편적·본질론적 법개념에 반기를 들었다. 그리하여 전통적인 법이론가들의 통념을 지배하던 중립적이고 객관적인 법의 존재에 의문을 제기했다. 그들은 법의 지배로 대변되는 독자적이고 자기발전적인 법학에 대한 신뢰를 버리고 전통적인 근대적 법이론으로부터 해방되고자 한다. 대신 실천적인 부분영역에서 다양하고 단편적인 문제해결을 추구한다. 보편적인 정의(justice for all) 대신 일부를 위한 정의(justice for some)가 소수자 배려의 관점에서 더욱 실천적인 의미를 지닌다. 법이란 원래 문화적 다원주의에서 서로 다른 문화 사이를 잇는 매개체이고, 법학 내지 법정책 역시 사회 속에서 상이한 문화적 담론과 사상의 모형을 숙고하도록 고무시키는 문화적 차원을 가지고 있기 때문이라는 것이다.[2]

전통적인 법사고는 법을 구체적 사안에 적용하는 데 골몰해왔다. 여기에서는 개념의 자기완결성과 원리의 수행가능성 및 법의 정의로움에 대한 신뢰가 전제되었다. 그러나 법적 과제가 대부분 사회문화적인 차원과 연계되어 있음을 안 후기현대적 법이론가들은 사회 속의 다양한 문화에 대한 담론의 유형을 생각하고, 전통

2_ Minda, Postmodern Legal Movements, 1995, p.75.

적인 보편적 법이론과 국지적인 법적 쟁점 사이에 은폐되어 있는 모순과 역설을 들추어내는 데 열중하고 있다.[3] 이 같은 과정을 통해 도달한 새로운 지평은 기존의 법관념과 법체계에 대한 신뢰의 상실이었다.

자유법치국가이념은 산업화 이후 전통적 인습과 종교적 생활관념의 퇴색으로 양산된 현대형 난제의 급증, 도시인구의 집중, 현대형 범죄의 범람으로 인해 최소한의 규율로 최대한의 자유보장을 기하려던 세속종교로서의 카리스마를 잃어버렸다. 예방사고가 또한 전통적인 법치국가형법을 사회적 기능국가의 신축성 있는 조종기구로 변모시킨다. 후기현대사회의 거대 위험에 직결된 미래적 난제들을 해결하기 위해 위험형법, 안전형법, 심지어 적대형법의 사고가 전통적인 법치국가형법의 소극적이고 보충적인 법익보호사상을 밀어내고, 위험관리라는 신축성 있는 도구로써 파편화된 단편적 이슈들과 대결하며, 전통적인 자유보장원리들의 영역을 잠식하고 있다.

법률을 사안에 적용하는 것을 주된 관심사로 삼았던 전통적인 법사고의 방법이 이제 새로운 국지적 문제와 만날 때, 법을 사안에 적용하는 방식으로는 문제해결에 이를 수 없음이 확인된 셈이다. 오히려 이론을 법에 적용하여 새로운 문제해결을 모색해야 한다는 것이다. 그리하여 판단의 최종 근거는 원리에 있지 않고 패러독스(paradox)에 있다는 가설 아래 후기현대법이론은 그러한 모순과 역설의 파편들을 주워 모아 때로는 새로운 실용주의자로, 때로는 냉소주의자로 언어와 담론의 새로운 지평을 열어가고 있다.

현대주의의 이성적 인간상 속에서 우리는 법질서의 보편성과

3_ P. Koslowski, Die postmoderne Kultur, 1987, S.89, 152.

추상성의 공식을 읽을 수 있다. 규범의 수범자들은 의사결정의 자유와 선택의 자유에 따라 이해타산적 관점에서 범죄를 선택한다. 그리고 그의 선택에 대해 자기책임을 져야 한다. 이러한 이성적이고 오성적인 인간상을 전제하는 한 형사정책은 억제와 강제성에 의존하여 법치를 구현해 나가지 않을 수 없다. 진압적 통제모델에 따라 잠재적인 질서교란자들에게 경각심을 불러일으키고 엄벌주의로 그 강도를 더해 감으로써 규범준수의 효과를 극대화할 수 있으리라고 기대하기 때문이다.

그러나 억제와 진압은 의도적인 질서교란을 방지할 수는 있지만 사회적대감을 해소하거나 신뢰관계의 기반을 형성하는 데 별 도움이 되지 않는다. 적대감과 불신이 지배하는 분위기에서 의사소통의 내용이란 주로 일방통행적인 경고와 강도 높은 처벌뿐이고, 그 효과는 장기적으로 지속될 수 없다. 불감증과 면역효과가 곧 뒤따르기 때문이다. 그러므로 장기적인 시각에서는 지역사회가 조직화되고 사회와 개인 간의 유대와 신뢰가 살아나야 한다. 그 유대 강화를 통해 일탈 가능성이 있는 잠재적 범죄자들은 일탈에 앞서 주변사람들의 이목이나 신뢰를 저버림으로써 받게 될 상실의 아픔을 사전에 경각하게 된다는 것이다.

후기현대주의의 구체적·현실적 인간상은 일종의 파편화와 역설로 뒤얽힌 사회문화적 맥락 속에서 각자가 그것을 반영하는 거울로 인식된다. 그러한 맥락은 수평적으로는 법과 경제, 법과 정치, 법과 사회, 법과 문화, 법과 여성, 법과 인종 등 다양한 부분영역들로 구성된다. 더 나아가 수직적으로는 종교가 그러하듯 인간의 꿈, 인간의 마음, 인간의 영혼, 인간의 마지막 운명에 대한 관심을 포함한 인격의 전 존재가 포함된다.

계몽사조가 형사사법의 영역으로 흘러든지 100여 년이 지나지 않은 19세기 초반부터 1970년대 중반까지 약150여 년 동안 적어도 영어권 서구사회에서는 응보주의(retributism)보다 공리주의와 예방사상에 기초를 둔 결과주의(consequentialism)가 주류를 이루었다. 그러나 1970년대 후반 이후 서구사회에서는 다시 신고전주의 또는 정당한 필벌(just deserts) 사상(von Hirsch)이 등장하면서 1980년대까지 응보주의가 결과주의를 다시 대체하는 것이 아니냐 하는 전망을 내놓기도 했다. 그러나 1990년대 중반부터 무해화 조치에 입각한 소극적 특별예방정책(중범죄자, 성강탈자에 대한 특별법 등), 소극적 일방예방정책(삼진아웃법, 일정형기 이상 필요적 부과 법률 등), 그리고 재사회를 위한 적극적 특별예방정책(마약사범, 중독사범 들에 대한 교정치료 프로그램 등)이 투입되었고, 문제해결에 중점을 둔 회복적 사법과 지역공동체에 기반을 둔 사법프로그램 등이 활성화되었다.

물론 이와 같은 예방정책들 가운데서도 소극적 특별예방조치(무해화조치)나 소극적 일반예방조치들은 두말할 것도 없이 강벌주의적 전환(punitive turn)을 보여주는 것들이다. 무해화조치는 고위험 범죄자들에게 수십년형 또는 종신형에 처해지도록 하는 조치였고, 삼진아웃법은 재산범죄 누범자에게도 종신형을 과하도록 하였기 때문이다. 이러한 조치들은 전통 법치국가 형법의 잣대를 가지고서는 측정할 수 없는 무원칙하고 임시방편적인 정책으로 보인다.[4]

이와 같은 현상은 더욱 고도화된 세계화의 추세에 따라 오늘날 세계 여러 나라의 형법정책과 형사정책에서 두루 감지되고 있다. 우리나라도 그 예외가 아니다. 강벌주의의 감성적인 대응책들

4_ M.Tonry, Can Twenty-first Century Punishment Policies Be Justified in Principle?, ed. by M.Tonry, Retributism has a Past, 2011, p.4.

(메간법, 삼진아웃법, 성범죄 처벌강화, 가석방 없는 종신형, 공소시효 폐지 등)은 바로 후기현대사회의 점증하는 불안감에 대한 임기응변적 대응책인 셈이다. 위험의 일상화로부터 벗어나고자 하는 안전사회의 프로젝트는 구멍뚫린 사회안전망을 재건하기 위해 사회정책 대신 형사정책을 대체수단으로 전면에 내세우는 경향이 있다. 다양한 위험증후군에 대한 형사정책적 대응 수단들은 결과적으로 파편화된 법의 지형을 초래한다.

전환기의 형사정책은 이제 전통적인 형사정책이 견지했던 응보, 일반예방, 특별예방의 단선적 경계를 훨씬 뛰어넘을 뿐만 아니라 좀더 복잡한 양상으로 전개되어 가고 있다. 현대주의의 보편성과 추상성 그리고 후기현대주의의 파편화와 역설을 변증론적으로 합일하는 일은 사유논리적으로 불가능할까? 후기현대사회에서 형사정책적 조류의 양극단인 엄벌주의와 사회내처우 사이에 걸친 부조화와 모순을 연원이 서로 다른 남한강과 북한강의 합수(合水)처럼 하나의 흐름으로 엮어 내는 길은 없을까?

즉, 냉온강약과 같은 모순을 하나의 모순으로 보지 않고, 다양성의 공존과 어울림으로 보는 사유논리는 신(神)의 보이지 않는 손에 의한 예정조화에 기반을 둔 전통적인 다양성 속의 일체성(Einheit in der Vielfalt)의 논리이다. 이것을 가지고 그 역설적인 현상을 설명할 수는 있지만, 현실성이 약하다. 그리하여 모순으로 공존하는 부분의 독자성들이 인간존재의 실현에 봉사하는 미래의 전망 속에서 하나로 융합되어 가는 점진적 진화의 논리로 이 역설을 엮어 낼 수도 있을 것이다. 후자의 점진적 진화 속에서 주류는 관용과 온정주의이며, 과도기적 성격의 강벌주의는 일시적으로 온정주의와 충돌하면서도 시간의 흐름을 따라 역동적으로 합일되어 흘러간다.

이것을 불연속선의 조화요, 불협화음의 공명이며, 모순된 이중성과 패러독스의 미학이라고 말해도 좋을 것이다.[5] 후기현대사회의 고범죄위험에 직면해서도 인간존중과 인간의 자기발전을 목표로 삼고 사회질서의 안정을 유지하려면, 강벌적 수단에 따른 진압적 통제사상으로부터 예방적 조정모델로, 더 나아가 피해자와 가해자를 포함한 공동체의 재통합을 위한 자정능력제고 모델(resilience model)에 이르는 다양한 스펙트럼을 바라보아야 한다.

이 같은 배경을 염두에 두고, 앞에서 본 엄벌주의의 얼굴을 여기에서 다시 한번 최종적으로 다듬어야 할 필요를 느낀다.

엄벌주의로의 끊임없는 회귀는 당시의 시대적·사회적 불안사조에 대한 감정적 대응의 일환이라고 말할 수 있다. 그 불안사조의 원인은 오늘날 과학기술의 발달에 의한 원자력·화학 위험일 수도 있고, 생명공학분야에서 조작된 복제인간의 탄생으로 인한 충격일 수도 있을 것이다. 그 밖에도 세계 도처에서 일어나는 대형 지진과 해일, 지구온난화로 인한 자연재앙에서부터 종교적 종말론 사상에 이르기까지 현대인의 심리적 불안은 생활세계 전반에 널리 퍼져 있다.

그런데 이러한 불안요인 중에 범죄위험도 빼놓을 수 없는 요소라는 점이다. 어느새 우리사회도 폭력·살상·마약·성범죄·인신매매 등 흉악범죄의 와중에 휩싸이게 되었다. 지난 30여 년간 우리나라의 범죄율은 계속 증가추세를 보이고 있다. 충격적인 범죄들로 인해 시민의 원성이 높아질 때마다 정부는 가중처벌을 위한 특별법을 제정하거나 개정함으로써 국민의 따가운 눈총을 피하려 해 왔다. 비교적 빈번히 정부는 조직폭력배·인신매매범·퇴

5_ 나는 경기도 양평군 양수리의 남한강과 북한강의 합수지점에서 받았던 강한 인상에 이끌려 이를 현대 형사정책의 두물머리라고 칭하고 싶다.

폐업소・부패사범 등을 근절시키겠다고 관련법 개정을 추진하고 무관용원칙을 공언해 왔다. 하지만 이처럼 반복되는 가중적 특별법과 특별기구의 운영으로 범죄가 얼마나 억제되었는지, 범죄자는 얼마나 위하되었는지, 시민생활의 평화가 얼마나 회복되었는지는 의문이다.

치안공백상태와 범죄급증의 제1차적 원인은 공권력의 정책부재나 잘못된 사회정책・형사정책에 있다고 본다. 시민들의 여론이 들끓을 때일수록 공권력은 사건의 발생원인에 대해 다각적이고도 근본적인 검토를 거쳐 장・단기적인 정책을 수립・실천해 나가는 것이 필요하다. 강벌주의 경향의 법률만을 틀어잡고 미봉책을 쓴다거나 특별기구를 설치・운용함으로써, 말 그대로 '완전소탕', '일망타진', '근절'시키겠다고 엄포를 놓는 것은 사실 법적 인기영합주의(legal populism)의 발로일 뿐, 공권력이 속출하는 고범죄위험에 대해 속수무책임을 자인하는 일에 지나지 않는다.

무엇보다 시급한 것은 솔직하고도 정직한 정책의 수립이다. 정책의 수립을 위해서는 현상에 대한 솔직한 분석과 자기반성이 앞서지 않으면 안 된다. 그런 의미에서 범죄란 '근절'의 대상이 아니라 '통제', 더 현대적인 의미로 말하자면 '관리'의 대상일 뿐이다. 이러한 생각에서 출발하여 범죄증가율을 우선 현 상태로 안정시키는 것이 무엇보다 중요하다. 그 다음 단계로는 고정된 범죄율을 토대로 앞으로의 사회・문화・경제 변화요인들을 종합검토하면서 범죄예측적 관점에서 예방책을 마련하여 범죄율을 한 포인트씩 감소시키기 위해 전력투구하는 일이 중요하다. 이것이 다름아닌 합리적인 형사정책이다.

무엇보다 먼저 엄벌주의・중형주의의 거품을 형법의 영역에서 빼어버리고, 비대해진 형법의 몸집을 감량하는 일이 급선무다.

범죄통제를 위한 형사정책은 가혹한 특별법 제정·개정만으로 해결되는 것이 아니다. 가혹한 특별법의 양산은 오히려 규범 인플레이션 현상을 초래하여 웬만한 사람은 그와 같은 법이 있는지 없는지조차를 알 수 없게 만들어 버린다.

평화로운 공동사회의 질서는 안정된 사회정책과 문화정책, 공정한 경제질서, 정의로운 질서의 정치운영에 의존하는 바 크기 때문에, 형사정책은 원칙적으로 사회정책의 최후수단이어야 하고, 형법은 형사정책의 최후수단으로 머물러 있어야 한다. 그러므로 엄벌주의의 남발과 남용은 사회의 평화질서를 구축하기보다 도리어 사회의 공격성을 촉진시키는 역기능을 하게 된다. 통제문화가 일상생활과 의식 속을 파고들어가기 때문이다.

범죄진정효과는 가중처벌법을 양산한다고 해서 거둘 수 있는 것이 아니라 낮은 형량을 가진 법률일지라도 공정하고 사법적 정의에 합당하게 적용·집행하는 데 있다는 사실에 유의해야 한다. 다시 말해서 집행적자·집행결손을 최소화하는 것이 급선무이다. 법은 최소한의 힘만 가지고서도 그것이 공정·형평·합리적으로 적용되기만 한다면, 사형과 같은 가혹한 극형의 제재수단이 아니더라도 충분히 사회질서를 유지할 수 있기 때문이다.

원칙적으로 모든 범죄는 형법의 규율만으로도 충분히 통제할 수 있고, 또한 관리되어야 할 대상이다. 그러나 이 같은 형법적 통제에 앞서 사회정책과 교육정책의 근원적 치료가 필요함은 두말할 것도 없다. 흔히 범죄는 사회질서에 대한 반란이라고 비난되지만, 사실은 기존 사회질서에 대한 항의의 의미도 지닌다는 사실에 유의해야 한다.

사회구조의 변동에 따른 사회정책이 건전하지 못하면, 사회적 불균형은 심화되고 계층간의 갈등은 첨예해지기 마련이다. 상대적 빈곤감과 박탈감에 빠진 사회적 취약계층이 그것에 항의하는 길은 자살 아니면 과격한 위법행동이다.

마치 환경공해가 자연의 자정력 상실로 인한 인간에 대한 반작용에 해당하듯이, 범죄도 사회의 자정력 상실로 인한 사회에 대한 반항작용일 수 있는 것이다. 그러므로 범죄에 대한 대응으로서 형사제재는 범죄행위 그 자체보다 훨씬 도덕적으로 우월해야 하며 정당화되고 제한적이어야 한다. 범죄에는 이자가 붙지 않는다. 형벌은 이자 없는 원상회복을 기본원칙으로 삼기 때문이다.

어쨌거나 평화로운 공동사회질서의 안정을 위해 범죄문제를 통제가능한 범위에서 관리하기 위해서는 자라나는 어린이들과 청소년들에 대한 조기교육정책부터가 중요하다. 증오와 공격 본능을 촉발시키는 살벌한 경쟁교육보다 평화와 민주시민의 윤리교육에 비중이 주어져야 하고, 폭력적 징계수단보다 인간우호적인 상벌교육이 우선되어야 한다.

미국의 발달심리학자 콜버그(Kohlberg)가 '도덕적 발전의 단계모형'을 가지고 응용한 공정사회(just community)의 착상을 소년범죄 예방정책에는 물론 성인범죄 예방정책에도 적용해 볼 필요가 있다. 콜버그에 의하면, 오늘날 학교건물은 상가적인 성격을 가지기 때문에 현저한 개인주의와 거의 무분별한 소비풍토를 조장한다. 이로 인해 현대학교는 집단적인 문제해결능력을 저하시키고 개인의 발전을 가로막게 되며, 바로 이 때문에 청소년들의 도덕적인 발달은 저급한 상태에 머물게 된다.

이에 대한 대처방안으로 그는 민주적이고 원칙적으로 대등한 대화 속에서 공동생활의 규칙을 자율적으로 확정해 나가는 '협동체적' 학교를 제시하고 있다. 바로 공정한 사회의 비전을 지향하는 이 협동체적 학교모델을 저급한 도덕적 발전단계에 있는 사람들에게 널리 적용함으로써, 이들 스스로 구속적인 공동체규칙을 발견하고 승인하게 할 수 있다는 것이다. 이처럼 스스로 선택된 관행의 엄격한 연대적 태도로부터 자기가 속한 사회공동체에 대한 공동책임의식이 자라나며, 그 결과 사회공동체 역시 그 구성원들에게 부지불식간에 도덕적인 발전을 함양시킨다고 한다.[6]

이러한 공정사회의 착상은 개인적인 자율을 최대한 보호하면서 최대한 개인에게 사회적응력과 도덕적 성숙을 습득하도록 촉진시키는 작용도 할 수 있어, 범죄예방과 사회복귀에 정책적으로 활용할 수 있을 것이다. 타율적인 지배일변도로 나가면 규범적인 법칙성은 해체되며, 그 결과 법과 질서도 서서히 무너지고 만다.[7]

더 나아가 또 하나 유의할 점은 범죄억제력과 범죄조절 기능은 처벌이 얼마나 엄격한가에 달려 있다기보다는 일차적으로 범죄인에 대한 빈틈없는 검거율에 의존한다는 점이다. 오늘날 범죄는 지능화하고 기동·광역화하여 수사기관의 방벽을 돌파한다. 추적하는 수사관의 시야에 연막을 쳐서 자기의 범행 후 안전을 도모하기 위해 자기 지능을 최대한 가동하여 증거를 인멸한다. 아직도 미궁에 빠진 범죄는 화성연쇄살인 뿐만이 아니다. 수많은 뇌물범죄들과 부패범죄들의 증거찾기가 점점 더 어려워지고 있는 추세이다.

따라서 선진수사기법들의 과감한 도입이 필요해 보인다. 최근 개정논의가 한창인 공범증인 감면제도, 사법방해죄 신설, 참고인구인제도 등은 수사환경의 시대적 변화를 감안할 때 그 도입이 불가피해 보인다. 더 나아가 과학수사의 질과 양의 향상에 역점을 두어야 할 것이다. 과학적이고 합리적인 수사두뇌의 훈련 뿐만 아니라 과학적 수사장비의 확충도 시급한 과제 중 하나로 보인다. 이와

6_ 김일수, 법·인간·인권 제3판, 박영사, 1996, 503면.

7_ Arth. Kaufmann, Rechtsphilosophie, 2.Aufl., 1997, S.217.

같은 기본과 원칙으로 돌아가는 것이 엄벌주의 형사입법의 남발보다 훨씬 현명한 형사정책이 될 것이다.

한 사회가 그 역사의 희망찬 순간에 보다 나은 미래를 기획한다면, 정치적 · 경제적 이상향을 넘어서 사회와 법질서 그리고 문화 전반에 걸쳐 새로운 모습의 변혁(transformation)을 필요로 한다.[8] 법치국가에서 공정사회의 모델에 합치하는 형법정책의 원칙은 "한 개인의 법익을 최소한으로 침해하면서 타인의 법익을 최대한으로 보호한다"는 것이다. 더 나아가 이 공정사회 모델에 합치하는 형사정책은 "최소한의 자유의 희생 속에서 최대한의 안전을 확보한다"는 것이다. 불필요하고 과도한 법률, 강한 법정책은 자칫 자유의 적으로 일탈할 염려가 없지 않다. 또한 자칫 잘못하면 인간의 존엄에 기초한 자유롭고 평등한 법질서, 평화공존의 사회질서에도 반할 수 있다는 점이다. 안전에의 과욕 때문에 섣불리 끌어들인 과도한 형사정책적 수단들이 사회안전을 오히려 침식하고 있는 것은 아닌지 항상 깨어서 살펴보는 성찰적 이성이 더욱 필요한 시기이다.

8_ 김일수, 공정사회로 가는 길, 세창출판사, 2010, 서문.

참고문헌

Ⅰ. 국내문헌

[단행본]

공정식 편저, 21세기 교정학, 법률행정연구원, 1997.

권오걸, 형법총론, 형설출판사, 2009.

김성돈, 새로운 범죄대응전략으로서 화해조정체계구축(Ⅰ)－형사사법체계 내 형사조정제도 도입에 따른 법이론적 문제점 및 개선방안, 한국형사정책연구원, 2008.

김일수, 공정사회로 가는 길, 세창출판사, 2010.

김일수, 독일·오스트리아·스위스의 형사법 개정추이 연구, 법무부용역과제, 2005.

김일수, 바람직한 양형조사제도－기관갈등의 분석과 출구, 세창출판사, 2010.

김일수, 범죄인 전자감독에 관한 연구, 법무부용역과제, 2005.

김일수, 범죄피해자론과 형법정책, 세창출판사, 2010.

김일수, 법·인간·인권 제3판, 박영사, 1999.

김일수, 수사체계와 검찰문화의 새 지평, 세창출판사, 2010.

김일수, 한국형법 Ⅰ(총론 上) 개정판, 박영사, 1996.

김일수·서보학, 새로 쓴 형법총론 제11판, 박영사, 2008.

김지영·이재일, 증오범죄의 실태 및 대책에 관한 연구, 한국형사정책연구원, 2011.

김한균, 자유무역협정에 따른 경제환경과 형사정책의 변화, 한국형사정책연구원, 2009.

김한균 · 김혜정, 외국의 보안처분제도에 관한 연구 – 미국의 수용치료 사법처분 및 독일 보안처분의 최신동향 – , 법무부, 2007.
남상철, 교정학개론, 법문사, 2005.
록신, 형법학입문 (강구진/장영민 역), 박영사, 1984.
마이호퍼, 법치국가와 인간의 존엄 (심재우 역), 삼영사, 1996.
박상기, 형법총론 제8판, 박영사, 2009.
박상기 · 손동권 · 이순래, 형사정책 개정판, 한국형사정책연구원, 1999.
배종대, 형법총론 제7판, 홍문사, 2008.
법무연수원, 2006범죄백서, 2006.
법무연수원, 2008범죄백서, 2008.
법무연수원, 2009범죄백서, 2009.
이영란, 형법학, 형설출판사, 2008.
이재상, 형법총론, 박영사, 2008.
이진국, 사회내 제재수단의 도입 및 활성화 방안, 한국형사정책연구원, 2004.
이형국, 형법총론연구 I , 법문사, 1984.
젤만(Seelmann), 법철학 제2판(윤재왕 역), 세창출판사, 2010.
최인섭 · 이상용 · 기광도, IMF시대에 따른 범죄양상과 대책, 한국형사정책연구원, 1999.
한국형사정책연구원, 노숙인의 사회부적응 연구, 2011.
한국형사정책연구원, 유엔 형사사법 핸드북, 2007.
한국형사정책연구원, 유엔 형사사법 핸드북(구금형 대안), 2009.
한국형사정책연구원, 형사특별법론, 2009.
황지태, 위조범죄의 실태 및 유형별 대처방안에 관한 연구, 한국형사정책연구원, 2011.
후크마 안토니, 개혁주의 인간론(유호준 역), 기독교문서선교회, 1999.

[논 문]

강용길, “도시공원 내 범죄취약시설의 개선방안에 관한 연구,” 한국의 셉테드 현황과 과제(한국형사정책연구원-한국셉테드학회 공동학술세미나 자료집), 2011.4.
고비환, "형사조정제도의 문제점과 개선방향," 고려대 석사논문, 2009.
권수진, "2010년 형법개정동향－중형주의로의 전환," 형사정책연구소식 통권 114호, 2010년 여름호.
김성돈, "범죄피해자 보호・지원을 위한 회복적 패러다임의 실천방안," 피해자학연구 제16권 제1호, 2008.
김성돈, "형사사법과 회복적 사법," 성균관법학 제17권 제1호, 2005.
김영만, 이훈구, 이혜주, "노숙자들의 심리적 상태 및 생활에 관한 현장연구," 한국심리학회지 제5권 제2호, 한국심리학회, 1999.
김용세, "한국의 형사법체제와 회복적 사법," 형사법연구 제20권, 2003.
김용세, "형사제재시스템과 회복적 사법," 형사법연구 제23호, 2005.
김용세, "회복적 사법의 개념과 발전과정," 새울법학 제5권 제2호, 2002.
김일수, "과학기술의 발달과 형법," 한일 비교법 제13호, 1994.
김일수, "국가형벌의 목적," 월간고시 제133호, 1985.
김일수, "보호감호처분의 재도입 및 보안처분제도의 형법전 편입," 고려법학 제58호, 2010.
김일수, "보호관찰제도의 과제와 발전방향," 보호관찰 제4호, 2004.
김일수, "사회보호법의 문제점과 개선방향," 형사정책연구 제4권 제3호, 2003.
김일수, "서구제국의 형법개정작업에 관한 고찰," 법무부 형법개정자료(Ⅰ), 1985.
김일수, "성폭력범죄－체계적 자리매김과 형사정책적 과제," 보호관찰 제8권, 2008.
김일수, "한국 보호관찰 20년의 성과와 과제," 보호관찰 제9권 제1호, 2009.
김일수, "형사상 원상회복제도의 형사정책적 기능과 효용에 관한 연구," 성곡논총, 1990.
김혜정, "특정성폭력범죄자에 대한 위치추적 전자장치부착에 관한 법률에 관한 검토," 형사정책연구 제20권 제1호, 2009.
록신, "프란츠 폰 리스트와 독일형법 택일초안의 형사정책적 입장" (김일수 역), 고려대 법률행정논집 제15집, 1977.

리스트, "형법에 있어서 목적사상"(심재우 역), 고려대 법률행정논집 제15집, 1977.
박영규, "현행 구금제도의 새로운 형태로서의 전자감시제도와 가택구금의 도입가능성 문제," 보호관찰 제4호, 2004.
박혜진, "소위 전자장치부착법에 대한 비판적 고찰," 형사정책 제20권 제2호, 2008.
송길룡, "형사조정제도의 새로운 이해," 법조 제608호, 2007.
신관우, "형사법상 회복적 사법의 적용과 한계," 인권복지연구 제5호, 2009.
신의기, "우리나라 범죄예방정책의 현황과 과제," 범죄예방정책연구, 2008.
양경규, "형사상 화해 · 조정제도에 관한 연구," 한국경찰연구 제7권 제4호, 2008.
이미경 · 이경환, "성폭력 관련법 현안과제와 대안," 법무부 토론회 주제발표문, 2008.11.
이승준, "화이트칼라범죄에 대한 집행유예," 연세대학교 법학연구 제16권 제3호, 2006.
이진국, "독일형법의 제재체계상 상징적 원상회복," 비교형사법연구 제2권, 2000.
이진국, "회복적 사법과 형사사법의 관계에 관한 소고," 피해자학연구 제14권 제2호, 2006.
이천현, "벌금형집행의 문제점과 그 제고방안," 비교형사법연구 제8권 제10호, 한국비교형사법학회, 2006.
이형재, "미국 보호관찰제도 연구 – 최근 동향과 정책적 시사점을 중심으로," 보호관찰 제4호, 2004.
이호중, "한국의 형사사법과 회복적 사법 – 과거, 현재 그리고 미래," 형사법연구 제19권 제3호, 2007.
이호중, "형법상의 원상회복," 형사법연구 제12호, 1999.
전병재, "산업사회와 화이트칼라 범죄론," 현대사회 제4권 제1호, 1984.
정승환, "폐지주의의 형사정책적 의미," 고려법학 제55권, 2010.
조균석, "회복적 사법과 관련한 최근의 실무동향," 정성진박사 고희기념논문집, 2010.

조홍식, "사회복지 측면에서의 보호관찰제도 20년 고찰," 보호관찰 제9권 제1호, 2009.

최윤수, "회복적 사법의 모델에 관한 연구," 관동대 사회과학논총 제8집, 2003.

하태훈, "범죄피해자의 형사절차상의 지위와 권리," 안암법학 제1호, 1993.

한영수, "강력범죄의 재범방지를 위한 새로운 모색－독일의 형기종료후의 행상감독제도를 중심으로," 범죄예방정책연구, 2008.

한영수, "범죄인에 대한 치료적 개입의 법적 현황과 개선방안," 한국보호관찰학회 춘계학술대회 자료집, 2011.

한영수, "보호관찰 관련법률의 제・개정의 역사와 보호관찰제도의 발전," 보호관찰 제9권 제1호, 2009.

Ⅱ. 해외문헌

Albrecht, "Krieg gegen den Terro"－Konsequenzen für ein rechtsstaatliches Strafrecht, ZStW 117, 2005.

Albrecht, Exekutives Recht, 1990.

Albrecht, Strafrechtsverfremdende Schattenjustiz. Zehn Thesen zum Täter-Opfer-Ausgleich, FS-Schüler-Springorum zum 65. Geburts- tag, 1993.

Althoft, Das Strafbedürfnis der Bevölkerung, KrimJ. 8. Beiheft, 2004.

Austin, A., Criminal Justice Trends: Key Legislative Changes in Sentencing Policy, 2001-2010, Center on Sentencing and Corrections, VERA Institute of Justice, 2010.

Barth, Kirchliche Dogmatik Ⅲ/2, 1948.

Becker/M. Redding, Punitivität und Rechtspopulismus, KrimJ. 8. Beiheft, 2004.

Beestermöller/H. Brunkhorst(Hrsg.), Rückkehr der Folter－Der Rechtsstaat im Zwielicht?, 2006.

Beste, Schadenswiedergutmachung－ein Fall für zwei?, in : KJ, 1986.
Brandenstein, Der Mensch und seine Stellung im All, 1947.
Buber, Das Problem des Menschen, 4. Aufl., 1971.
Christie, Crime Control as Industry: Towards Gulags, Western Style, 1996.
Cornel, Gemeinnützige Arbeit als Sanktion, in: Lüderssen-FS, 2002.
Cremer-Schäfer, Normklärung ohne Strafe, in: Petero (Hrsg.), Muss Strafe sein?, 1993.
Deichsel, Nichtintendierte, nicht so intendierte, nicht so unintendierte Folgen von diversion. Diversion als Botschaft, dass Strafe sein muss, in: H. Peters (Hrsg.), Muss Strafe sein?, 1993.
Dinges, M./Sack, F., Unsichere Großstädte?, in : dies. (Hrsg.), Unsichere Großstädte? Vom Mittelalter bis zur Postmoderne, 2000.
Dölling, diversion, in : Handwörterbuch der Kriminologie, 5. Bd. 1998.
Dombois, Mensch und Strafe, 1957.
Einsele, Einführung in das Tagungsthema, in: Sievering (Hrsg.), Alternativen zur Freiheitsstrafe, 1982.
Ellscheid/Hassemer, Strafe ohne Vorwurf, in: Lüderssem/Sack (Hrsg.), Abweichendes Verhalten, Bd. Ⅱ, 1975.
Eser, Resozialisierung in der Krise, in: Peters-Festschrift, 1974.
Eser/Cornils (Hrsg.), Neuere Tendenzen der Kriminalpolitik, 1987.
Eser/Hassemer/Burkhardt(Hrsg.), Die deutsche Strafrechtswissenschaft vor der Jahrtausendwende, 2000.
Frehsee, Schadenswiedergutmachung als Instrument strafrechtlicher Sozialkontrolle, 1987.
Garland, High Crime Societies and Culture of Control, KrimJ. 9. Beiheft, 2007.
Garland, The Culture of Control Crime and Social Order in Contemporary Society, 2001.
Garland, The Limit of the Sovereign State. Strategies of Crime Control in Contemporary Society, in: British Journal of Criminology 36, 1996.

Gauder, Perron, Pascher (Hrsg.), Resilience in der Offenen Gesellschaft, 2012.

Gerken/Schumann (Hrsg.), Ein trojanisches Pferd im Rechtsstaat, 1988.

Goll, U./Wulf, R., Schutz vor besonders rückfallgefährdeten Straftätern : Das Baden-Würtembergische Modell, in: Zeitschrift für Rechtspolitik 34, 2001.

Haffke, Hat emanzipierende Sozialtherapie eine Chance?, in: Liederssen/Sack(Hrsg.), Abweichendes Verhalten Ⅲ, Bd. 2, 1977.

Hassemer, Produktverantwortung im modernen Strafrecht, 2.Aufl., 1994.

Hassemer, Symbolisches Strafrecht und Rechtsgüterschutz, in: Neue Zeitschrift für Strafrecht, 1989.

Hefendehl, Die neue Ermittlungsgeneralklausel der §§161, 163 StPO: Segen oder Fluch?, in: Strafverteidiger 21, 2001.

Heinrich, Die Grenzen des Strafrechts bei der Generalprävention, ZStW 121, 2009.

Heinz, Neue Formen der Bewährung in Freiheit in der Sanktionspraxis in der Bundesrepublik Deutschland, in: Jescheck-FS Ⅱ, 1985.

Hellmer, Sozialisation, Personalisation und Kriminalität, in: Wurzbacher (Hrsg.), Sozialisation und Personalisation, 3. Aufl., 1977.

Hess, H., Broken Windows, Zur Diskussion um die Strategie der New York Police Department, ZStW 116(1), 2004.

Hesse, H., Der Schutzstaat, 1994.

Hibers/Lange, Abkehr der Behandlungsideologie, KrimJ, 1973.

Hirsch, Strafrecht als Mittel Zur Bekämpfung neuer Kriminalitätsformen?, in: Neue Strafrechtsentwicklungen, 1994.

Huber, Der christliche Glaube, 2. Aufl., 2008.

Hubmann, Das Persönlichkeitsrecht, 1953.

Huey, L., Homelessness and the 'Exclusive Society' Thesis: Why it is important to 'Think Local' to 'Act Local' on homelessness issues European Journal of Homelessness, vol. 3, 2009.

Jakobs, Bürgerstrafrecht und Feindstrafrecht, in: HRRS 2004.

Jakobs, Das Selbständnis der Strafrechtswissenschaft vor den Herausforderungen der Gegenwart(Kommentar), in: Eser u.a. (Hrsg.), Die deutsche Strafrechtswissenschaft vor den Jahr- tausendwende, 2000.

Jakobs, Staatliche Strafe: Bedeutung und Zweck, 2004.

Jakobs, Terroristen als Person im Recht?, ZStW 117, 2005.

Jescheck, Das Menschenbild unserer Zeit und die Strafrechtsreform, 1957.

Ju, S.H., Strafrechtlicher Ehrenschutz im Internet, Diss. München, 2005.

Jung, H., Sanktionensysteme und Menschenrechte, 1992.

Jung, H., The renaissance of the victim in criminal policy－A reconstruction of the German campaign－, in: The criminol- ogical foundation of penal policy. Essays in honour of R. Hood, Oxford, 2003.

Kaiser, "Strafrecht und Kriminologie unter einem Dach" aus der Perspektive des Kriminologen, in: Sieber/Albrecht (Hrsg.), Strafrecht und Kriminologie unter einem Dach, 2006.

Kaiser, Resozialisierung und Zeitgeist, in: Würtenberger-Festschrift, 1977.

Kant, Metaphysik der Sitten, in: Kant-Werke, Bd. 8, 1968.

Kaufmann, Arth.,Das Schuldprinzip, 1961.

Kaufmann, Arth., Rechtsphilosophie in der Nach-Neuzeit, 1990.

Kaufmann, Arth., Rechtsphilosophie, 2.Aufl., 1997.

Kim Il-Su, Das Liebesstrafrecht hinterm Berge des Feindstrafrechts, 고려법학 제49호, 2007.

Kim Il-Su, Der Gesetzlichkeitsgrundsatz im Lichte der Rechtsidee, FS-Roxin, 2001.

Kim Il-Su, Die Bedeutung der Menschenwürde im Strafrecht, insbes. für Rechtfertigung und Begrenzung staatlichen Strafe, 1983, Diss. München.

Kim Il-Su, Punitivistische Grundtendenzen der gegenwärtigen Kriminal-politik, 고려법학 제56호, 2010.

Koslowski, P., Die postmoderne Kultur, 1987.

Krasmann, S., Die Kriminalität der Gesellschaft. Zur Gouvernementalität der Gegenwart, 2003.

Kreissl, Schwarze und graue Schafe, in: Süddeutsche Zeitung v. 30. 3. Nr. 74. 1999.

Kronauer, Exklusion－Die Gefährdung des Sozialen im hoch entwickelten Kapitalismus, 2002.

Kubink, Strafen und ihre Alternativen im zeitlichen Wandel, 2002.

Kury, H./Brandenstein, M./Yoshida, T., Kriminalpräventive Wirksamkeit härtere Sanktion－Zur neuen Punitivität im Ausland, ZStW 121, 2009.

Kury, H./Kania, H./Obergfell, J.-Fuchs, Worüber sprechen wir, Wenn wir über Punitivität sprechen?, KrimJ. 8. Beiheft, 2004.

Kury, H./Lerchenmüller(Hrsg.), Diversion, Bd. 1, 2, 1981.

Lautmann, R./Klimke, D., Punitivität als Schlüsselbegriff für eine kritische Kriminologie, KrimJ. 8. Beiheft, 2004.

Lehne, W., Symbolische Politik mit dem Strafrecht , in: KrimJ. 26, 1994.

Lehne, W./Ch. Schlepper, Die 'präventive Wende' in Deutschland, KrimJ. 2007, 9. Beiheft.

Ludwig, diversion : Strafe im neuen Gewand, 1989.

Luhmann, Zweckbegriff und Systemrationalität, 1968.

Maelicke, Einige Überlegungen und Beispiele zu Alternativen zur Freiheitsstrafe in den USA, in: Sievering(Hrsg.), Alternativen zur Freiheitsstrafe, 1982.

Maihofer, Konkrete Existenz, in: Wolf-Festschrift, 1962.

Maihofer, Menschenbild und Strafrechtsreform, 1964.

Minda, Postmodern Legal Movements－law and jurisprudence at century's end, 1995.

Moos, Neue diversionsmaßnahmen im österreichischen Strafrecht, FS-Müller-Dietz, 2001.

Müller, Philosophische Anthropologie, 1974.

Müller-Dietz, Grundfragen des strafrechtlichen Sanktionssystems, 1979.

Müller-Dietz, Täter-Opfer-Ausgleich im Strafprozess aus der Sicht des Strafrichters, in: Katholische Akademie Trier(Hrsg.), Straffälligkeit und Wiedergutmachung, 1980.

Neubacher, An den Grenzen des Strafrechts, ZStW 118, 2006.

O'Malley, P., Risk and Crime, 2010,

Ostendorf, ZRP 2001.

Park, J.A., Ehrenschutz im Internet am Beispiel der Hasrede, 2006.

Pawlik, Person, Subjekt, Bürger, 2004.

Plack, Plädoyer für die Abschaffung des Strafrechts, 1974.

Portmann, Zoologie und das neue Bild des Menschen, 1951.

Prittwitz, Strafrecht und Risiko, Untersuchungen zur Krise von Strafrecht und Kriminalpolitik in der Risikogesellschaft, 1993.

Prömmel, Souveräne Ausnahme, nacktes Leben und modernes Strafrecht, KrimJ. 38. Jg., 4. Vj. 2006.

Radbruch, Der Mensch im Recht, 1957.

Rest, Heimkehr zum Menschen, 1946.

Rössner, Wiedergutmachung statt Übervergelten, in: Marks/Rössner (Hrsg.), Täter-Opfer-Ausgleich. Vom zwischenmenschlichen Weg zur Wiederherstellung des Rechtsfriedens, 1989.

Rottleuthner(Hrsg.), Alternative Rechtsformen und Alternativen zum Recht, 1980.

Roxin, Altuelle Probleme der Kriminalpolitik, 고대법학연구원 초청강연, 2000. 9.

Roxin, Die Wiedergutmachung im System der Strafzwecke, in: Schöch(Hrsg.), Wiedergutmachung und Strafrecht, 1987.

Roxin, Strafrecht AT Ⅰ, 4.Aufl.

Roxin, Strafrechtliche Grundlagenprobleme, 1973.

Rzepka, Punitivität in Politik und Gesetzgebung, KrimJ. 8. Beiheft 2004.

Sack, Wie die Kriminalpolitik dem Staat aufhilft, KrimJ. 8. Beiheft, 2004.

Sack/König, Kriminalsoziologie, 1958.

Savelsberg, Materialisierung des Strafrechts: Funktionen, Folgen- probleme und Perspektiven, in: Zeitschrift für Rechtssoziologie 10, 1989.
Schaffstein, Überlegungen zur diversion, in: FS-Jescheck Bd Ⅱ, 1985.
Scheler, Die Stellung des Menschen im Kosmos, 4. Aufl., 1962.
Schlüchter, Der Erziehungsgedanke im Jugendstrafrecht, GA 135, 1988.
Schöch, Kriminalpolitik in Zeiten komplexer Bedrohungsformen, in: Neue Kriminologische Schriftenreihe, Bd. 110, 2006.
Schöch, Kriminologie und Sanktionsgesetzgebung, in: ZStW 92, 1980.
Schroll, Diversion als Ausdruck eines Paradigmenwechsels der Strafrechtsdogmatik, in: FS-Moos, 1997.
Schroll, Strafverfahren ohne Strafe, Diversion in Österreich, JRP 1997.
Schüler, Die Verantwortung, 1948.
Schumann, K. F., Positive Generalprävention, 1989.
Seelmann, Risikostrafrecht, 1992.
Seiler, Strafprozessreform 2004, 2005.
Sieber, Die Zukunft des Europäischen Strafrechts, ZStW 121, 2009.
Sieber, Grenzen des Strafrechts, ZStW 119, 2007.
Simon, J. (Hrsg.), Governing through Crime. Criminal Law and the Reshaping of American Government 1965-2000.
Smaus, Das Strafrecht und die gesellschaftliche Differenzierung, 1998.
Stratenwerth, Zukunftssicherung mit den Mitteln des Strafrechts, ZStW 105, 1993.
Stratenwerth/ Kuhlen, Strafrecht AT, 5.Aufl.
Sutherland, E. H., White Collar Crime: the Uncut Version, 1983.
Tonry, M., Can Twenty-first Century Punishment Policies Be Justified in Principle?, Ed. by Tonry, M., Retributism has a Past, Has It a Future?, 2011.
Trillhas, Zur Theorie der Strafe, 1961.
UN Commission on Crime Prevention and Criminal Justice, Restorative Justice: Report of the Secretary-General, document E/CN.15/2002/5,

2002.

Voss, Jugendstrafrechtliche Konsequenzen aus jugendkriminologischer Forschung, in: Walter/Koop (Hrsg.), Die Einstellung des Strafverfahren im Jugendrecht, 1984.

Walter, Wandlungen in der Reaktion auf Kriminalität, ZStW 95, 1983.

Weber, H. M., Die Abschaffung der lebenslangen Freiheitsstrafe, 1999.

Wehrheim, J., Ökonomische Rationalität und Moral: Inklusions-und Exklusionsmodi in überwachten Städten, KrimJ. 8. Bh., 2004.

Weigend, Strafrecht und Zeitgeist, in: Sieber/Albrecht (Hrsg.), Strafrecht und Kriminologie unter einem Dach, 2006.

Weißer, Über den Umgang des Strafrechts mit terroristischen Bedrohungslagen, ZStW 121, 2009.

Welzel, Naturrecht und materiale Gerechtigkeit, 4. Aufl., 1962.

Welzel, Philosophie der Freiheit, 1947.

Wiertz, Strafen－Bessern－Heilen?, 1982.

Wiese, Der Mensch als Mitmensch, 1964.

Wright, J. D., Poor People, Poor Health: The Health Status of the Homeless. In Shinn, M., & Weitzmann, B. C. (Eds), Urban Homelessness, Journal of Social Issues, Vol.46(4), 1990.

Würtenberger, Reform des Strafvollzugs im sozialen Rechtsstaat, in: Kriminalpolitik im sozialen Rechtsstaat, 1970.

Young, J., Merton with energy, Katz with structure: The sociology of vindictiveness and the criminology of transgression, in: Theoretical Criminology 7, 2003.

Zabel, Die ordnungspolitische Funktion des Strafrechts, ZStW 120, 2008.

Zehr, H., justice as restoration, justice as respect, 한국형사정책연구원 초청강연문, 2011. 11.

Zipf, Kriminalpolitik, 2.Aufl., 1980.

찾아보기

가석방(Aussetzung des Strafrestes, parole) 211
가석방의 실효 218
가석방의 취소 219
가정폭력범죄의 처벌 등에 관한 특례법 68
가족집단협의모델 150
가족해체 266
가택구금(home arrest) 223, 240
가해자(범죄인)-피해자 화해제도 85, 159
가해자-피해자화해조정(Täter-Opfer-Ausgleich) 17, 50
간섭법 90
갈랜드(Garland) 33, 36, 58, 80
감성적 존재(Sinnwesen) 117
감성적 존재자 129
강벌주의(punitivism) 16, 53, 68, 106, 286, 289
개별적 존재성 112
개선(改善) 126
개선가능한 상태범군 135
개선의 여지가 없는 상태범군 136
결과주의(consequentialism) 293
경영사법(Betriebjustiz) 244
경제형법 49, 92
계몽주의 3, 11, 33
고범죄 위험사회(high crime society) 36, 54
골(Goll) 5
공동책임 124
공리주의적 목적사상 3
공소시효 79
공정사회(just community) 298
과료 192
과밀구금 245
과태료 193
관계로서의 인격(Person als Relation) 112
관계상실성 133
관계의 회복 110
교정의 한계 132
9·11테러 81, 86, 96
구체적·현실적 인간 108
국제통화기금(IMF) 261
규범안정성 70
그라마티까(Gramatica) 134
근접 탐지기술(proximity detection techniques) 224
기소법정주의 140
기소유예처분 139
기소편의주의 141
긴급조치국가(Maßnahmenstaat) 95
깨어진 유리창이론 16
깨어진 유리창 정책 56

낙인 103
낙인이론(labeling approach) 25
누진제 215
닐 크리스티(Nil Christie) 153

다이버전(diversion) 18, 105, 137, 139
대물적 보안처분 194
대체형벌 137
대화적 소송절차론 120
대화적 존재 115
대화절차 124
더 많은 안전을 통하여 더 많은 자유 84
델타모델(Deltamodel) 91
도가니법 79
독일 형법개정택일안 6
동해보복의 원칙(Talionsprinzip) 3
뒤르켐(Durkheim) 24, 30

라드브루흐(G. Radbruch) 106, 255
랄프 슈비츠게벨 222
루만(Luhmann) 40, 247
르젭카(Rzepka) 44
리스트(Franz von Liszt) 6, 27, 46, 117, 134, 188, 254

마르부르크(Marburg) 6, 134
마르부르크 강령 46
마르크스(Marx) 25
마이호퍼(Werner Maihofer) 134
마티센(Mathiesen) 249
메노나이트 교 149
메이도프(Madoff) 280
면소 186
목적기능 131
목적사상 28, 46, 47
목적프로그램 27, 134
목적형 사상 132
몰수(Einziehung) 193
무간섭(nonintervention) 142
무관용정책(zero-tolerance-policy) 39, 56, 58
무죄추정의 상대화 51
무해화(incapacitation, Unschädlichmachung) 48, 59, 126, 293
문제해결법원 18
미국 애국법(US Patriot Act) 43
미드(Mead) 31

바덴-뷔르템베르크(Baden-Württemberg) 45
배제(Exklusion) 34
배제 관점 40
벌금형(Geldstrafe) 187
벌금형의 집행유예 192, 208
범죄 109
범죄를 통한 통치(governing through crime) 99
범죄예방 21
범죄와의 전쟁 37, 39, 61
범죄통제 21
범죄피해자보호법 282
범죄피해자지원센터 163
범죄피해회복 38
범칙금 193

법관 배후의 법관(Richter hinter dem Richter) 141
법관 앞의 법관 160
법의 경찰화 52
법의 부정의 부정'(Negation der Negation des Rechts) 4
법의 비공식화 50
법적 안정성 79, 288
법적 인기영합주의(legal populism) 82
법치국가에서 트로이 목마 246
법치국가형법 34, 80, 88, 96, 97, 291
법치국가형법의 비정형화(Informalisierung) 247
법치국가 형법질서관 22
베카리아(Beccaria) 109
벡(Beck) 41, 87
변증론적 합일 93
보석제도 206
보안처분 63, 138, 166
보이스 피싱 275
보충성 103
보호감호(Sicherungsverwahrung) 63
보호감호처분 48
보호관찰(probation) 68, 105, 168, 177, 200
보호관찰 등에 관한 법률 207
보호관찰부 기소유예 206
복수의 법(Racherecht) 252
부담부조건 177, 185
불간섭(nonintervention) 24
불안한 시민들(verunsicherter Bürger) 53
불프(Wulf) 45
불확정시대 50
비난 없는 형벌 155
비례성의 원칙 48, 248
비범죄화 51, 58

사법온정주의 176
사설경비업 57
사이버모욕죄 73, 75
사형 12
사형폐지국 62
사회국가 87
사회내처우 48, 86, 103, 105, 128, 134, 201, 210, 220, 237, 244, 285
사회방위 167, 214
사회봉사 68
사회봉사명령(community service order) 135, 178, 241
사회의 재사회화 14
사회재통합(reintegration) 234
사회적 연대책임 110
사회적 존재성 114
사회적 처우(개방처우) 105
사회정의 26
사회화(Sozialisation) 12, 26, 118, 120
삼진아웃법 16
상징입법 89
상징형법 47
새 옷으로 갈아입은 형벌 250
새로운 소통문화 50
생계형 범죄 268, 270, 279
선고유예 183
성범죄인 71
성적 자기결정권 70, 71

성폭력범죄의 처벌 등에 관한 특례법 69
세속화 78
셉테드 19
소극적 일반예방 42, 126
소망교도소 286
속죄가능한 기회범군 135
속죄금(Busse) 187
속죄용의가 없는 기회범군 135
수강명령 68, 135, 180
순환성(循環性)의 함정(陷穽) 234
시민형법(Bürgerstrafrecht) 94, 96
시설 내 수용 259
시설내처우 48, 105, 128, 244
신범죄학 15
신범죄화 76
신자유주의 53, 60, 258
신합리주의적 경향 206
실존주의 114
심리강제설 125

아담 115
아도르노(Adorno) 31
아시아의 금융위기 261
IMF 외환위기 264
아일랜드제 215
안전 45, 78
안전을 통한 자유 44
앨버트 이글래쉬(Albert Eglash) 151
야콥스(Jakobs) 34, 60, 94
약물치료법 19
양형조사관 208
엄벌적인 시설내 수용모델 59
엄벌주의(punitivism) 15, 29, 33, 37, 46, 60, 64, 65, 80, 82, 289, 292
엘리아스(Elias) 32
연대 30
연대성 118
예방 22, 28, 85
예방모델 23
예방사상 11, 36
예방입법 89
예방적 목적사상 12
예방적 사법 19
예방적 조절모델 87
예방적 파트너십의 전략 58
예방적 형벌이론 22
예방적 형사정책 252
예방형법 23
예측가능성 288
오성주체(Verstandessubjekt) 117, 129
온정주의 286, 289, 294
온정주의적 형사정책 61, 62
와가와가(Wagga Wagga) 151
우회제도 85
원상회복제도(victim restitution) 135, 180
위기에 처한 재사회화 14
위성위치확인(GPS: global positioning systems) 224
위치추적시스템(GPS Tracking System) 83
위치추적 전자감독 법률 235
위하(威嚇) 125, 126
위험관리(risk management) 22
위험사회(Risikogesellschaft) 41, 87
위험형법(Risikostrafrecht) 49, 89

위험형법론 42
유럽인권협약 46
유물론 114
유죄자백협상(plea bargaining) 50, 85
응보론(Vergeltungstheorie) 3
응보사상 12, 15
응보원칙 4
응보주의(retributism) 293
응보형 27, 42
응보형론 102
응보형이상학 130
의사자유 102
이성적 존재(Vernunftswesen) 116
이성주체 129
이중성 5, 80, 289
인간관계적 인간(Menschen-Mensch) 114
인간의 얼굴을 지닌 형사정책 256
인간존엄 11, 97, 117, 118, 121, 125, 127, 253
인간존중 81, 289, 295
인간존중사상(Humanitätsgedanke) 11
인격으로서의 인간 108, 111, 114
인기영합주의(populism) 39, 296
일반예방 102, 125
일부를 위한 정의(justice for some) 290
일수벌금제(Tagesbusse, day-fine) 191

자기결정 124
자기결정능력 108
자기 조종 124
자기책임 26, 292
자기화(Personalisation) 12, 26, 120, 121, 123, 127
자본시장법 281
자연관계적 인간(Natur-Mensch) 114
자유법치국가 9, 291
자유법치국가이념 78
자유법치국가적 형법 6, 84
자유형 103, 128, 132, 253
자유화 7
자정능력제고모델 23, 295
재사회화 6, 12, 14, 24, 25, 28, 46, 104, 121, 126, 214, 250
재산형(Vermögensstrafe) 187
잭 러브 223
적극적 일반예방 126
적극적 일반예방사상 88
적대형법(Feindstrafrecht) 34, 43, 60, 93
적대형법론 42
적정수준의 처벌(just deserts) 239
적정한 필벌(just desert) 34
전인(全人)적 인간 115, 116
전자감독(electronic supervision) 221
전자감독 가택통금(home detention curfew) 229
전자감독 외출제한명령(curfew orders forced by electronic monitoring) 229
전자감시 221
전자감시가택구금제도 204
전자감시제도 208
전자발찌 83
전진배치 41, 49, 249
전환기의 형사정책 294

정당한 필벌(just desert) 41, 293
정보통신망 이용촉진 및 정보보호에 관한 법률 74
정의모델(justice model) 245
정책다원주의(Politikpluralismus) 288
조건부석방(conditional release, Bedingte Entlassung) 211
조건부유죄판결 169
조건부특사제도 169
조기석방 212
죄형법정원칙 30
주권 109
중간적 처우 238
중간제재 246
중간처벌 252
중형주의 10, 30, 73
증거에 입각한(evidence based) 실용적 형사정책 13
증오범죄(hate crime) 274
지도 · 감독제도 177
지도 · 원호제도 177
진압모델 23
진압적 통제모델 292
집중갱생보호 204
집중보호관찰 222
집행결손 70, 297
집행유예(Strafaussetzung zur Bewährung) 168
집행유예의 실효 182
집행유예의 취소 183
집행적자 47
집행형법(exekutives Strafrecht) 247
징벌주의(punitivism) 147

책임 108
책임원칙(Schuldprinzip) 9, 30, 102, 166, 248
책임형법(Schuldstrafrecht) 102
청송 보호감호소 286
최우선수단(prima ratio) 41, 49, 89
최후수단(ultima ratio) 48, 88, 103, 110, 253
최후수단성 128
추징 196
치료모델(treatment model) 245
치료적 사법(therapeutic jurisprudence) 18, 86, 261, 284,

칸트(Kant) 4, 11, 113, 129
콜버그(Kohlberg) 298
크리스티(Christie) 33, 249

타자의 범죄학(criminology of the others) 33, 59
탈리오의 법칙 33
테러 52
테러리즘 83
토니 마샬(Tony Marshall) 152
통원처우(ambulante Behandlung) 133
통제국가모델 39
통제그물망의 확대 161
통제모델 98
통제문화(culture of control) 16, 36, 57, 60, 80, 297
특별예방 15, 46, 102, 123, 126

특별예방사상 42
특정강력범죄의 처벌에 관한 특례법 61
특정경제범죄 가중처벌 등에 관한 법률 66
특정범죄 가중처벌 등에 관한 법률 65

판결전조사 207
폐기 197
폐지주의(abolitionism) 24, 42, 153
포섭(Inklusion) 34
포스트모던적 법사고 43
포이어바흐(v. Feuerbach) 117, 125
프랑크푸르트 학파 35
피해원상회복(Schadenswiedergutmachung) 51, 156
피해자-가해자 화해 프로그램 149
피해자 관점 38
피해자 보호 51
피해자원상회복(victim restitution) 204
피해자의 이익 145
피해자학 38
피해자학의 르네상스 17
피해자학적 전환(victimological turn) 148
필립(A. Philip) 214

하쎄머(Hassemer) 90
하워드 제어(Howard Jehr) 152
한계상황 41
한계지움의 형법학 82, 256
합리적 형사정책 63, 80, 134, 296
합리화 9
행위자형법(Täterstrafrecht) 97
헤겔 4
헬머(Hellmer) 127
협동체적 학교 298
형벌 108, 166
형벌 없는 형사소송(Strafverfahren ohne Strafe) 143
형법문화 255
형법의 기능화 22
형법의 르네상스(Renaissance des Strafrechts) 16, 39, 41, 147
형법의 보장기능 117
형법의 보충성 8
형법의 비공식화 248
형법의 비정형화 247
형법의 이원주의(Zweispurigkeit des Strafrechts) 166
형법의 장래 254
형법의 전진배치 81
형법의 정형화(Formalisierung) 30
형법의 정형화 요구 154
형법의 제3원(Dritte Spur im Strafrecht) 168
형법의 확장(Strafrechtsexpansion) 147
형사정책의 최후수단 8
형사조정 162
형사화해제도 159
형을 유보한 경고 184
홉스(Hobbes) 27, 45, 131
화이트칼라 범죄 271, 278
화이트칼라의 경제범죄 268
황금률 129

회복적 사법　86, 146, 260, 282
회복적 사법이념　17
회전문 현상(revolving door syndrome)　284
후기현대사회　56
후기현대주의　5, 289
히르쉬(Hirsch)　90

김일수(金日秀)

고려대학교 법과대학 졸업
사법연수원 제2기 수료, 변호사
독일 München 대학 법학박사
Alexander von Humboldt 재단 연구지원금 수령
서암학술재단 해외연구지원금 수령
미국 Harvard University Law School Visiting Scholar
검찰 개혁 자문위원장
검·경 수사권 조정위원장
법무부 정책위원회 위원장
국가경찰위원회 위원장
총체적 형법학 잡지(ZStW) 외국 편집자문위원

[현재] 한국형사정책연구원 원장
고려대학교 명예교수
중국인민대학 법학원 겸직교수
중국 우한대학 법학원 겸직교수
법무부 형사법 개정 및 형사소송법 개정위원
아세아 범죄학회(ACS) 고문

저서 및 역서

『한국형법 Ⅰ·Ⅱ·Ⅲ·Ⅳ』
『새로 쓴 형법총론』(2008년 중국어판 출간) / 『형법각론』
『법·인간·인권』
『사랑과 희망의 법』
『개혁과 민주주의』
『공정사회로 가는 길』
『수사체계와 검찰문화의 새 지평』
『범죄피해자론과 형법정책』
『바람직한 양형조사제도』
C. Roxin, 『형사정책과 형법체계』(역서)
N. Brieskorn, 『법철학』(역서)

전환기의 형사정책 — 패러독스의 미학 —

2012년 8월 23일 초판 인쇄
2012년 8월 30일 초판 발행

저 자 김 일 수
발행인 이 방 원
발행처 세창출판사
서울 서대문구 냉천동 182 냉천빌딩 4층
전화 723-8660 팩스 720-4579
e - mail: sc1992@empal.com
http://www.sechangpub.co.kr
신고번호 제300-1990-63호

정가 29,000 원

ISBN 978-89-8411-385-5 93360

이 도서의 국립중앙도서관 출판시도서목록(CIP)은 e-CIP 홈페이지(http://www.nl.go.kr/ecip)에서 이용하실 수 있습니다. (CIP제어번호: CIP2012003758)